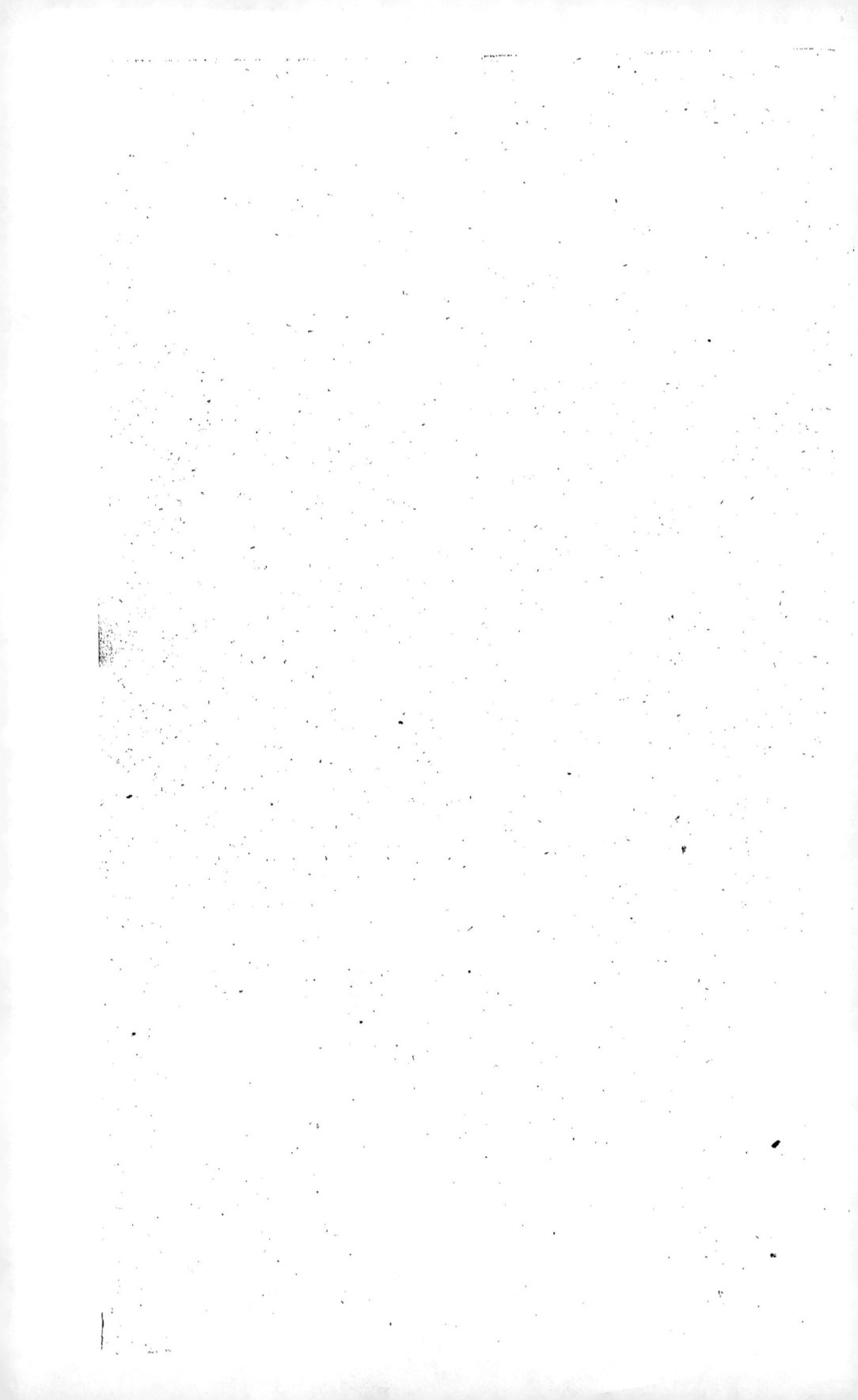

MEMOIRE

POUR MARIE-JEANNE DE BELLINGANT DE KERBABU, Veuve de Messire GILLE Comte d'HAUTEFORT, Lieutenant General des Armées Navales, Intimée, Appellante, Demanderesse & Deffenderesse.

CONTRE le Marquis d'HAUTEFORT, Appellant, Intimé, Défendeur & Demandeur.

QUAND la Comtesse d'Hautefort, après les persécutions inouies qu'elle a souffertes, voit paroître à l'Audience son ennemi environné de ce qu'il y a de plus grand & de plus respectable dans la France, pendant qu'elle n'y est accompagnée que de sa mere, des bras de laquelle elle s'est déja vûe arrachée avec violence ; il semble que dans sa solitude elle ait tout à craindre d'un ennemi si puissant & si accredité; il semble même que par ce concours prodigieux de personnes du premier rang, le Marquis d'Hautefort ait voulu l'intimider, étouffer la voix de la verité, & captiver les suffrages de la Cour: mais s'il s'est abandonné à cette illusion, qu'il a mal connu les prérogatives dont la vertu & l'innocence sont en possession de jouir dans ce Temple auguste de la Justice, où les droits des Parties sont pesez au poids du Sanctuaire, sans que ni l'éclat des grands Noms, ni l'éminence des Dignitez fassent la plus legere impression.

La Comtesse d'Hautefort éloignée de plus de 70. lieues de son Mari, a eu le malheur de le perdre, dans le tems qu'il se disposoit à la reconnoître publiquement pour sa femme ; après sa mort on a fouillé dans ses papiers, & l'on a souftrait à sa Veuve ses titres les plus prétieux que le Comte d'Hautefort croyoit lui avoir remis, mais qu'il a depuis reconnu avoir en sa possession. Elle vient à Paris pour déferer ce crime à la Justice, & pour en découvrir les auteurs ; elle n'osoit en soupçonner un homme du rang & de la naissance du Marquis d'Hautefort, mais il s'est trahi lui-même par ses démarches. Il a voulu prévenir les éclaircissemens qu'il craignoit par une procedure artificieuse, ouvrage d'iniquité & de corruption tramé dans les tenebres. Un Dimanche la Comtesse d'Hautefort sortant d'une Eglise avec sa mere, se voit arrestée à ses côtez & dans son carosse, comme si elle eût été coupable des plus grands crimes. Des Archers la conduisent ignominieusement dans une maison inconnue: on la tient en chartre privée pendant plusieurs heures : on l'enleve ensuite pendant la nuit pour la confiner à soixante lieues, dans une prison où elle devoit être livrée à la prévarication d'un Juge corrompu. Si elle a été assez heureuse pour échapper à la vigilance de ses conducteurs, ce

A

n'a pû être qu'en se précipitant dans de nouveaux dangers. Errante & fugitive pendant plus de deux mois, elle n'a pas été un seul instant sans craindre de retomber entre les mains de ses ennemis, & d'éprouver de nouveau les effets de leur fureur : dans une situation si cruelle & si humiliante, elle est cependant parvenue sans appui à trouver un azile dans ce Sanctuaire de la Justice ; elle respire à l'abri des Arrests qui l'ont garantie des attentats de ses persecuteurs, & qui lui donnent la liberté de développer les injustices criantes dont elle a été jusqu'à présent la victime. Il ne s'agit plus aujourd'huy que de consommer l'ouvrage que la Sagesse de la Cour a si heureusement commencé.

La Cour a entendu de quelle maniere la Comtesse d'Hautefort a été traitée à l'Audience, & l'on pouvoit bien s'y attendre, après le libelle scandaleux que le Marquis d'Hautefort a répandu dans le Public, où elle est peinte avec les couleurs les plus noires, & représentée comme une *avanturiere devenue par degrez faussaire habile, prète à tenter d'autres faussetez pour se donner des enfans.* Ce sont les indignes expressions de cet écrit dicté par le vertige & par la fureur. La Comtesse d'Hautefort a été bien éloignée d'imiter un exemple si indécent, elle s'est contentée de rapporter modestement les faits ; il n'est pas necessaire de les orner pour en faire sentir l'atrocité, & elle ose même se flatter que plusieurs de ceux qui ont accompagné le Marquis d'Hautefort aux Audiences, le comdamnent dans le fond de leur cœur, & le plaignent de s'être livré à des conseils pernicieux qui l'ont engagé dans des démarches si odieuses.

FAIT.

En 1725, la Comtesse d'Hautefort accompagna à Brest la Dame sa mere, qui a épousé en secondes nôces le Comte de S. Quentin, Capitaine des Vaisseaux du Roy.

Le Comte d'Hautefort, Lieutenant General des Armées Navales, ancien ami du Comte de S. Quentin, rendit plusieurs visites à la Dame de S. Quentin ; dans ces visites il conçut une estime particuliere pour la Demoiselle de Bellingant de Kerbabu sa fille, il crut appercevoir en elle des qualitez propres à faire le bonheur & les délices d'un honnête homme ; & quoiqu'il eût eu jusques-là beaucoup d'éloignement pour le mariage, il forma le dessein de l'épouser. Mais un homme qui avoit vieilli dans les honneurs Militaires, en annonçant si souvent l'extrême répugnance qu'il avoit pour tout ce qui pouvoit paroître géner sa liberté, rougissoit d'avouer à 60. ans qu'il ne pouvoit plus se défendre de subir un joug, contre lequel il s'étoit toûjours révolté ; & comme il vouloit se menager le loisir de vaincre ce scrupule mal entendu, il éxigea que son mariage demeurât secret pendant quelque tems.

La Demoiselle de Kerbabu s'estima heureuse d'avoir pû plaire à un homme aussi universellement estimé, que sa bravoure & sa probité rendoient encore plus recommandable, que l'éclat de sa naissance & l'éminence des Grades ausquels il étoit parvenu. Mais on ne peut sans aveuglement se dispenser de reconnoître que s'il y avoit dans ce mariage quelque disproportion pour l'âge, il n'y en avoit aucune pour la naissance, &

que le Comte d'Hautefort étoit bien éloigné de faire un affront à sa maison, en épousant une Demoiselle d'une noblesse si ancienne & si pure, que soit du côté de son pere, soit du côté de sa mere, les preuves en remontent au-delà de trois siécles, sans que l'on puisse en découvrir l'origine.

La Dame de S. Quentin, après avoir séjourné quelque tems à Brest, retourna à S. Quentin avec son mari & sa famille. Le Comte d'Hautefort écrivit plusieurs lettres au Comte de S. Quentin, & à la Demoiselle de Kerbabu sa belle-fille, à qui la Dame de S. Quentin sa mere avoit laissé la liberté d'y répondre ; ce commerce de lettres qui dura entre le Comte d'Hautefort & la Demoiselle de Kerbabu, depuis le mois de Novembre 1725, jusqu'à leur mariage qui a été celebré le 19 Septembre 1726, a été soutenu de la part du Comte d'Hautefort par tous les témoignages imaginables de l'estime la plus pure, & de l'attachement le plus respectueux.

Dans une premiere lettre écrite de Rambouillet au mois de Novembre 1725. Voici comme s'explique le Comte d'Hautefort. *Parmi les Princes & Princesses, Duchesses & autres, je demande avec grand empressement des nouvelles de Mademoiselle de Kerbabu,* QUE J'HONORE, QUE J'AIME ET RESPECTE.

Dans une autre du mois de Decembre 1725 écrite de Paris, il dit, *En arrivant de la campagne j'ai trouvé vos deux lettres qui m'ont fait un vrai plaisir..... je vous repete pour la huitiéme fois que je serai chez moi dans le mois d'Avril, je ne peux tenir dans ce maudit Païs, j'y ai pourtant bonne connoissance ; je ferai vos commissions demain, & vous serez servie de tout mon cœur ; marquez-moi si vous voulez votre tabatiere par la même voiture. J'aurois pourtant envie de vous la garder pour vous la rendre moi-même. Je fais partir deux faisans, mâle & femelle, je souhaite qu'ils arrivent à bon port, les petits presens entretiennent l'amitié. Je compte rester ici sept ou huit jours, & delà à la campagne, pour éviter les complimens de la nouvelle année, que je vous souhite des meilleures ;* SOYEZ SURE DE LA VERITÉ DE MON COEUR POUR VOUS, NOUS EN DIRONS DAVANTAGE A HAUTERIVE.

Dans une autre écrite de Paris du 20 Mars 1726 il dit : *Je suis fort inquiet de votre santé, n'ayant reçû de vos nouvelles que depuis un très-long-tems.... je compte faire route pour mon Gaillardin,* (c'est ainsi qu'il appelloit sa Terre d'Hauterive) *après à Saint Quentin, les beaux jours & les chemins se trouvent dans ce tems-là ; ne soyez point paresseuse, Mademoiselle, à me tirer hors d'embarras, sur tout de Madame votre mere. J'étois instruit qu'elle étoit incommodée. Tout ce qui vous regarde m'interesse ; vous connoissez mon respectueux & fidele attachement pour vous..... bien des respects & amitiez à toute la famille ; dites à mon fils* (c'est ainsi qu'il appelloit le Chevalier de Bellingant, jeune Officier de Marine, l'un des freres de la Demoiselle de Kerbabu) *qu'il se tienne prêt quand il recevra mes ordres pour me mener à S. Quentin.*

Dans une autre lettre de Paris du 10 Avril 1726. *J'espere mettre en route le 22 au plus tard pour mon Gaillardin, & après pour Brest ; tout sera reglé, vous y serez la maîtresse sans contredit, Madame votre mere je la logerai dans ma nouvelle maison, qui est celle de feu Serquigny ; envoyez-moi votre frere sans manquer le 25 ou 26, Tiersanville doit lui avoir mandé ; portez-vous bien, ne doutez jamais de l'interêt vif & de l'amitié très-pure que j'ai pour vous.*

Une autre datée du 29 (*fans expreffion de mois ni d'année,*) commence par ces termes. *Votre derniere lettre m'a fait grand plaifir..... & finit par
ceux-ci, bon jour ma belle Demoifelle, vous manquez bien ici ; le peu de jours que
j'ai à vivre dans cette Ville auroit été gaillard, vous connoiffez ma fidelité parfaite
pour vous & pour tout ce qui vous regarde.*

Dans une autre de Breft du 5 Juin **1726**. *Vous devez avoir reçû ma derniere, vous fçavez que vous m'avez fait efperer fouvent de vos nouvelles, je vous
repete qu'elles me font un vray plaifir..... vous avez grand tort de ne m'avoir pas
mandé que Madame votre mere vous permettroit de venir avec elle à Breft ; toutes
vos lettres me marquent le contraire, cela n'eft pas bien à vous de me tromper, l'on
peut l'être la premiere fois, je fuis un bon diable bien attaché à vous & de tout fon
cœur........ bon foir ma belle Demoifelle, apprenez de moi que vous avez un
ferviteur très-fûr à votre fervice du cœur & de bourfe.*

Dans une autre datée de Breft du 24 Juin. *Ma joye eft parfaite en rece-
vant de vos nouvelles, foyez fûre de mon attachement pour vous, les occafions vous
le perfuaderont & de tout mon cœur....... Voilà un grand changement à la Cour,
je ne pourrai pas m'empêcher de partir d'ici pour ce Païs-là ; dans le mois de Septembre je compte vous aller voir & Madame d'Epinay : Je voudrois bien que
vous prissiez vos mesures pour venir avec moy, je veux devenir vôtre
maître ; ma fœur paffera un mois à Hauterive, mandez-moi votre fentiment & rien
de caché, ce que les Dames font ordinairement, c'eft leur maxime à ce que vous
m'avez dit & d'autres. J'ay reçû vos deux lettres, l'une du 9, & l'autre du 15, je
fuis au defefpoir que ma fœur n'ait point été vous voir, nous avons tort tous les
deux. Par la derniere que j'ai reçûe de M. de Maurepas, je crois que je ferai
obligé de partir pour ce Païs à la fin d'Aouft ; voyez s'il vous convient que
j'avance ou que je recule mon voyage, je veux bien faire avec vous,
vous aimant tres-tendrement, faites-en de même ; de la bonne fanté je vous
la fouhaite auffi-bien qu'à moi.*

Une autre datée de Paris du 22 Juillet **1726** finis en ces termes, *marquez-moi comment il faut que j'écrive à Madame votre mere pour vous avoir, &
fur-tout conduifez-moi bien, defirant de tout mon cœur vous poffeder à Hauterive ;
bon jour ma belle & gentille Demoifelle, foyez fûre & certaine de ma tendre amitié, que j'aurai toute ma vie pour vous.*

Dans une autre datée de Breft du 12 Aouft **1726**, il s'explique ainfi.
*Je me tais, comme vous me l'ordonnez, je pars pour chez moi le 26, ma fœur &
ma niece comptent fe mettre en route avec votre frere, Fromentiers, & le Chevalier d'Eftourmelles Vendredy 16, & à la fin du mois vous allez voir partie de la
compagnie, faites-lui réponfe jufte & bonne, à la lettre qu'elle a eu l'honneur de
vous écrire, & ne boudez pas, j'avois badiné avec Mademoifelle de S. Laurens ;
à l'égard de ma chaife de Pofte, c'eft le Comte Defnos & vous, & Mademoifelle
Depinay, qui m'avez dit les chemins mauvais ; fouvenez-vous de l'année paffée
quand vous vîntes à Hauterive. Je fuis dans l'embarras de faire la réjouiffance de
la convalefcence du Roy, j'ay fait petarder tout le Port, & feux de joye de tous
les côtez. Bon foir, ne m'écrivez plus icy, je meurs d'envie de vous dire galanterie,
mais je fuis trop vieux, vous connoiffez mon attachement & mon amitié pour vous.
Goion fera à Hauterive, je crois vous avoir mandé que fa niece a époufé mon neveu d'Efpinay. Quand vous ferez réponfe à Madame fa mere, foyez legere pour le
compliment, elle ira chez vous, ou elle ne viendra pas à Hauterive.*

Dans

Dans une autre dattée de Breſt du 23 Aouſt, il dit ; *Vos deux Lettres me ſont venues à la fois, l'une du 7 & l'autre du 12, la derniere eſt pleine de colere, je n'y réponds point, ma ſœur & ma niece ſont parties le 17, & comptent vous voir à la fin du mois, obéïſſez à ce qu'ils vous propoſeront, je vous attends à Hauterive le 7 ou le 8; je n'ai point de raiſons à vous donner que les chemins de traverſe ne valent rien pour les chaiſes....Bonjour, ma belle Demoiſelle, tranquiliſez-vous, ſoyez ſûre de mon attachement & de mon amitié très-pure pour vous.*

Le Comte d'Hautefort n'étoit ni d'un âge ni d'un caractere à ſe laiſſer ſurprendre aux illuſions d'une paſſion qui pût le précipiter dans de fauſ-ſes démarches; l'on ne ſoupçonnera pas une jeune perſonne de 24 ans d'avoir ſéduit un homme de 60 ans, qui avoit autant de fermeté & d'experience que le Comte d'Hautefort. On ne reconnoîtra pas non plus dans ces Lettres un homme qui ne regarde que comme un amuſement paſſager le commerce qu'il entretient avec celle à qui il écrit. Si l'on y remarque le ſtile libre & naïf d'un vieil Officier de mere, qui ne ſe piqué pas de faire des complimens, on y remarque en même-tems tous les ca-racteres d'un commerce fondé ſur l'eſtime la plus ſincere & ſur l'amitié la plus pure. *Parmi les Princes & Princeſſes, Ducheſſes & autres, dit-il, je de-mande avec grand empreſſement des nouvelles de Mademoiſelle de Kerbabu que j'ho-nore, que j'aime & reſpecte... vous connoiſſez mon reſpectueux & fidele attache-ment pour vous.... ne doutez jamais de l'intereſt vif & de l'amitié très-pure que j'ay pour vous.* Voilà les expreſſions dont ces lettres ſont remplies, & l'on ne doit pas ſe flatter de parvenir à faire naître des ſoupçons ſur la verité de ces Lettres; il ne tombera ſous le ſens de perſonne qu'on ait entrepris de fabriquer 18 Lettres pour les attribuer à un Officier du rang & de la diſtinction du Comte d'Hautefort, dont il n'eſt pas aiſé de contrefaire l'écriture que toute la France connoît, il n'eſt pas d'ailleurs poſſible de méconnoître ſon ſtile & ſon caractere à ce ſeul trait, *je veux devenir votre Maiſtre,* & à mille autres qui ſont répandus dans ſes Lettres, & l'on eſt perſuadé que tous ceux qui ont eû avec lui quelque relation, croiront en liſant ces Lettres l'entendre encore parler lui-même.

On voit par ces mêmes Lettres que le Comte d'Hautefort en avoit reçû quelques-unes de la Demoiſelle de Kerbabu, où elle lui témoignoit quel-que mécontentement & même quelque colere : Voici ce qui y avoit don-né lieu.

Le premier projet du Comte d'Hautefort avoit été de ſe rendre de Breſt à la Terre de S. Quentin pour conclure ſon mariage avec la Demoiſelle de Kerbabu, qui demeuroit chez ſon beau-pere à ſaint Quentin auprès de la Dame ſa mere. Les Lettres dont on vient de rendre compte ne per-mettent pas d'en douter. *Dites à mon fils, dit-il, en parlant du Chevalier de Bellingant, qu'il ſe tienne preſt quand il recevra mes ordres pour me mener à ſaint Quentin.* Mais dans la ſuite il changea de ſentiment, & il aima mieux que le mariage fût célébré à Hauterive, alléguant pour excuſe que le chemin qui conduit de Breſt à ſaint Quentin, étant un chemin de tra-verſe, il ne pouvoit pas y aborder commodément avec ſa chaiſe, & c'eſt ce qui avoit chagriné la Demoiſelle de Kerbabu, parce qu'alors les in-commodités de la Dame de ſaint Quentin ſa mere, ne lui permettoient pas de l'accompagner à Hauterive qui eſt éloigné de ſaint Quentin de

B

plus de 20 lieues , & parce qu'au défaut de sa mere elle n'avoit plus personne à saint Quentin qui pût la conduire à Hauterive avec bienséance.

Le Comte d'Hautefort leva cette difficulté en envoyant à saint Quentin la Marquise d'Epinay sa sœur, accompagnée de la Demoiselle d'Epinay sa fille, & du Chevalier d'Estourmelles son neveu. La Dame de saint
Quentin se détermina aisément à confier à la Dame d'Epinay la Demoiselle de Kerbabu , qui partit accompagnée de la Demoiselle de Bellingant
sa sœur, & du Chevalier de Bellingant son frere.

Quand la Demoiselle de Kerbabu fut arrivée à Hauterive le Comte
d'Hautefort ne songea plus qu'à conclure le mariage à l'insçu de ceux de sa
famille qui étoient alors à Hauterive ; le Contrat fut signé le 17 Septembre
1726 , & reçu par un Notaire que le Comte d'Hautefort fit venir à Hauterive.

Si ce Contrat avoit été passé dans le Château de saint Quentin, où la
Demoiselle de Kerbabu demeuroit alors auprès de la Dame sa mere, elle
n'auroit pas manqué de connoître le Notaire qu'on auroit appellé. Mais ce
Contrat ayant été passé à Hauterive , éloigné de vingt lieues de saint
Quentin; il n'est pas extraordinaire que cette Demoiselle qui ne fit pas
à Hauterive un long séjour depuis son mariage, n'ait pas alors connu le
Notaire auquel le Comte d'Hautefort avoit eû recours en cette occasion.

Deux jours après la passation du Contrat, & le 19 Septembre 1726,
le mariage fut celebré dans la Chapelle du Château d'Hauterive, par le
Curé d'Argentré , Paroisse d'Hauterive , l'Acte de célébration est signé de
ce Curé, du Comte d'Hautefort, de la Demoiselle de Kerbabu, du Chevalier de Bellingant son frere , & de la Demoiselle de Bellingant sa sœur.

On a dit à l'Audience que ce même jour 19 Septembre 1726, toute la
Compagnie qui étoit à Hauterive , alla dîner chez le Prieur d'Argentré,
que sur les quatre heures cette même Compagnie retourna à Hauterive,
sans le Prieur qui se trouva ce jour-là incommodé d'un mal de jambe ,
qui ne lui permit de reconduire la Compagnie que jusqu'à sa cour, & que
personne ne vit à Hauterive ce jour-là le Prieur d'Argentré.

Il est vrai que le 19 Septembre 1726, le Prieur d'Argentré donna à
dîner dans son Presbitere au Comte d'Hautefort & à toute la Compagnie
qui étoit avec lui à Hauterive, qu'après le dîné la Compagnie quitta le Prieur
vers les quatre heures après midi pour se rendre à Hauterive ; qu'enfin la
plûspart de ceux qui composoient la Compagnie ne virent point ce jour-là
le Prieur d'Argentré à Hauterive. Mais que conclure de tous ces faits,
prétend-t'on en faire résulter une impossibilité physique, que ce jour-là le
mariage ait été célébré dans la Chapelle d'Hauterive ?

A-t'il été bien difficile au Comte d'Hautefort qui exigeoit le secret, &
qui ne vouloit pas ébruiter son mariage, de prendre ses mesures ? Par l'une
des avenues du Château d'Hauterive, on peut se rendre directement à la
Chapelle sans être vû ni de la Cour ni du Château; l'appartement que le
Comte d'Hautefort occupoit dans le Château étoit fort éloigné de l'appartement où la Compagnie se rendoit ordinairement, & qui avoit ses vûes
sur le Jardin. Cet appartement étoit disposé de maniere que le Comte d'Hautefort, quand il étoit incommodé pouvoit entendre la Messe sans en sortir,
& en descendant de ce même appartement par un escalier dérobé, on se

trouve tout d'un coup à la porte de la Chapelle, où l'on peut entrer en un moment fans être vû de perfonne. Quand on eft inftruit de ces circonftances, on conçoit aifément que le Prieur d'Argentré de concert avec le Comte d'Hautefort, aura laiffé partir la Compagnie fur les quatre heures ; que quelques heures après il fe fera rendu fecrétement à la Chapelle ; qu'un mal de jambe dont on fuppofe gratuitement qu'il étoit incommodé ce jour-là, & qui, de l'aveu de nos adverfaires, ne l'avoit pas empêché de recevoir fa compagnie, de faire avec elle quelques tours de promenade, & de la reconduire jufqu'à fa cour, ne l'aura pas empêché de monter à cheval pour faire moins d'un demi quart de lieuë ; que ce Prieur arrivé à la Chapelle aura adminiftré la Bénédiction Nuptiale au Comte d'Hautefort & à la Demoifelle de Kerbabu qui s'y feront rendus en un moment, en defcendant de l'appartement du Comte d'Hautefort, & que la cérémonie faite, le Comte d'Hautefort fera remonté dans fon appartement, & que le Curé fe fera retiré chez lui fans paroître avec la compagnie.

Mais la Comteffe d'Hautefort n'eft point obligée d'entrer dans tous ces détails, dès qu'elle rapporte un Acte de célébration délivré avec réflexion par un Officier public, fur un original qu'il a trouvé dans un Regiftre, à la vérité en feuille détachée, mais qui lui a paru figné du Prieur d'Argentré & des Parties, & à la confervation duquel il a cru devoir veiller ; l'on aura dans un moment occafion d'éclaircir plus particulierement ce fait.

Peu de jours après la célébration de ce mariage, le Comte d'Hautefort reçut des Lettres qui le rappelloient à la Cour, où on le deftinoit à commander la flotte que le Roi faifoit équipper à Brefte & à Toulon ; on peut aifément fe repréfenter la confternation où ces nouvelles jetterent la Comteffe d'Hautefort ; fon mariage n'étant point déclaré, elle ne pouvoit ni accompagner fon mari à la Cour, ni demeurer pendant fon abfence dans une de fes Terres, elle n'avoit d'autre parti à prendre que de retourner à faint Quentin auprès de la Dame fa mere, & d'y conferver fon nom de fille jufqu'au retour de fon mari qui lui avoit promis de la rejoindre au mois d'Avril, & de rendre alors fon mariage public.

Quand la Comteffe d'Hautefort fe rappelle l'inftant fatal où elle fut obligée de fe féparer de fon mari ; les proteftations réiterées qu'il lui fit d'un attachement qui ne devoit finir qu'avec fa vie ; le regret qu'il avoit de la quitter, fans avoir fixé invariablement fon état ; l'impatience qu'il avoit de la rejoindre pour lui donner cette fatisfaction ; l'appréhenfion où il étoit d'être furpris de la mort avant que d'être parvenu à combler fes vœux ; les Lettres qu'il lui a écrites pendant fon abfence pour la tranquilifer dans fes agitations ; l'abbatement où elle tomba lorfqu'elle apprit la mort de celui dont la vie pouvoit feule affurer fon bonheur & fa tranquilité ; les triftes réflexions aufquelles elle s'abandonna quand elle fe trouva denuée de tous les titres à la faveur defquels elle pouvoit fe faire reconnoître par la famille de fon mari, & qui étoient reftez entre les mains du Comte d'Hautefort ; & quand elle fe vit par-là expofée à l'injuftice de ceux qui voudroient les lui arracher, & incertaine fi les Monumens publics pourroient lui affurer quelque reffource. Quand enfin elle fe reprefente l'abifme où l'a précipitée la mort inopinée du Comte d'Hautefort, dont elle ignore encore les circonſtances ; les indignitez qu'elle a eſſuyées, & les opprobres qu'elle a ſoufferts de la part d'un neveu comblé des bienfaits de ſon mari, elle ſe ſent accablée de la plus vive douleur, la voix lui manque, ſon imagination ſe trouble ; & ſi quelque choſe eſt encore capable de la rappeller à la vie, c'eſt l'eſperance qu'elle conçoit d'éprouver une ſeconde fois les effets de cette protection que la Cour ne refuſe jamais à la vertu opprimée par le poids du crédit, & de parvenir par le ſecours de ſa juſtice à vanger les mânes de ſon illuſtre mari des outrages que fait à ſa mémoire ſon neveu enrichi de ſes dépouilles, en perſécutant ſans ménagement ſa veuve qui poſſedoit ſon cœur, & qu'on reconnoîtra de plus en plus n'avoir pas été indigne de ſon affection.

On ne doit pas regarder comme l'ouvrage d'une imagination prévenuë & échauffée, la peinture que l'on vient de faire de la ſituation de la Comteſſe d'Hautefort ; on va entendre le Comte d'Hautefort lui-même dans les Lettres qu'il a écrites à ſa femme depuis ſon mariage, & en raprochant les preuves qui en réſultent, des événemens qui ſont arrivez depuis ſa mort, on connoîtra par cette comparaiſon que le portrait qu'on a eſſayé de tracer aux yeux de la Cour, n'eſt qu'une image très-imparfaite des injuſtices réelles dont la veuve du Comte d'Hautefort eſt en droit de ſe plaindre.

Quand la Comteſſe d'Hautefort quitta ſon mari à Hauterive vers le milieu du mois d'Octobre 1726, il avoit eu intention de lui remettre pluſieurs papiers d'une grande importance, & entr'autres ſon Contrat de mariage & un Teſtament holographe qu'il avoit fait à Hauterive en ſa faveur, & qu'il lui avoit montré quelques jours avant leur ſéparation. Et le Comte d'Hautefort étoit ſi pleinement perſuadé d'avoir remis à ſa femme tous ces titres, que dans une de ſes Lettres, il lui recommande expreſſément de conſerver ſoigneuſement ces papiers à la faveur deſquels elle pourroit mettre à la raiſon ſes héritiers, en ce cas qu'il vint à mourir avant que ſon mariage fut déclaré ; & il ne fut déſabuſé de cette idée que par une Lettre que lui écrivit la Comteſſe d'Hautefort, & qui lui donna lieu de rechercher dans une caſſette qu'il portoit toûjours avec lui dans ſes voyages, où il retrouva en effet tous ſes papiers ; le ſeul titre qui étoit reſté en la poſſeſſion de la Dame d'Hautefort étoit une quittance de dot ſous ſeing privé, mais entierement écrite de la main du Comte d'Hautefort & ſignée de lui, dattée du 2 Octobre 1726, & concuë en ces termes :

J'ay reçu de MADAME D'HAUTEFORT *la ſomme de* 75000 *l. portée par notre Contrat de mariage, & lui donne cette preſente reconnoiſſance pour plus grande ſeureté, & pour lui être bonne, en foy de quoy j'ai écrit & ſigné* GILLES D'HAUTEFORT, *à Hauterive le* 2 *Octobre* 1726.

Ces faits importans ne ſont point imaginez au hazard, ils ſont diſertement écrits dans les Lettres du Comte d'Hautefort, dont il faut preſentement rendre compte.

Dans une Lettre écrite de Paris du 7 1726, (c'eſt Novembre,) voicy comme il s'explique.

Je n'ai pas perdu un inſtant en arrivant à Rambouillet à vous demander de vos nouvelles, vous ne devez point douter un moment, ma petite Reine, de ma pure &
tendre

tendre amitié & de tout mon cœur; ma santé n'est pas encore rétablie, songez à la vostre, ne vous allarmez pas si viste. Je vous repete que le mois d'Avril ne me reverra pas dans ce maudit Païs; vous sçavez ce que je vous ai dit de mon arrangement; je partirai pour Hauterive, PERSONNE N'AURA PLUS DE MESURES A GARDER; *je commence à être diablement las de ce maudit métier;* MAIS GARDEZ BIEN ET AVEC SOIN LES PAPIERS QUE JE VOUS AI DONNEZ; CAR SI JE VENOIS A MANQUER AVANT QUE NOTRE MARIAGE FUST DECLARÉ, *vous mettriez par là bien à la raison tous les gens qui se pourroient avec grand tort persuader que je ne pouvois point* PAR NOTRE CONTRAT DE MARIAGE, *vous donner tout mon bien; les voilà bien éloignez de compte;* SI JE N'AVOIS PAS EU L'HONNEUR DE VOUS E'POUSER, SOYEZ CERTAINE QUE JE PARTIROIS DEMAIN. *J'ay écrit à mon ami saint Quentin: bon soir, portez-vous bien, je le desire de tout mon cœur, ne doutez point de mon amitié très-pure,* d'Hautefort.

On voit par cette Lettre que le Comte d'Hautefort croyoit avoir remis à la Dame d'Hautefort des papiers dont elle pourroit se servir avantageusement contre ses heritiers, supposé qu'il vint à mourir avant que d'avoir déclaré son mariage; mais détrompé par une lettre que lui avoit écrite la Dame d'Hautefort, & par la recherche qu'il avoit faite dans sa cassette, voici ce qu'il lui marque dans une lettre du 27 Decembre, sans expression de l'année, mais on ne peut pas s'y tromper, c'est 1726.

VOUS AVIEZ RAISON, EN ARRIVANT A PARIS, J'AI TROUVE' CE QUE JE CROYOIS VOUS 'AVOIR DONNE' A HAUTERIVE, LE TOUT EST ENSEMBLE AVEC NOTRE CONTRAT DE MARIAGE DANS MA CASSETTE AVEC SEURETE'; *vous sçavez ce que je vous ai dit à Hauterive à plusieurs fois,* AVANT DE VOUS AVOIR FIANCE'E. COMME J'ESPERE DES ENFANS, *je serai bien aise de songer à vous, n'ayant d'autre envie que de vous rendre heureuse, & que vous vouliez me souffrir pour le peu de tems que j'ay à vivre, voilà mes sentimens pour vous, soyez seure de mon amitié & de mon attachement à toute épreuve,* d'Hautefort.

Dans cette lettre du 27 Decembre 1726, se trouva un billet du Comte d'Hautefort, entierement de sa main, signé de lui & daté du 15 Decembre 1726, conçû en ces termes.

J'ay fait à Hauterive le memoire de tout ce qui y est, J'AI DANS MA CASSETTE MON TESTAMENT FAIT A HAUTERIVE; *à Brest il y a partie de ma vaisselle d'argent & autres choses, le reste est bien en forme. Il faut, s'il vous plaît, prendre conseil de Madame de S. Quentin, & de mes vieux amis si je vous manquois,* d'Hautefort, ce 15 Decembre 1726.

Ceux qui ont dirigé le Marquis d'Hautefort, dans l'odieuse procedure faite à Laval, ne s'attendoient pas sans doute que la Dame d'Hautefort eût en sa possession des pieces si victorieuses, & si propres à manifester l'imposture & la calomnie des accusations formées contre elle.

Le langage de ces lettres n'a rien d'obscur, d'équivoque, d'énigmatique, le Comte d'Hautefort, s'y reconnoît bien clairement engagé dans les liens d'un mariage: *Si je n'avois pas eû l'honneur de vous épouser, soyez certaine que je partirois demain* . . . . . *comme j'espere des enfans, je serai bien aise de songer à vous, n'ayant d'autre envie que de vous rendre heureuse, & que vous vouliez bien me souffrir pour le peu de tems que j'ay à vivre.*

A la verité ce mariage n'étoit point declaré, mais on voit dans ces lettres avec quelle effusion de cœur il s'efforçoit de calmer les inquié-

C

tudes de celle qu'il a épousée, en lui rappellant les arrangemens qu'il a pris pour rendre son mariage public, & le dessein où il est de ne pas laisser passer le mois d'Avril sans la mettre dans une situation où il n'y ait plus de mesures à garder. *Ne vous allarmez pas si vite, je vous répete que le mois d'Avril ne me reverra pas dans ce maudit Païs ; vous sçavez ce que je vous ai dit de mon arrangement, je partirai pour Hauterive, personne n'aura plus de mesures à garder.*

Et le Comte d'Hautefort n'avoit pas prétendu s'en tenir à de vains discours, & à des protestations steriles ; il croyoit avoir administré à la Dame d'Hautefort des armes contre ses heritiers, & l'avoir munie de tout ce qui pouvoit lui être necessaire pour les mettre à la raison, en cas que la mort le surprît avant que son mariage fût déclaré ; & il étoit si pénétré de cette idée, qu'il lui recommande dans les termes les plus expressifs de conserver prétieusement les papiers qu'il lui avoit remis : *mais gardez bien & avec soin les papiers que je vous ai donnez ; car si je venois à manquer* AVANT QUE NOTRE MARIAGE FUST DECLARÉ, *vous mettriez par là bien à la raison tous les gens qui se pourroient, avec grand tort, persuader que je ne pouvois point,* PAR NOTRE CONTRAT DE MARIAGE, *vous donner tout mon bien, les voilà bien éloignez de compte.*

Mais on ne peut rien imaginer de plus fort que ce qui est marqué par la lettre du Comte d'Hautefort du 27 Decembre 1726, qui n'a précédé que de cinq semaines sa mort arrivée le 7 Fevrier 1727.

Le Comte d'Hautefort surpris d'apprendre par une lettre de sa femme qu'elle n'a point les papiers qu'il croyoit lui avoir donnez, les cherche avec empressement, il les trouve en effet dans sa cassette, il instruit sur le champ la Dame d'Hautefort de cette découverte, & lui administre par sa lettre un titre qui en charge sa succession, & qui en rend responsable son heritier. *Vous aviez raison, en arrivant à Paris j'ay trouvé ce que je croyois vous avoir donné à Hauterive,* LE TOUT EST ENSEMBLE AVEC NOTRE CONTRAT DE MARIAGE DANS MA CASSETTE AVEC SURETÉ. Il n'en demeure pas là, il lui apprend par un autre écrit que dans la même cassette il y a le Testament qu'il a fait à Hauterive : *J'ay dans ma cassette mon Testament fait à Hauterive . . . . . . le reste est bien en forme.*

Ces preuves sont d'un caractere si singulier, qu'on doit craindre de les affoiblir par des reflexions ; & le Marquis d'Hautefort ne doit pas se flatter d'échapper aux argumens qui en naissent pour confondre son systême.

Dira-t'il que ces lettres ne sont point du Comte d'Hautefort, mais qu'elles sont l'ouvrage d'un faussaire habile qui en a imité l'écriture ? Ce discours ne fera point d'impression. Si la Dame d'Hautefort ne rapportoit qu'une ou deux lettres qu'elle eût affecté de cacher jusqu'au moment de la plaidoirie, on seroit peut-être tenté de former quelque soupçon ; mais elle est dans une situation bien differente, elle rapporte un Acte de celebration delivré par un Officier public, sur un original qui réside dans un dépôt public ; elle rapporte une Quittance de dot entierement écrite de la main du Comte d'Hautefort & signée de lui, elle rapporte un Memoire aussi entierement écrit & signé de lui, enfin elle rapporte jusqu'à dix-huit differentes lettres du Comte d'Hautefort, & de ces dix-huit lettres il n'y en a qu'une seule dont le corps soit écrit d'une main étrangere, mais au pied de laquelle est la signature du Comte d'Hautefort, les dix-sept autres sont entierement écrites de sa main.

Quelqu'un pourra-t'il jamais se persuader que la Dame d'Hautefort, d'une naissance très-distinguée, qui a reçû une éducation proportionnée à sa naissance, qui a toujours été en relation avec des personnes du premier rang, à qui enfin dans les transports de la déclamation la plus furieuse, on n'a osé faire aucun reproche du côté de la conduite, ait débuté dans cette affaire par fabriquer vingt-une pieces differentes, pour les attribuer à un homme aussi répandu dans le monde que l'a été le Comte d'Hautefort, dont toute la France connoît l'écriture.

D'ailleurs, ces lettres ont-elles été ensevelies dans l'oubli, en a-t'on dérobé jusqu'à présent la connoissance au Marquis d'Hautefort? N'a-t'on commencé à les faire paroître qu'au moment de la plaidoirie? Il y a plus de quatre mois qu'elles sont imprimées & répandues dans le Public, on en a montré les originaux indifferemment à tous ceux qui ont eû la curiosité de les voir, à des parens, à des amis du Comte d'Hautefort, à des personnes constituées dans les premieres dignitez, & tous se sont réunis pour rendre témoignage à la verité de ces lettres, & pour y reconnoître l'écriture du Comte d'Hautefort.

La Dame d'Hautefort a fait plus, elle a presenté une Requeste à la Cour, elle a demandé qu'il lui plût d'ordonner qu'à la premiere sommation qui sera faite au Marquis d'Hautefort, il seroit tenu d'en prendre communication au Greffe de la Cour, à l'effet de reconnoître ou dénier l'écriture & la signature du Comte d'Hautefort, sinon qu'il lui fût permis de les faire verifier en la maniere accoutumée; sur cette Requeste il est intervenu le 8 May dernier un Arrest sur les Conclusions de M. le Procureur General, qui a renvoyé les Parties à l'Audience, & depuis cet Arrest on a fait signifier toutes ces pieces au Marquis d'Hautefort. Si ces pieces sont fausses, on ne pouvoit pas mettre le Marquis d'Hautefort en plus beau chemin pour en manifester la fausseté; il nous a communiqué un Testament holographe du Comte d'Hautefort du premier Avril 1726, par lequel il est institué legataire universel, nous ne voulons point d'autre piece de comparaison que ce Testament; & la Dame d'Hautefort qui tenoit à l'Audience ces lettres entre ces mains, lui a declaré authentiquement qu'elle prendroit volontiers pour Experts tous ceux qui accompagnoient le Marquis d'Hautefort, & qui ont eu quelque relation avec le Comte d'Hautefort son oncle.

Si après les démarches que la Dame d'Hautefort a faites, après les éclaircissemens qu'elle a offerts au Marquis d'Hautefort, on ne peut plus raisonnablement douter de la verité de ces lettres, il n'y a personne qui ne sente combien les preuves qui en résultent sont accablantes pour le Marquis d'Hautefort.

Tous ceux qui ont connu le Comte d'Hautefort ne le soupçonneront pas d'avoir parlé un langage d'artifice & de dissimulation, il faisoit profession de la probité la plus éxacte, il étoit digne de vivre dans un siécle moins corrompu que le nôtre, il n'a jamais parlé qu'un langage de verité, de franchise, de candeur & de sincerité. Malgré la liberté & la naïveté qui regnent dans fon ftile, on reconnoît à une infinité de traits répandus dans fes lettres la haute eftime qu'il avoit conçue pour la Dame d'Hautefort, le refpect qu'il avoit pour elle, & combien il defiroit de la rendre heureufe. On voit dans les premieres Lettres le projet d'un futur mariage; mais les dernieres ne laiffent aucun doute fur l'exécution du projet. *Gardez bien & avec foin les papiers que je vous ai donnés; car fi je venois à manquer* AVANT QUE NOTRE MARIAGE FUST DE'CLARE', *vous mettriez par là bien à la raifon tous les gens qui fe pourroient avec grand tort perfuader que je ne pouvois point par* NOTRE CONTRAT DE MARIAGE *vous donner tout mon bien, les voilà bien éloignez de compte.* SI JE N'AVOIS PAS EU L'HONNEUR DE VOUS E'POUSER, SOYEZ CERTAINE QUE JE PARTIROIS DEMAIN. . . . *Vous aviez raifon, en arrivant à Paris, j'ai trouvé ce que je croiois vous avoir donné à Hauterive,* LE TOUT EST ENSEMBLE AVEC NOTRE CONTRAT DE MARIAGE DANS MA CASSETTE AVEC SURETE'; *vous fçavez ce que je vous ai dit à Hauterive, à plufieurs fois,* AVANT DE VOUS AVOIR FIANCE'E. *Comme j'efpere des enfans, je ferai bien aife de fonger à vous, n'ayant d'autre envie que de vous rendre heureufe, & que vous vouliez bien me fouffrir pour le peu de tems que j'ai à vivre; voilà mes fentimens pour vous, & foyez fûre de mon amitié & de mon attachement à toute épreuve.... J'ai dans ma Caffette mon Teftament fait à Hauterive....* LE RESTE EST BIEN EN FORME. *Il faut s'il vous plaît prendre confeil de Madame de faint Quentin, & de mes vieux amis fi je vous manquois.* Peut-on réfifter à la force & à l'énergie de ces expreffions?

Il doit donc demeurer pour certain, & les Lettres dont on vient de rendre compte en fourniffent une preuve litterale, que le Comte d'Hautefort peu de tems avant fa mort, avoit à Paris dans fa Caffette parmi fes papiers les titres conftitutifs de l'état que reclame aujourd'hui la Dame d'Hautefort, & qu'il y avoit dans cette même Caffette un Teftament, que le Comte d'Hautefort avoit fait à Hauterive en faveur de la Dame d'Hautefort, & qui opéroit néceffairement la révocation de celui qu'il avoit fait à Paris le premier Avril 1726, dont le Marquis d'Hautefort s'efforce aujourd'hui, de fe prévaloir.

Qu'eft devenuë cette Caffette? que font devenus les papiers qu'elle renfermoit? on ne les repréfente point aujourd'hui, ils ont donc été fupprimez; mais à qui doit-on imputer cette fuppreffion? il n'y a point de milieu, ou le crime de cette fuppreffion a été commis par le Comte d'Hautefort lui-même, ou il a été commis depuis fa mort par l'heritier qui a recueilli l'univerfalité de fa fucceffion.

Le Comte d'Hautefort eft mort à Paris le 7 Fevrier 1727, pendant que fa femme étoit au Chafteau de S. Quentin, éloignée de lui de plus de 70 lieues; elle n'a appris fa mort que par les nouvelles publiques. Quinze jours avant fa mort, le Comte d'Hautefort lui avoit donné de nouvelles preuves de fon eftime & de fon amitié, dans une Lettre du 22 Janvier 1727, où il lui dit: *Je prens le moment que je peus vous écrire étant attaqué depuis quinze jours d'une fluction fur les yeux. Elle va mieux.... portez-vous bien, continuez à avoir de la bonté pour moi & de l'amitié, & foyez feure de la mienne:* par quelle étrange métamorphofe ce Guerrier fi magnanime, fi connu par la droiture de fon cœur & par l'élevation de fes fentimens, feroit-il tout d'un coup devenu un perfide dans les derniers jours de fa vie? par quel caprice auroit-il voulu détruire alors tout ce qu'il avoit fait

depuis

depuis deux ans, & arracher des titres fi précieux à une femme qu'il avoit jufques-là honorée de fon eftime & de fa confiance ; il faut donc écarter des foupçons fi injurieux, & rendre à la memoire du Comte d'Hautefort la juftice qui lui eft dûe.

Mais fur qui doit donc tomber le poids des preuves qui manifeftent cette fuppreffion ? Le Comte d'Hautefort n'eft point mort dans fa maifon, & jufqu'à préfent fa veuve n'a encore trouvé perfonne qui ait pû l'inftruire des circonftances de cette mort, arrivée précifement dans le tems, où le Comte d'Hautefort fe difpofoit à commender les Vaiffeaux que l'on venoit d'armer à Breft & à Toulon ; il eft prouvé que toutes les clefs du Comte d'Hautefort étoient entre les mains d'un de fes Domeftiques, dont il n'a pas été difficile de captiver la bienveillance ; il eft prouvé qu'avant l'appofition des Scellez, on a fouillé dans les papiers, puifque c'eft un autre Domeftique qui a indiqué au Commiffaire qui appofoit les Scellez, l'endroit où étoit le Teftament qui inftitue Legataire univerfel le Marquis d'Hautefort, & qui fut trouvé dans un Bureau *avec fon enveloppe, mais décacheté par l'un des côtez.* Enfin il eft certain que le Marquis d'Hautefort s'eft mis feul en poffeffion de tous les biens du Comte d'Hautefort fon oncle ; fi l'interest découvre le coupable, il n'y a que le Marquis d'Hautefort à qui l'on puiffe imputer la fuppreffion des titres qu'il reproche à la Dame d'Hautefort de ne pas repréfenter ; laiffons à la Cour à tirer les conféquences ; & quoique le Marquis d'Hautefort ait porté la déclamation à des excès, qui ont également révolté & la Cour & le Public, & fes partifans mêmes ; on veut bien lui épargner les réflexions accablantes que des faits de cette qualité préfentent naturellement à l'efprit.

La Dame d'Hautefort étoit malade, lorfqu'elle apprit par la Gafette la mort du Comte d'Hautefort, dont elle attendoit le retour avec tant d'impatience. Qu'on fe repréfente l'excès de la douleur d'une femme vertueufe, dont le mariage n'eft point encore déclaré, & qui apprend inopinément que la mort vient de lui ravir ce qu'elle a de plus cher au monde, fon mari, dans le tems où il fe difpofoit à affeurer fa gloire & fa felicité par la publicité de fon mariage ; qui fe trouve denuée de tous les titres juftificatifs de fon état, qui font reftez entre les mains de fon mari, qui fe voit livrée à la merci d'un heritier qui peut les lui fupprimer, qui ignore jufqu'au nom du Notaire qui a reçû fon Contrat de mariage, & qui ne fçait pas fi elle pourra trouver dans les monumens publics les titres dont elle a befoin, pour fe faire rendre la juftice qui lui eft dûe. Les foins qu'elle a reçus de fes proches l'ont alors arrachée au tombeau, où fa douleur alloit la précipiter. Mais hélas, ces foins & ces fecours n'ont été par l'évenement pour elle que de funeftes bienfaits, puifqu'elle n'a furvêcu à des coups fi accablans que pour éprouver de nouvelles difgraces, plus cruelles que la mort même.

Les lettres du Comte d'Hautefort que la Dame d'Hautefort avoit en fa poffeffion, ne lui permettoient pas d'ignorer qu'on avoit dû trouver à Paris dans la caffette du Comte d'Hautefort, tous les titres juftificatifs de fon état, & le Teftament que le Comte d'Hautefort avoit fait à Hauterive en fa faveur ; mais d'un côté le filence qu'on avoit gardé à fon égard

D

ne lui faifoit que trop entrevoir la difpofition où étoient les heritiers de fon mari, de ne lui rendre aucune juftice, & d'un autre côté tant qu'elle n'avoit point à la main d'acte de celebration, il lui étoit bien difficile de forcer fes ennemis à la reconnoître pour ce qu'elle étoit.

C'eft pendant que la Dame d'Hautefort étoit dans cette perplexité, qu'elle & fa mere ont écrit ces lettres, dont on a prétendu tirer tant d'avantage, où il faut convenir qu'il n'eft parlé que d'un mariage projetté, & non pas d'un mariage réellement celebré entre le feu Comte d'Hautefort & la Demoifelle de Kerbabu. Et c'eft de ces lettres qu'on a pris occafion de dire, que celle qui s'annonce comme la veuve du Comte d'Hautefort eft le premier témoin qui a dépofé contre elle-même, & qu'elle ne doit pas fe flatter de parvenir à ufurper une qualité, qu'elle a alors reconnu fi ingenument ne lui point appartenir, dans differentes lettres écrites plufieurs mois après la mort du Comte d'Hautefort.

Mais pour diffiper toutes ces illufions, il ne s'agit que de fixer quelque époque; toutes ces lettres ont été écrites dans les mois de Mars, d'Avril & de May 1727, & ce n'eft que le 6 Septembre de la même année que la Dame d'Hautefort eft parvenue à fe faire délivrer fon acte de celebration; tant qu'elle n'a point été munie de ce Titre conftitutif de fon état, doit-on trouver extraodinaire qu'elle n'ait pas ofé s'annoncer dans le monde fous une qualité qu'elle fçavoit bien lui appartenir, mais qu'elle pouvoit craindre de n'être pas à portée d'établir.

Il faut aller plus loin. La Dame d'Hautefort avoit par devers elle des pieces victorieufes, qui la mettoient dans la fituation de convaincre l'heritier de fon mari, de lui avoir fupprimé toutes les preuves de fon état de veuve du Comte d'Hautefort. Le feul filence de cet heritier fuffifoit pour lui manifefter toute fa mauvaife volonté; fuppofé que dans cette fituation elle ait voulu tendre un piege à cet heritier, & éprouver jufqu'où il pufferoit la diffimulation & l'injuftice, pour fe donner après la fatisfaction de l'accabler, par des preuves à l'évidence defquelles il lui feroit impoffible de réfifter; cent & cent lettres que la Dame d'Hautefort aura écrites dans cette vûe, & dans lefquelles elles n'aura point annoncé fa qualité, pourront-elles lui faire perdre fon état qui lui eft acquis par un tire réfident dans un dépôt public, & fortifié par une infinité de monumens Domeftiques.

Mais la Dame d'Hautefort ne rougira point d'avouer que ce n'eft pas là le motif qui l'a fait agir; qu'elle ne connoît point tous ces détours & tous ces artifices; & que fi elle n'a pas pris la qualité de Veuve du Comte d'Hautefort auffi-tôt après la mort de fon mari, ce n'a été que dans l'apprehenfion de ne pouvoir point recouvrer les titres qui lui étoient néceffaires, & qu'on avoit eu la mauvaife foi de lui fouftraire.

On a plaidé de la part du Marquis d'Hautefort, que fatigué de toutes ces lettres il fe détermina enfin à y répondre de la maniere, *qui convenoit à un Seigneur importuné par des demandes qui n'avoient point d'objet.* On va rapporter les propres termes de cette réponfe, & la Cour jugera par elle-même fi elle convenoit à un homme de la naiffance du Marquis d'Hautefort, après les éclairciffemens qu'il avoit néceffairement trouvez dans les papiers du Comte d'Hautefort fon oncle, dont il a feul recueilli la fucceffion.

Je ne sçais quel éclaircissement vous pouvez désirer de moi, Mademoiselle, je veux bien vous mettre l'esprit en repos sur le Testament, dont je vous envoye une copie pardevant Notaires. Si vous y étiez nommée, j'ai trop de respect pour la mémoire de feu mon oncle, pour que vous n'en fussiez pas informée. A l'égard du prétendu mariage, je vous conseille d'en oublier jusqu'à l'imagination, personne n'en sera la duppe, & M. d'Hautefort étoit trop connu & trop estimé pour en pouvoir être soupçonné à son âge, & tout ce que vous en pourrez dire ne fera que faire beaucoup de tort à votre réputation, vous faire des ennemis de toute sa famille, & au bout de cela, cela ne persuadera personne, faites-moi la grace d'être persuadée, Mademoiselle, que je vous donne un bon conseil; je suis très-parfaitement, &c.

Quand on rapproche cette lettre du Marquis d'Hautefort, des éclaircissemens que fournissent les lettres du Comte d'Hautefort son oncle, le Marquis d'Hautefort doit se trouver dans un étrange embarras.

Le Comte d'Hautefort dans des lettres qui n'ont precedé son décès que de cinq ou six semaines, écrit à la Dame d'Hautefort : *Vous aviez raison, en arrivant à Paris j'ai trouvé* CE QUE JE CROYOIS VOUS AVOIR DONNÉ A HAUTERIVE, LE TOUT EST ENSEMBLE AVEC NOTRE CONTRAT DE MARIAGE DANS MA CASSETTE AVEC SÛRETÉ. Dans un écrit particulier qui est entiérement de sa main, signé de lui, & daté du 15 Decembre 1726, il dit : J'AI DANS MA CASSETTE MON TESTAMENT FAIT A HAUTERIVE, LE RESTE EST BIEN EN FORME, &c.

Cette lettre, ce memoire sont autant de titres que le Comte d'Hautefort a voulu administrer à la Dame d'Hautefort, pour charger sa succession envers elle de la représentation de tous les papiers qui y sont énoncez, ou pour convaincre ses Heritiers de la suppression de ces mêmes papiers, si on ne les représente point. Et quand après la mort du Comte d'Hautefort sa veuve s'adresse au Marquis d'Hautefort son neveu, qui s'est seul mis en possession de l'universalité de sa succession, pour lui demander raison de ce Testament *fait à Hauterive*, qui a dû se trouver & s'est trouvé en effet dans la cassette du Comte d'Hautefort, le Marquis d'Hautefort lui parle d'un autre Testament antérieur, fait à Paris, & croit la dépaïser en lui envoyant une expedition en forme de ce Testament fait à Paris. La Dame d'Hautefort lui parle de son Contrat de mariage, qui étoit dans la même cassette, & qui devoit y être joint aux autres titres relatifs au mariage, & le Marquis d'Hautefort après les avoir supprimez ne croit pas pouvoir donner un meilleur conseil à la Dame d'Hautefort, que *d'oublier jusqu'à l'imagination de ce mariage*, parce que dit-il, *personne n'en sera la duppe, le Comte d'Hautefort étoit trop connu pour en pouvoir être soupçonné à son âge, tout ce que vous en pourrez dire*, ajoûte-t-il, *ne fera que faire beaucoup de tort à votre réputation, vous faire des ennemis de toute sa famille, & au bout de cela, cela ne persuadera personne;* est-il des expressions assez fortes pour caractériser un tel procedé. Mais on s'est fait une loi de n'accabler le Marquis d'Hautefort que par les faits, & de laisser à la Cour & au Public à tirer les conséquences.

Quand la Dame d'Hautefort eut connu clairement par cette lettre les dispositions où étoit le Marquis d'Hautefort à son égard, elle ne pût pas s'empêcher de lui en marquer son indignation par une réponse qu'elle lui fit, mais en même-tems elle crut devoir se donner les mouvemens néceſſaires pour parvenir au recouvrement de ſes titres.

Dans cette vûe elle fit différens voyages à Laval, accompagnée du Curé de S. Quentin, homme dont la conduite a toujours été irreprehenſible, & de pluſieurs Domeſtiques.

Auſſi-tôt qu'elle fut arrivée à Laval, ſa premiere démarche fut de s'adreſſer au Sieur de Mué de Farcy, Subdelegué du Commiſſaire départi à Tours, cheri & reſpecté dans la Province par ſa probité, de lui préſenter une Requeſte, & d'obtenir ſur cette Requeſte une Ordonnance qui l'authoriſoit à chercher dans les Regiſtres du Contrôle ; & ce même Subdelegué touché de la ſituation de la Dame d'Hautefort, lui donna une Lettre de recommandation adreſſée au Contrôleur de Montſur ; il ne faut que cette circonſtance qui eſt bien prouvée par l'information que le Marquis d'Hautefort a fait faire à Laval, pour démontrer l'injuſtice, & même l'extravagance des accuſations que l'on a formées contre la Dame d'Hautefort.

C'eſt dans l'un de ces voyages à Laval que la Dame d'Hautefort a eu le bonheur de trouver l'Acte de celebration de ſon mariage, dans un Regiſtre conſervé au Greffe de la Juſtice Royale de Laval, & de s'en faire délivrer une expédition en bonne forme, ſignée du Greffier ; cet Acte eſt trop important dans l'affaire pour que l'on ſe diſpenſe de le rapporter en entier.

Extrait d'un des Regiſtres des Baptêmes, Mariages, & Sepultures de la Paroiſſe d'Argentré, au Dioceſe du Mans, dans un deſquels a été trouvée une demi feuille de papier timbré, non cottée ni paraphée, en tête de laquelle eſt inſcrit ce qui ſuit.

Cejourd'hui 19 *Septembre* 1726, *ont eſté par nous Prieur ſouſſigné, après la publication des bans duement faite, mariez haut & puiſſant Seigneur, Meſſire Gille d'Hautefort, & Demoiſelle Marie-Jeanne de Bellingant, en preſence de Meſſire Jean de Bellingant, frere de la conjointe, & Demoiſelle Catherine de Bellingant ſœur de la conjointe, qui ont ſigné avec nous Prieur d'Argentré, ſe ſont ſignez ſur ladite demi-feuille Gille d'Hautefort, Marie-Jeanne de Bellingant, Jean de Bellingant, Catherine de Bellingant, & F. le Blanc Prieur d'Argentré.*

Délivré le preſent extrait ſur ſon original que avons remis dans le Regiſtre de l'année derniere 1726. *& attaché à la fin dudit Regiſtre, crainte qu'il ne fut perdu, l'ayant trouvé comme feuille ſeparée dudit Regiſtre & non cottée ni paraphée, mais bien en papier timbré & ſigné des parties & du Sieur Prieur dudit Argentré, ainſi qu'il nous eſt apparu par nous Greffier du Siege Royal de Laval, gardiataire & conſervateur des Regiſtres des Baptêmes, Mariages & Sepultures des Paroiſſes de l'Election dudit Laval, d'où dépend ladite Paroiſſe d'Argentré, le* 6 *Septembre* 1727. *Signé, Croiſſant.*

Il n'y a perſonne qui à la lecture de cet Acte ne conçoive que l'Officier public qui en a délivré l'expedition, en a regardé l'Original comme véritable & légitime, & n'a point alors ſoupçonné que cet original ait été ſubtilement inſeré dans le Regiſtre où il s'eſt trouvé ; on voit même que ce Greffier a eû l'attention d'attacher cet Original *crainte qu'il ne fut perdu.* Cette obſervation ſera d'un grand poids pour détruire la dépoſition de ce même Greffier, que le Marquis d'Hautefort a fait entendre dans ſon information.

Après avoir rendu compte des circonſtances qui ont precedé & ſuivi

la

la celebration du mariage du Comte d'Hautefort, & des preuves qui conftatent clairement qu'on ne peut imputer qu'au Marquis d'Hautefort la fuppreffion des titres qu'il reproche à la Dame d'Hautefort de ne pas produire. Il ne s'agit plus que d'expliquer les procedures qui donnent lieu aux appellations refpe&tives, foumifes à la décifion de la Cour, & de dévelop-per les moyens qui établiffent la neceffité de confirmer la procedure que la Dame d'Hautefort a commencée au Châtelet, & d'anéantir l'odieufe procedure que le Marquis d'Hautefort a faite devant le Juge du Comté de Laval.

La plainte que la Dame d'Hautefort a rendue le 14 Janvier 1728, defere à la Juftice des crimes graves & capitaux, dont il eft indifpenfa-ble d'approfondir l'accufation.

Elle fe plaint de la fuppreffion d'un teftament holographe que le Comte d'Hautefort avoit fait à Hauterive en fa faveur, & de la Groffe de fon contrat de mariage qui étoient dans la caffette du Comte d'Hautefort, lorfqu'il eft mort à Paris.

Elle fe plaint des manœuvres pratiquées pour fupprimer les minutes & les originaux des pieces qui établiffent fon état & fes droits.

Enfin elle fe plaint d'une diffamation calomnieufe contre fon honneur & fa réputation.

Si l'on en croit le Marquis d'Hautefort, la lenteur avec laquelle la Dame d'Hautefort a conduit fa procedure, & l'intervalle confiderable qui fe trouve entre la plainte & l'information, font des preuves convain-cantes du peu de cas que la Dame d'Hautefort a fait elle-même de fa procedure. On a même pouffé l'illufion & l'aveuglement jufqu'à vouloir fe faire un merite de la vivacité avec laquelle le Marquis d'Hautefort a fuivi la fienne.

Il faut rendre juftice à ceux qui ont dirigé la procedure du Marquis d'Hautefort, fi l'on doit juger du merite & de la régularité d'une proce-dure criminelle par la précipitation qui y regne, la procedure de la Dame d'Hautefort ne paroîtra qu'une procedure languiffante & léthargique & la procedure du Marquis d'Hautefort fera regardée comme un chef-d'œuvre.

Mais bien loin que la précipitation d'une procedure criminelle foit un préjugé avantageux; c'eft au contraire ce qu'il y a de plus propre à ma-nifefter le vice du principe qui l'a produite.

Quand on eft réduit à craindre l'éclairciffement de la verité, à imaginer des voyes obliques pour l'étouffer, & à ne trouver d'autre reffource que d'enlever avec violence l'accufateur, après l'avoir dépouillé de fes Titres, les momens font prétieux. Un Juge que l'on a difpofé à fe prêter à l'iniquité des témoins dont on s'eft affuré, peuvent faire des réflexions; il ne faut pas leur laiffer le tems de fe reconnoître, il faut fe hâter de les mettre dans une fituation où il ne leur foit plus permis de reculer.

Mais la Dame d'Hautefort qui déferoit à la Juftice des crimes réels, dont elle ignoroit les auteurs, un myftere d'iniquité confommé dans les tene-bres, dans l'interieur de la maifon du Comte d'Hautefort & dans le fonds d'une Province éloignée, ne pouvoit pas aller fi vîte; il faut du tems pour affembler les preuves, & pour faire entendre des témoins difperfez en diffe-

E

rentes Provinces. Car il ne s'agit pas feulement de faire entendre à Paris quelques témoins, il faut faire des informations à Brest & à Laval; c'est à Brest que la Dame d'Hautefort fe flatte de trouver ces *vieux amis*, dont le Comte d'Hautefort parle dans fes Lettres; & c'est à Laval, & aux environs d'Hauterive, que l'on pourra apprendre comment on est enfin parvenu à fupprimer dans les dépôts publics les minutes des titres juftificatifs de l'état de la Dame d'Hautefort.

Est-il vrai, d'ailleurs, que la procedure de la Dame d'Hautefort ait été auffi lente & auffi léthargique qu'on a voulu le perfuader.

La plainte est du 14 Janvier 1728, la permiffion d'informer est du 17, le 23 Janvier Commiffions rogatoires adreffées aux Juges Royaux de Brest & de Laval, pour informer des faits contenus dans la plainte de la Dame d'Hautefort; le même jour 23 Janvier, Sentence qui permet d'obtenir Monitoire; le Monitoire a été obtenu le 3 Fevrier, il a été publié dans trois des principales Paroiffes de cette Ville le 8 Fevrier, & à Verfailles le 15 du même mois; l'Information a été commencée le 7 Fevrier, & l'on n'a encore pû faire entendre que deux témoins qui étoient au fervice du feu Comte d'Hautefort, & qui fe font attachez au Marquis d'Hautefort fon heritier, l'un en qualité d'Intendant, & l'autre en qualité de Valet de Chambre. La Dame d'Hautefort ne devoit pas efperer que les dépofitions de pareils témoins lui fuffent favorables, auffi fe font-ils expliquez dans des termes qui marquent bien clairement leur partialité, mais cependant la force de la verité leur a arraché l'aveu de quelques faits, qui rapprochez des preuves qu'adminiftrent les lettres du Compte d'Hautefort, ne contribueront pas peu à développer les myfteres dont on s'efforce de dérober la connoiffance à la Juftice. Enfin le 16 Fevrier la Dame d'Hautefort a obtenu une nouvelle Commiffion rogatoire adreffée au Juge Royal de Laval, pour faire dreffer des Procès verbaux de l'état actuel du Regiftre de la Paroiffe d'Argentré de l'année 1726, & du Duplicata de ce même Regiftre qui est au Greffe de la Juftice Royale de Laval. Tel est exactement l'état de la procedure dont le marquis d'Hautefort a crû devoir arrêter le cours par les attentâc Iq'il faut maintenant expliquer.

Le 15 Fevrier 1728, c'étoit le premier Dimanche de Carême, vers les cinq heures du foir, la Dame d'Hautefort fortoit avec fa mere de l'Eglife des Carmes Déchauffez, & étoit à peine remontée en caroffe avec elle, lorfque dans la rue de Vaugirard une troupe d'Archers inveftit le caroffe où elles étoient, n'ayant pour efcorte qu'une Femme de chambre fur le devant du caroffe & un Laquais derriere. On arrache avec violence la Dame d'Hautefort des bras de fa mere fous prétexte d'un ordre du Roy, qu'on fe donne bien de garde de montrer; la mere éplorée demande en vertu de quel titre on attente à la liberté de fa fille, & où l'on prétend la conduire, on ne daigne feulement pas lui répondre; on fait monter la Dame d'Hautefort dans un autre caroffe où elle est gardée par des Archers; la mere donne ordre à fon Cocher de fuivre le caroffe où est fa fille, les Archers l'empêchent & fe mettent en devoir de tirer fur lui. Pendant un tems affez confiderable on fait faire à la Dame d'Hautefort plufieurs tours dans cette Ville pour la dépaïfer; elle arrive dans une maison inconnue, qu'elle a depuis appris être celle de Dujardin Officier du Guet, qui présidoit à la capture : on la tient en chartre privée dans cette maison pendant plusieurs heures, elle en sort vers les neuf heures du soir pour monter dans une chaise de poste qui la conduit avec grande diligence à Versailles, où elle étoit attendue avec beaucoup d'impatience : arrivée à Versailles elle se trouve incommodée, elle demande la liberté de descendre un moment pendant que l'on change de chevaux, on a l'inhumanité de le lui refuser. La chaise repart, & après quelques heures de marche, elle arrive à Néaufle fort tard ; les Archers s'emparent de toutes les clefs de l'Auberge ; Dujardin & deux Archers conduisent la Dame d'Hautefort dans la chambre où l'on se proposoit de lui laisser passer le reste de la nuit, pour lui faire faire le lendemain plus de cinquante lieuës. La Dame d'Hautefort demande en grace qu'on laisse auprès d'elle la fille de l'Hôte, qui s'étoit offerte à lui tenir compagnie ; & certainement la bienséance & les égards dûs à son sexe, à son âge & à sa condition, ne permettoient pas de lui refuser cette consolation, mais les satellites inexorables lui répondent, *nous sommes bons pour vous garder.* Elle se met au lit, & l'on juge aisément que dans une situation aussi violente elle ne pût pas trouver dans le sommeil d'adoucissement à ses maux : elle passe quelques heures dans le trouble & dans l'agitation, que l'on peut aisément s'imaginer : plus elle reflechissoit sur son état, sur les circonstances de sa capture, sur la barbarie de ceux qui l'environnoient, moins elle pouvoit douter du dessein que ses ennemis avoient formé de la perdre sans ressource, & de se porter contre elle aux dernieres extrêmitez. Pendant qu'elle s'abandonne à ces tristes réflexions, elle s'apperçoit que ses satellites sont ensevelis dans un profond sommeil ; elle se leve, elle observe quelque tems ce qui se passe dans la chambre, elle ouvre la fenêtre, elle voit que cette fenêtre donne sur la rue, elle prend la résolution de se sauver, elle cherche ses habits ; mais malheureusement Dujardin ayant eu la précaution de les mettre à côté de lui, elle n'ose les prendre, dans l'appréhension de le réveiller. Ce contre-tems ne la décourage point : l'avenir affreux qu'elle envisage ne lui permet pas de réfléchir sur les nouveaux dangers ausquels elle va s'exposer, n'ayant d'autre vêtement qu'un corset, un jupon leger & ses bas, elle monte sur la fenêtre, & à la faveur d'une courte-pointe qu'elle trouve le moyen d'attacher, elle se coule dans la rue ; la voilà dans la plus rude saison de l'année, pendant la nuit du 15 au 16 Fevrier réduite à errer presque nue & sans chaussure, dans un Pays qui lui est inconnu ; elle marche pendant quelque tems sans sçavoir où elle va, elle entend du bruit, elle ne doute pas qu'on ne coure après elle, elle veut se dérober aux yeux de ses persécuteurs, croyant se cacher dans des broussailles, elle se précipite dans un marais. Le bruit qu'elle avoit entendu n'étoit causé que par une charette, elle se rassure, elle attend que la voiture soit passée, elle sort de l'eau, elle se remet en marche ; & après bien des fatigues, elle arrive à une espece de Métairie, où elle craint d'être dévorée par les chiens qui la gardoient ; la frayeur la fait tomber, par l'évenement, ces chiens parurent respecter sa misere, & ne lui firent aucun mal ; elle se releve, elle appelle à son secours, ses cris réveillent une servante qui a l'humanité de lui donner retraite dans une étable, & c'est par l'évenement ce qui lui a sauvé la vie, dans l'état presque défesperé où le froid l'avoit réduite.

Il n'y a personne que ce recit ne doive saisir d'horreur : mais ce que la Dame d'Hautefort a souffert dans ces premiers momens n'est rien, en comparaison des inquiétudes qu'elle a eûes depuis, pendant plus de deux mois. Car depuis l'instant de son évasion, jusqu'au moment que l'autorité souveraine de la Cour l'a mise à l'abri des outrages de ses persécuteurs, par les Arrêts qui lui laissent aujourd'huy la liberté de respirer, & de poursuivre la vengeance de l'oppression qu'elle a essuyée, elle a continuellement apprehendé de se voir de nouveau livrée à la fureur de ses ennemis. Et si la Dame d'Hautefort n'est parvenue à se sauver que par un secours particulier de la Providence, elle doit regarder encore comme un plus grand miracle le bonheur qu'elle a eu d'échapper pendant plus de deux mois aux perquisitions que l'on a faites de sa personne, & d'avoir pû trouver pendant un si long-tems un asile assuré chez des personnes obscures qu'on n'a pû, ni séduire par les promesses, ni intimider par les menaces ; car on ne s'imagineroit jamais jusqu'où les choses ont été poussées, pour découvrir la retraite de la Dame d'Hautefort. Des Officiers de Justice chargez d'ordres secrets qui les autorisoient à foüiller dans tous les Châteaux des environs ; la Maréchaussée mise en Campagne à dix lieues à la ronde ; les Archers sous differens déguisemens, s'introduisans dans les recoins les plus secrets des maisons ; l'or répandu avec profusion, pour tenter la cupidité de ceux qui voudroient la trahir ; les Ministres des Autels obligez d'annoncer dans leurs Prônes & dans la Chaire de Verité, que l'on punira avec la derniere severité, quiconque sera convaincu de lui avoir donné azile. Enfin, ce qui est encore plus odieux, les maisons de tous ceux qui ont prêté leur ministere à la Dame d'Hautefort, & qui l'ont aidée de leurs conseils dans une affaire aussi triste & aussi épineuse, environnées pendant plusieurs semaines d'indignes espions, qui observoient avec la licence la plus effrenée jusqu'aux moindres démarches de ceux que leurs affaires obligeoient de recourir à eux. Quand on reflechit sur toutes ces circonstances, quand on considere que la Dame d'Hautefort s'est garantie de tant d'écueils, & que malgré toutes ces mesures elle a été en sureté sous des Chaumieres, où elle a trouvé des sentimens d'humanité, de vertu, de désinteressement & de generosité, qu'on admireroit avec raison dans des personnes du premier rang. A ces traits réunis on est forcé de reconnoître la main invisible qui a protegé l'innocence, & confondu les desseins & les artifices de ses oppresseurs.

Pendant que la Dame d'Hautefort passoit par de si rudes épreuves, la situation de sa mere n'étoit guere plus heureuse. On conçoit sans effort l'excès de l'affliction d'une mere tendre & vertueuse, qui voit enlever sa fille à ses côtez par une troupe d'Archers, qui la traitent comme si elle eût été coupable des plus grands crimes ; qui ne sçait en vertu de quel titre on l'arrête, ni où l'on prétend la conduire ; qui ignore pendant plusieurs jours ce que sa fille est devenue ; que la barbarie d'un tel procedé autorise à s'abandonner aux soupçons les plus sinistres, & qui après avoir

appris

appris son évasion ; passe deux mois entiers dans la plus affreuse inquié-
tude , & dans l'appréhension continuelle d'apprendre d'un moment à
l'autre que sa fille est retombée entre les mains de ses ennemis.

La mere de la Dame d'Hautefort bien assurée que sa fille n'avoit rien à
se reprocher, ne pouvoit pas s'imaginer que son enlevement eût été l'execution d'un decret émané de la Justice ; elle soupçonnoit bien plû-tôt que
l'artifice & le crédit des ennemis de sa fille avoient surpris de la Religion du Prince quelque ordre secret dont on avoit abusé, & même encore actuellement , il ne lui est que trop permis de penser que le decret
de Laval n'étoit pas le seul titre dont on eût confié l'execution à ceux qui
se sont chargés de la capture. Mais laissons-là les conjectures, & fixons-
nous aux veritables objets de la cause, ils ne sont que trop propres à exci-
citer toute l'indignation de la Cour.

Le lendemain de l'enlevement de la Dame d'Hautefort , on apprit qu'il
avoit été décerné par le Juge du Comté de Laval un decret de prise de
corps sur une procedure qui merite une attention singuliere.

Le 4 Fevrier 1728 , cette époque est remarquable, le Substitut de M.
le Procureur General au Siege Royal de Laval , comme fondé de procuration du Marquis d'Hautefort , rend plainte contre la Dame d'Hautefort au Juge du Comté de Laval.

Les crimes qu'on lui impute sont que sous des noms supposez elle a
tenté la fidelité d'Officiers Publics , de Notaires , de Controlleurs , de
Prêtres même, pour fabriquer un Contrat de mariage & un Acte de celebration, & par un enthousiasme prophetique, on s'écrie dans cette plainte
que *si elle rapporte un Acte de celebration , il est faux & supposé* ; l'on ajoûte
qu'on a appris qu'elle a glissé une feuille volante dans le Registre qui
est au Greffe de Laval ; qu'elle a supposé un testament en sa faveur,
quoiqu'il n'y en ait point d'autres que celui qui a été fait en faveur du Marquis d'Hautefort ; enfin l'on accompagne cette plainte du dépôt de quelques Lettres , écrites par la Dame d'Hautefort.

Sur cette plainte , permission d'informer , information, decret de prise
de corps décerné le 11 Fevrier, qu'on envoye en poste à Paris , & que
l'on execute le 15 Fevrier, de la maniere qu'on vient d'expliquer.

Pour démontrer toute l'iniquité de cette procedure , il ne faut que les
informations mêmes qui constatent deux faits importans.

L'un que la premiere démarche de la Dame d'Hautefort a été de recourir au Sieur de Mué de Farcy , Subdelegué du Commissaire départi à
Tours , à qui elle a présenté une Requeste , & de qui elle a obtenu une
ordonnance pour avoir la liberté de fouiller dans les Registres du Controlle ; & ce qu'il y a de plus surprenant , c'est qu'un nommé Ains Notaire à Montsur , qui a reçu le Contrat de mariage de la Dame d'Hautefort, qui réunit en sa personne les deux qualités de Notaire & de Controlleur ; qui en cette double qualité étoit en même-tems dépositaire de
la Minute de ce contrat , & du Registre du Controlle où il étoit inseré ;
qui enfin a depuis supprimé cette Minute , & la mention du Controlle est
l'un des témoins que le Marquis d'Hautefort a fait entendre , & ce témoin
après avoir chargé de toutes ses forces dans sa déposition la Dame d'Hautefort pour la rendre suspecte d'avoir voulu le corrompre , & de lui avoir

F

proposé des crimes , rapporte à la fin de sa déposition une Lettre écrite par ce Subdelegué, qui démontre l'imposture de tout ce que ce témoin vient de déposer; cette Lettre , merite une grande attention : en voici les termes.

Mademoiselle de Bellingant va vous trouver , Monsieur , avec une ordonnance de moi pour avoir l'extrait du Controlle d'un Acte qu'elle présume avoir été Controllé à votre Bureau , elle voudroit bien que la chose fut secrete, & je suis persuadé que vous êtes trop instruit du secret inviolable qu'il doit y avoir dans ces sortes d'affaires , pour n'en pas user dans cette occasion ; si lorsque vous aurez pris lecture de la Requeste & Ordonnance pour vous instruire de quoi il s'agit , vous vouliez bien chercher sans la lui faire signifier , cela lui feroit plaisir de ne pas confier son secret à un Huissier ; & si vous trouvez les Actes, pour lors elle sera obligée de faire cette formalité ; mais qui seroit inutile si la perquisition l'étoit , je vous serai très-obligé de l'attention que vous aurez à faire cet examen , & de la diligence pour éviter le séjour. De Farcy.

On est ici forcé de reconnoître cet esprit d'aveuglement qui saisit ordinairement ceux qui se prétent à l'oppression de l'innocence; l'objet qu'on se propose est d'annoncer la Dame d'Hautefort comme une faussaire habile, qui a entassé crimes sur crimes pour usurper un rang qui ne lui appartient point, qui a voulu corrompre des Officiers publics , des Notaires , des Controlleurs , des Prêtres mêmes , pour fabriquer un faux Contrat de mariage, & un faux Acte de celebration de mariage ; & en même-tems qu'on lui impute des crimes si atroces, on lui administre sans y penser , une piece victorieuse, qui la justifie pleinement de tous ces crimes imaginaires : car on ne persuadera jamais à personne qu'une femme qui veut fabriquer de faux Actes pour se donner un état, commence par s'adresser au Subdelegué du Commissaire départi dans la Province , homme d'une probité distinguée, lui presente une Requeste, la fasse répondre d'une ordonnance, & lui demande une Lettre de recommandation dans laquelle elle est désignée par son nom, & qui annonce que l'objet qu'elle se propose est de rechercher dans des monumens publics un Acte qui l'interesse. Ceux qui meditent des crimes ne marchent que dans les tenebres & dans l'obscurité; ils ne se manifestent point aux yeux d'un homme revêtu dans une Province d'un caractere qui lui donne une autorité & une superiorité sur ceux qu'ils ont dessein de corrompre ; & jamais on ne pensera que la Dame d'Hautefort ait voulu engager dans des manœuvres criminelles un Officier public, à qui elle se presente munie d'une Lettre du Subdelegué de l'Intendant. Il faut donc regarder comme l'ouvrage de la seduction, du mensonge & de la subornation, toutes les dépositions qui imputent à la Dame d'Hautefort des démarches criminelles ; quand on trouve dans la même information une Lettre écrite par un homme du caractere & de la probité du Sieur de Mué de Farcy, qui prouve clairement que toutes les démarches de la Dame d'Hautefort, qu'on s'efforce aujourd'hui de travestir en crimes, n'ont eû que l'objet innocent de chercher dans les Dépôts publics les Actes dont elle avoit besoin pour assurer son état, recherche qu'elle n'a été obligée de faire que parce qu'on l'a dépouillée de ces mêmes titres , qui, suivant les Lettres du Comte d'Hautefort, ont dû se trouver après sa mort parmi ses papiers & dans sa cassette.

Mais voici un fecond fait encore plus extraordinaire : l'un des crimes que l'on impute à la Dame d'Hautefort, eſt d'avoir coulé fubtilement dans le Regiſtre qui eſt au Greffe de Laval, l'original d'un prétendu Acte de celebration de ſon mariage.

De tous les témoins que le Marquis d'Hautefort a fait entendre dans ſon Information, il n'y en a qu'un ſeul qui dépoſe de ce fait, non pas avec certitude, mais ſeulement par conjecture. Ce témoin dépoſe *qu'une Dame logée à la Tête noire,* (c'étoit la Dame d'Hautefort) *étoit venue le trouver un ſoir ; qu'il chercha en preſence de ladite Dame ſans rien trouver, & qu'en feuilletant un des Regiſtres qu'il avoit déja feuilleté, il trouva une demie feuille au milieu du Regiſtre, au haut de laquelle étoit inſcrit le mariage de M. d'Hautefort avec ladite Demoiſelle, qu'il n'avoit jamais vûe que cette fois là, & une autre fois à la Tête noire, & qu'elle dit voilà ce que je cherche, & le pria de le luy délivrer au moment, lequel lui dit qu'il ne le pouvoit, n'ayant pas de Clerc pour lors, & qu'ayant renvoyé le lendemain matin, il dit qu'il le délivreroit, ce qu'il fit à elle-même, & elle devoit lui envoyer 6 ſols, ce qu'elle n'a pas fait, & ne l'a pas vûe depuis ; qu'il y a toute apparence que ladite Dame avoit ladite feuille à la main, qu'elle l'avoit coulée ſubtilement dans ledit Regiſtre, le dépoſant ne l'ayant pas vûe lors qu'il le feuilletoit, mais bien deux états de Baptême, qui ſont auſſi ſur un quarré de papier non cotté ni paraphé, lequel extrait de Mariage il a auſſi délivré à l'homme de M. le Marquis d'Hautefort avec les mêmes obſervations.*

Tous les termes de cette dépoſition méritent d'être peſez, & annoncent la corruption du témoin.

Ce témoin eſt un nommé Croissant, Greffier de la Juſtice Royale de Laval, qui, le 6 Septembre 1727, avoit délivré à la Dame d'Hautefort l'Acte de celebration qu'elle repreſente, & qu'on a ci-deſſus tranſcrit en entier.

La dépoſition de ce témoin annonce, que quand il a délivré cette expédition, il ne la pas fait à la hâte mais avec reflexion, puiſqu'il ne l'a pas delivré au premier moment qu'il lui a été demandé, mais le lendemain. S'il avoit alors conçû quelque ſoupçon ſur cet Acte qu'il trouvoit inopinément en feuille volante dans un Regiſtre, où il auroit été aſſuré de ne l'avoir pas trouvé un moment auparavant en feuilletant le même Regiſtre, en auroit-il ſans ſcrupule delivré le lendemain une expédition comme d'un Acte veritable & légitime ?

La circonſtance puerile qui eſt relevée dans cette dépoſition, que celle à qui cet Acte de celebration a été delivré n'a pas envoyé à ce Greffier 6 ſols qu'elle devoit luy envoyer, prouve bien clairement que celle qui luy avoit demandé cette expédition avoit été éloignée de penſer à le corrompre. Une fauſſaire qui auroit eu l'adreſſe & le bonheur d'inferer dans un Regiſtre une piece qui n'y étoit pas auparavant, & de ſe faire délivrer par un Officier public une expédition de cet Acte comme d'un Acte authentique, n'auroit pas manqué à la reconnoiſſance, & ne ſe ſeroit pas attiré le reproche de n'avoir pas payé 6 ſols qui pouvoient être dûs à celui qui avoit delivré une expédition ſi intereſſante.

D'ailleurs, dans cette même dépoſition ce témoin avoue bien nettement, qu'en feuilletant une première fois ce Regiſtre où il prétend n'avoir pas apperçû alors la feuille volante ſur laquelle étoit inſcrit le mariage de la Dame d'Hautefort, il y a apperçû deux Actes de Baptême *qui étoient auffi fur un quarré de papier non cotté ni paraphé* ; il ne faut que cette circonftance pour ruiner ce que ce même témoin ajoûte dans fa dépofition, *qu'il y a toute apparence que la Dame d'Hautefort avoit à la main la feuille volante où fon mariage étoit infcrit, & qu'elle l'a coulé fubtilement dans le Regiftre.* Cette odieufe conjecture s'évanoüit entierement, quand on voit que dans le même Regiftre il s'eft trouvé une autre feuille volante, qu'on ne la foupçonne pas d'avoir inferée dans le Regiftre, & où étoient écrits deux Actes de Baptême qui ne l'intereffoient point.

Ainfi ce Témoin ne peut jamais échaper à la feverité de la Juftice ; car il n'y a point de milieu, ou il a cru que l'original dont il a delivré une expedition le 6 Septembre 1727, avoit été inferé frauduleufement dans le Regiftre, où il l'a trouvé ; & dans cette fuppofition il eft un prévaricateur d'avoir delivré avec reflexion à celle qu'il a foupçonné de cette fraude, une expedition de cet Acte comme d'un Acte veritable & authentique, ou il a delivré cette expedition de bonne foi & fans foupçon, comme on ne peut pas en douter quand on fait quelqu'attention aux termes dans lefquels eft conçu fon Procès verbal de délivrance, où il dit expreffément, *qu'il a delivré cet extrait fur l'original qu'il a* REMIS *dans le Regiftre de* 1726, ET ATTACHE' A LA FIN DU REGISTRE, CRAINTE QU'IL NE FUST PERDU, L'AYANT TROUVE' *comme feuille feparée dudit Regiftre, & non cotée ni paraphée ; mais bien en papier timbré & figné des parties & du Prieur d'Argentré, ainfi qu'il lui eft apparu* ; & dans cette fuppofition il eft un faux témoin qui a parlé un langage de corruption pour détruire la foi d'un acte qu'il avoit delivré quelques mois auparavant comme dépofitaire public.

On ne doit pas douter que ces circonftances qui annoncent fi fenfiblement l'iniquité de la procedure du Marquis d'Hautefort, n'ayent beaucoup influé fur l'Arreft de deffenfes que la Cour a accordé à la Dame d'Hautefort.

Depuis cette information fur laquelle le Juge de Laval a decerné un decret de prife de corps contre la Dame d'Hautefort, le Marquis d'Hautefort a fait une démarche tout-à-fait inconcevable.

Le Lieutenant Criminel du Châtelet avoit permis à la Dame d'Hautefort d'obtenir Monitoire, le Monitoire avoit efté obtenu & publié, foit à Paris, foit à Verfailles. Il plaît au Marquis d'Hautefort de dépofer au Greffe de Laval un exemplaire imprimé de ce Monitoire, & de prendre de la publication de ce Monitoire un prétexte pour rendre au Juge du Comté de Laval une nouvelle plainte contre la Dame d'Hautefort. Il n'a jamais été rien imaginé de plus bifarre, & il ne faut que ce feul trait pour faire fentir que la procedure faite à Laval par le Marquis d'Hautefort, n'eft qu'une procedure recriminatoire, dont l'objet a été de combattre celle que la Dame d'Hautefort avoit commencée au Châtelet, & dont on craignoit les fuites.

Le Marquis d'Hautefort, après avoir fait à Laval cette monftrueufe procedure ; & après avoir fait mettre à execution le Decret de prife de corps qui avoit été decerné contre la Dame d'Hautefort, eft revenu en la Cour, & a furpris le 18 Fevrier un Arreft fur Requefte fans Conclufions de M. le Procureur General, qui le reçoit Appellant de toute la

procedure

procedure que la Dame d'Hautefort avoit faite au Châtelet, & Appellant comme d'abus de l'obtention & publication du Monitoire, & qui
ordonne l'apport des charges, *toutes chofes cependant demeurantes en état.* Il
feroit affez difficile de trouver dans les Regiftres de la Cour quelque
exemple d'un femblable Arreft.

Depuis l'attentat du 15 Fevrier, & l'Arreft du 18 du même mois qui
a arrêté le cours de la procedure de la Dame d'Hautefort, deux mois
fe font écoulez avant qu'elle ait pû obtenir des deffenfes, & cela par
les retardemens que l'on a affectez de la part du Marquis d'Hautefort,
dans l'apport des procedures de Laval. Mais enfin le 15 Avril, la Cour
en grande connoiffance de caufe fur le vû des charges, malgré tous les
efforts du Marquis d'Hautefort, malgré une Requefte donnée de fa part,
la Cour a accordé à la Dame d'Hautefort un premier Arreft de deffenfes,
qu'on doit regarder comme contradictoire avec le Marquis d'Hautefort,
puifque la Requefte qu'il a donnée pour empêcher fes deffenfes eft vifée dans l'Arreft, & ce premier Arreft du 15 Avril a été fuivi d'un fecond du 30 du même mois, que la Dame d'Hautefort a été dans la
neceffité d'obtenir contre une nouvelle procedure que le Marquis d'Hautefort avoit faite devant le Juge du Comté de Laval, fur le fondement
de l'évafion de la Dame d'Hautefort.

La Cour faifie de ces appellations refpectives interjettées par le Marquis
d'Hautefort de la procédure commencée au Châtelet, & par la Dame
d'Hautefort de la procédure faite devant le Juge du Comté de Laval;
le 30 Avril le Marquis d'Hautefort a fait affigner la Dame d'Hautefort
au 12 May fuivant pour être prefente à un compulfoire qu'il prétendoit
faire chez Ains, Notaire & Contrôleur à Montfur.

Ce Particulier nommé Ains, eft, comme on l'a déja obfervé, le Notaire
qui a reçu le Contrat de mariage de la Dame d'Hautefort du 17 Septembre 1726, & qui réuniffant les deux qualitez de Notaire & de Contrôleur, devoit en même-tems fe trouver dépofitaire, & de la minute
du Contrat comme Notaire, & du contrôle de ce même Contrat de mariage comme Contrôleur.

La Dame d'Hautefort qui fçait, à n'en pouvoir pas douter, que cette
minute & ce contrôle exiftoient encore chez ce Notaire, & ont été vûs
au mois de Septembre 1727, a été furprife d'apprendre que ce Notaire
& Contrôleur de Montfur étoit l'un des principaux témoins de l'information du Marquis d'Hautefort, & que l'on a fait dépofer ce témoin
comme l'un des Officiers publics que la Dame d'Hautefort avoit voulu
corrompre, & engager à lui fabriquer de faux Actes; elle a vû que dans
la fuite le Marquis d'Hautefort prétendoit faire un compulfoire chez ce
témoin, alors il ne lui a pas été permis de douter que l'objet de ce compulfoire ne fût de conftater qu'il n'y avoit rien chez ce Notaire qui concernât le mariage de la Dame d'Hautefort, & de donner par là plus de
poids à la dépofition de ce témoin. De-là il a été facile de conclure qu'a-
près avoir fupprimé à Paris la groffe du Contrat de mariage de la Dame
d'Hautefort qu'on avoit trouvée après la mort du Comte d'Hautefort
parmi fes papiers & dans fa caffette, on étoit parvenu à fupprimer la
minute & le contrôle de ce même Contrat de mariage qui étoient chez
Ains Notaire & Contrôleur; car fi cette minute & ce contrôle euffent
encore fubfifté chez cet Officier, il n'auroit eu garde de dépofer en fa-

G

veur du Marquis d'Hautefort, comme un homme à qui la Dame d'Hautefort auroit proposé de faire de faux Actes; les Actes veritables qu'on auroit été en état d'un moment à l'autre de trouver chez lui pouvant servir à le convaincre de faux témoignage, & le Marquis d'Hautefort de son côté n'auroit eu garde de faire un compulsoire, qui n'auroit abouti qu'à administrer à la Dame d'Hautefort un titre qu'on avoit voulu luy arracher.

Ce sont ces considérations qui ont déterminé la Dame d'Hautefort à faire deux démarches.

L'une de former opposition au compulsoire, & quoique sur cette opposition les Parties ayent été renvoyées à l'Audience, le Marquis d'Hautefort a passé outre au compulsoire, procedure dont il est impossible de sauver l'irregularité, puisque ce compulsoire tendoit d'un côté à appuyer la déposition d'un témoin entendu dans une procedure, contre laquelle la Cour avoit accordé des défenses, & d'un autre côté à acquerir au Marquis d'Hautefort un fait justificatif anticipé.

L'autre démarche a été de donner le 25 May dernier, une Requeste par laquelle la Dame d'Hautefort demande acte de la plainte qu'elle rend en la Cour, en adherant à la premiere plainte qu'elle a rendue au Commissaire Regnard de Lussaing, de la suppression qui a été réellement faite depuis le mois de Septembre 1727, de la minute de son Contrat de mariage reçû par Ains Notaire à Montsur, & de la suppression qui a été pareillement faite du contrôle de ce même Contrat de mariage, inscrit dans le Registre du Contrôle de Montsur, dont Ains étoit aussi dépositaire comme Contrôleur.

C'est par la même Requeste du 25 May que la Dame d'Hautefort a pris toutes les différentes conclusions qu'elle a cru devoir prendre; qu'elle a demandé que la procedure du Marquis d'Hautefort faite devant le Juge du Comté de Laval, fût déclarée nulle & recriminatoire; que la procedure qu'elle a commencée au Chastelet fût confirmée, qu'on ordonnast la suppression de la Requeste injurieuse du Marquis d'Hautefort visée dans l'Arrest du 15 Avril, & qui contient en effet la plus odieuse diffamation contre la Dame d'Hautefort; qu'enfin le Marquis d'Hautefort fût condamné en 50000 liv. de dommages & interests.

Cette Requeste de la Dame d'Hautefort du 25 May, qui rassemble toutes ses différentes demandes, avoit été precedée par une autre qui merite aussi son attention.

La Dame d'Hautefort prétendoit se servir contre le Marquis d'Hautefort de différentes lettres qui lui ont été écrites par le feu Comte d'Hautefort, d'une quittance de dot entiérement écrite & signée de la main du Comte d'Hautefort, & enfin d'un memoire aussi entiérement écrit & signé de sa main, mais ces lettres, cette quittance & ce memoire, n'étant que des écritures privées d'un homme mort, la Dame d'Hautefort apprehenda, avec raison, que le Marquis d'Hautefort ne lui objectât à l'Audience, que ces écritures privées n'étant ni reconnues ni verifiées, on ne pouvoit en faire aucun usage contre lui. Pour prévenir cette difficulté, la Dame d'Hautefort a présenté à la Cour une Requeste, par laquelle elle a demandé que le Marquis d'Hautefort fût tenu à la premiere sommation de prendre communication de ces pieces, pour en reconnoistre ou denier l'écriture & la signature; sinon qu'il lui fût permis de les

faire verifier fur cette Requeſte ; les Parties ont été renvoyées à l'Audience par un Arreſt du 8 May qu'elle a fait ſignifier au Marquis d'Hautefort, avec copie de toutes ces pieces qu'elle prétendoit lui oppoſer.

Le Marquis d'Hautefort qui s'eſt vû preſſé d'un côté par l'acte de celebration de mariage que rapporte la Dame d'Hautefort, & d'un autre
côté par ce grand nombre de pieces écrites de la main du Comte d'Hautefort ſon oncle, qui concourent à établir l'état de la Dame d'Hautefort,
& à conſtater que les titres juſtificatifs de ſon état, & de la ſuppreſſion deſquels elle ſe plaint, étoient au moment de la mort du Comte d'Hautefort dans ſa caſſette & parmi ſes papiers, a cru devoir jetter du ſoupçon
ſur la verité de ces pieces ; & dans cette vûe il a ſucceſſivement donné
deux différentes Requeſtes, dont il eſt néceſſaire de rendre compte.

La premiere du 18 May, par laquelle en adherant à ſa plainte renduë
au Juge de Laval, portant que ſi la Demoiſelle de Kerbabu rapporte un Acte
de celebration, il eſt faux ; il reïtere en tant que beſoin ſa plainte de faux contre
l'Acte qui a été ſubtilement gliſſé en feuille volante dans le Regiſtre du Greffe de
Laval, & demande permiſſion d'informer de cette fauſſeté devant le Juge
du Comté de Laval, & qu'à cet effet il ſoit dreſſé un Procès verbal de
l'Original de ce prétendu Acte de celebration, qui ſera porté par le Greffier Royal de Laval au Greffe de la Juſtice du Comté.

Par la ſeconde Requeſte du 12 Juin, le Marquis d'Hautefort demande
Acte de ce qu'en adherant à ſes premieres plaintes & requeſtes, il rend
plainte en crime de faux principal, contre l'écriture & la ſignature de la
prétenduë Quittance de Dot datée du deux Octobre 1726. prétendue
Lettre miſſive datée du 7........ 1726. Autre Lettre datée du 27 Decembre, ſans marque d'année, & prétendu billet daté du 15 Decembre 1726, comme n'étant écrits, ni ſignez du feu Comte d'Hautefort ; il
demande que ces pieces ſoient dépoſées au Greffe, & paraphées, & que
ſa plainte ſoit renvoyée devant le Juge de Laval.

Quand on a une fois developpé l'état de la procedure & detaillé les
circonſtances de cette affaire, on eſt ſurpris de la ſimplicité de ſon objet.

Cette affaire chargée de circonſtances ſi extraordinaires & d'évenemens
ſi intereſſans ; cette affaire qui par ſon importance & ſa ſingularité fixe
également l'attention & de la Cour & de la Ville, ſe réduit à un combat
entre deux procedures criminelles ; l'une commencée au Chaſtelet à la
Requeſte de la Dame d'Hautefort, & l'autre faite devant le Juge du
Comté de Laval, à la requeſte du Marquis d'Hautefort, & à la queſtion
de ſçavoir laquelle de ces deux procedures doit ſubſiſter.

La diſcuſſion de cette queſtion n'a rien d'embaraſſant quand les faits
ont eſté mis dans leur jour ; il ne s'agit que d'établir en peu de mots la
régularité de la procedure de la Dame d'Hautefort & la neceſſité de la
confirmer : ſi la procedure de la Dame d'Hautefort eſt reguliere, s'il eſt
indiſpenſable de la confirmer, la conſequence eſt infaillible, la procedure
du Marquis d'Hautefort eſt inſoutenable, & ne peut être conſiderée que
comme un ouvrage d'iniquité & de corruption.

Quels ſont les crimes que la Dame d'Hautefort défere à la Juſtice, &
en quelle qualité ſe rend-t'elle accuſatrice.

Elle agit en qualité de veuve du Comte d'Hautefort, qu'elle a eu le
malheur de perdre au moment qu'il ſe diſpoſoit à rendre public ſon mariage, & à commander les Vaiſſeaux armés à Breſt & à Toulon.

Eſtablit-elle ſa qualité ? elle rapporte un Acte de celebration qui lui a été délivré par un Officier public ſur un original qui réſide dans un dépôt public , & qui s'eſt trouvé dans un Regiſtre dépoſé au Greffe Royal de Laval, à la verité ſur une feuille détachée de ce Regiſtre, & non cotée ni paraphée ; mais qui a paru legitime & veritable à celui qui en a délivré l'expedition , & qui devoit parfaitement connoître les principales ſignatures qui ſe trouvent au pied de cet Acte ; c'eſt-à-dire, la ſignature du Comte d'Hautefort, & la ſignature du Curé qui a adminiſtré la Benediction Nuptiale, & qui s'eſt cru obligé, comme il l'explique lui-même dans l'expedition , *de l'attacher à la fin du Regiſtre, crainte qu'il ne fût perdu.*

Cet Acte de celebration n'eſt pas la ſeule piece que produit la Dame d'Hautefort, elle rapporte juſqu'à 18 Lettres, dont 17 ſont entierement écrites de la main du Comte d'Hautefort, dont les unes annoncent le projet du mariage , & les autres prouvent clairement l'execution du projet par la celebration réelle du mariage. *Si je venois à manquer avant que notre mariage fut déclaré …. Si je n'avois pas eû l'honneur de vous épouſer , ſoyez certaine que je partirois demain …. comme j'eſpere des enfans , je ſerai bien aiſe de ſonger à vous.* Ce ſont les expreſſions de ces Lettres.

Elle rapporte une quittance de dot entierement écrite & ſignée du Comte d'Hautefort, dans laquelle le Comte d'Hautefort l'appelle *Madame d'Hautefort.*

Enfin elle rapporte un Memoire auſſi entierement écrit & ſigné du Comte d'Hautefort, daté du 15. Decembre 1726, où il parle d'un teſtament fait à Hauterive, & qui eſt dans ſa Caſſette.

Le Marquis d'Hautefort ne doit pas ſe flatter de faire naître le moindre doute ſur la verité de ces pieces dans l'eſprit de ceux qui voudront faire uſage de leur raiſon. Jamais on ne perſuadera à perſonne que la Dame d'Hautefort d'une naiſſance diſtinguée, élevée d'une maniere proportionnée à ſa naiſſance, & dont la conduite a toûjours été irréprochable, ait entrepris de fabriquer 21. pieces dont 19. ſont annoncées comme entierement écrites de la main du Comte d'Hautefort, dont toute la France connoît l'écriture : les fauſſaires ne ſont pas ſi feconds, ils s'eſtiment heureux de pouvoir contrefaire une ſignature où tout au plus quelques lignes ; mais ils ne s'aviſent jamais de fabriquer un grand nombre de pieces pour ne les attribuer qu'à une même perſonne.

D'ailleurs quelle conduite a tenue la Dame d'Hautefort depuis qu'elle a annoncé qu'elle avoit ces pieces en ſa poſſeſſion. Il y a quatre mois qu'elle les a fait imprimer, & qu'elle les a répandues dans le Public ; elle en a montré les originaux à tous ceux qui ont eû quelque curioſité de les voir, & le nombre de ceux qui les ont vûes & qui y ont reconnu l'écriture du Comte d'Hautefort eſt prodigieux ; enfin la Dame d'Hautefort a ſommé le Marquis d'Hautefort d'en prendre communication au Greffe, elle a demandé la permiſſion de les faire verifier, en cas que le Marquis d'Hautefort ne voulût pas les reconnoître, & elle a déclaré publiquement à l'Audience qu'elle ne vouloit point d'autre piece de comparaiſon que le Teſtament holographe, où le Marquis d'Hautefort eſt inſtitué legataire univerſel, & qu'elle prendroit volontiers pour experts tous ceux qui accompagnent le Marquis d'Hautefort à l'Audience, & qui ont eû quelque relation avec le Comte d'Hautefort ſon oncle.

Auſſi l'on ne peut jamais rien imaginer de plus puerile que ce qu'oppoſe pofe le Marquis d'Hautefort, pour rendre fufpecte la verité de ces pieces qu'il n'a jamais vûes.

La Dame d'Hautefort lui oppofe dix-huit lettres du Comte d'Haute-fort, dont dix-fept font entierement écrites de fa main ; elle lui oppofe outre cela une quittance de dot datée du 2 Octobre 1726, entierement écrite de la main du Comte d'Hautefort & fignée de lui, & un Memoire daté du 15 Decembre 1726, auffi entierement écrit & figné du Comte d'Hautefort.

Dans ces vingt pieces il n'y en a que quatre que le Marquis d'Haute-fort juge dignes de fa colere. Ce font les deux lettres qui annoncent clai-rement la celebration réelle & effective du mariage, & que le Comte d'Hautefort avoit en fa poffeffion les titres juftificatifs de ce mariage qu'il avoit crû avoir remis à Hauterive à la Dame d'Hautefort, la quittance de dot qui établit fi expreffément la qualité de la Dame d'Hautefort, qui y eft appellée *Madame d'Hautefort* ; enfin l'écrit du 15 Decembre 1726, où il eft entr'autres chofes parlé d'un Teftament fait à Hauterive, & que le Comte d'Hautefort dit avoir dans fa caffette ; c'eft-à-dire, que le Marquis d'Hautefort laiffant à l'écart feize autres pieces qui concou-rent à affurer la verité des quatre qu'il attaque, ne les attaque qu'à la derniere extremité, parce qu'il fe fent accablé par le poids de ces quatre pieces ; & ce qu'il y a de plus fingulier, il fe rend demandeur en accufa-tion de faux principal contre ces quatre pieces qu'il n'a point vûes, qu'on a voulu néanmoins lui communiquer par la voie du Greffe, dont on l'a fommé de reconnoître ou dénier l'écriture, & dont enfin on demande la verification.

Mais en même tems que le Marquis d'Hautefort n'attaque directement que ces quatre pieces, il infinue que dans les autres il y a des foupçons de fabrication : par exemple, dit-il, & il infifte beaucoup fur ce fait dans les follicitations, l'on fait dire au Compte d'Hautefort dans une lettre qu'on fuppofe datée de Breft du 29 Juin 1726, que *le fieur de Chammelin eft retombé en apoplexie, & que c'eft un homme perdu quand il vivroit.* Or, dit-on, il eft impoffible que le Comte d'Hautefort, qui avoit affifté à Breft au Convoy du fieur Chammelin inhumé le 31 May, comme cela eft prouvé par l'Extrait Mortuaire du fieur Chammelin qu'on a levé, ait parlé du fieur Chammelin comme vivant encore actuellement, dans une lettre écrite le 29 Juin, un mois entier après l'inhumation du fieur Chammelin ; & de ce détail on conclut que du moins cette lettre du 29 Juin 1726, qu'on attribue au Comte d'Hautefort eft fauffe.

Il n'a pas été difficile à la Dame d'Hautefort de lever cette équivo-que par la reprefention qu'elle a faite à plufieurs de Meffieurs, de l'origi-nal même de cette lettre, où l'on ne trouve pour toute date que *ce 29*, fans expreffion de mois ni d'année ; & fi par erreur dans l'imprimé qui a été diftribué des lettres du Comte d'Hautefort, à ces mots *ce 29*, on a ajoûté par forme de note, *c'eft Juin 1726, de Breft*, c'eft une erreur de fait dont on ne peut pas tirer d'avantage contre la Dame d'Hautefort pour rendre fufpecte la verité de cette lettre, quand on voit dans une autre lettre datée du 5 Juin, que le Comte d'Hautefort parle clairement de la mort du fieur Chammelin en ces termes, *Je fuis le feul Officier General dans ce Département, le pauvre Chammelin eft parti ; Duqué pour vous plaire eft allé aux eaux.* Le fens de ces mots, *le pauvre Chammelin eft parti*, n'eft pas équi-voque dans une lettre écrite par le Comte d'Hautefort le 5 Juin, après

H

avoir affifté le 31 May précedent à l'enterrement du fieur Chammelin. Ainfi tout ce que l'on peut reprocher à la Dame d'Hautefort fe réduit à une erreur de fait, dans laquelle font tombez ceux qui ont fait imprimer les lettres du Comte d'Hautefort, & qui ont mal-à-propos fixé l'époque d'une lettre au 29 Juin 1726; mais dans l'original de laquelle il n'y a réellement que ce 29, fans expreffion de mois ni d'année. On craint de s'être arrêté trop long-tems à la difcuffion d'une minutie, qui n'a été relevée par le Marquis d'Hautefort, que parce qu'il fe fent dans l'impuif-fance de rien oppofer de folide, aux preuves que ces lettres adminiftrent contre lui.

On ne croit pas plus judicieufe la critique que le Marquis d'Hautefort a fait des deux lettres, qui parlent de la celebration du mariage; criti-que uniquement fondée fur ce que ces lettres font les feules qui foient an-noncées comme fignées du Comte d'Hautefort, pendant que les autres écrites avant la celebration de ce prétendu mariage ne font point fignées, & pendant que deux autres lettres poftérieures à cette prétendue celebra-tion ne font point non plus fignées; il y a là, a-t-on dit, une affectation vifible, & l'on reconnoît à ce trait que le fauffaire qui a fabriqué ces let-tres, a voulu y donner plus de poids en les décorant d'une fignature.

Il eft tout-à-fait nouveau de vouloir relever comme une preuve de la fauffeté d'une lettre, la circonftance qu'elle paroît fignée de l'auteur de la lettre, pour défabufer le Marquis d'Hautefort de l'idée que ces deux lettres foient les feules que le Comte d'Hautefort paroiffe avoir fignée; la Dame d'Hautefort en rapportera plufieurs qui ont precedé la celebra-tion du mariage, & qui font auffi fignées du Comte d'Hautefort: mais comment le Marquis d'Hautefort n'a-t-il pas fait une réflexion bien natu-relle, qui fuffit feule pour écarter tous les foupçons de fabrication, fi ces lettres étoient l'ouvrage d'un fauffaire, que la Dame d'Hautefort eût em-ployé pour fe fabriquer des titres juftificatifs de fon état de femme du Comte d'Hautefort, elle ne s'y feroit pas fait appeller *Mademoifelle*, & elle n'auroit pas oublié de s'y faire appeller *Madame*.

Le Public n'a pas paru à l'Audience faire plus de cas d'une autre ob-fervation, qui eft échappée au défenfeur du Marquis d'Hautefort, & qui confiftoit à dire que dans ces expreffions, *Si je n'avois pas eu l'honneur de vous époufer*, l'on ne reconnoiffoit pas le ftile d'un mari qui écrit à fa fem-me; ainfi fuivant ces idées quand un homme nouvellement engagé dans les liens du mariage avec une femme qu'il cherit, qu'il refpecte, qu'il eftime, & de l'alliance de laquelle il fe tient honoré, écrira à fa fem-me, *J'ai eu l'honneur de vous époufer*, il parlera un langage incongru & qui ne convient point à un mari, il faut être réduit à une étrange extrêmité pour propofer de femblables illufions; mais fi l'on ne veut pas reconnoî-tre le ftile d'un mari dans ces expreffions, *Si je n'avois pas eu l'honneur de vous époufer*, on fera du moins forcé de reconnoître ce ftile marital dans ces autres expreffions, *comme j'efpere des enfans*, qui font dans la lettre da-tée *du 27 Decembre*, l'une de celles que le Marquis d'Hautefort attaque par fa derniere Requefte.

Mais quel eft icy le point critique, c'eft de fçavoir fi ces lettres qu'on annonce comme écrites de la main du Comte d'Hautefort, font effecti-vement de fa main. Or fur ce point de fait, il ne s'agit pas de conjecturer, il ne s'agit que de voir les lettres, & ce ne peut être que par un efprit de divination que le Marquis d'Hautefort, qui ne les a point vûes, & qui n'a point voulu les voir, puisqu'il ne s'est pas presté à la communication qu'on lui en a voulu faire par la voye du Greffe, se rend accusateur en faux principal contre ces lettres, pendant qu'on lui en offre la verification sur le Testament holographe où il est nommé Legataire universel, & pendant qu'on veut bien s'en rapporter au jugement de tous ceux qui l'accompagnent à l'Audience, & qui s'annonceront pour connoître l'écriture du Comte d'Hautefort, que toute la France connoist.

Ainsi la Dame d'Hautefort établit sa qualité par la réprésentation du titre constitutif de son état, c'est-à-dire par un Acte de celebration qui lui a été delivré avec reflexion, par un Officier public, sur un original conservé dans un dépost public, & par une foule de monumens domestiques qui fortifient infiniment la preuve naissante de l'original trouvé dans le dépost public.

Le Marquis d'Hautefort a beau s'écrier qu'il conteste cette qualité de veuve, qui est la base de la procedure de la Dame d'Hautefort ; que cette question d'état est une question préjudicielle, qu'il la faut agiter avant que d'autoriser une procedure uniquement fondée sur une qualité usurpée & contestée; qu'enfin il se rend publiquement dénonciateur contre son adversaire d'un crime, qui consiste dans une supposition d'état, & qu'il demande que M. le Procureur General poursuive la vangeance de ce crime. Personne ne se laissera séduire par ces exclamations que l'enthousiasme a produites dans les derniers momens de la plaidoirie pour le soutien d'une cause odieuse & desesperée ; & quand on voit que la Dame d'Hautefort rapporte des titres justificatifs de son état, l'on en reviendra toûjours à l'examen de ces questions ; quand est-ce que le Marquis d'Hautefort a commencé à se livrer à cette accusation de supposition d'état, de quelles preuves la soutient-il, comment a-t'il conduit sa procedure ?

Le Marquis d'Hautefort n'a commencé à accuser la Dame d'Hautefort que quand il a été instruit de la procedure legitime qui déferoit à la Justice les crimes réels dont il a voulu étouffer les preuves. Quand il a sçu que la Dame d'Hautefort avoit rendu plainte le 14 Janvier 1728, de la soustraction de son Contrat de mariage & d'un Testament holographe fait à Hauterive, qui s'étoient trouvez à Paris depuis la mort du Comte d'Hautefort dans sa cassette & parmi ses papiers ; des manœuvres que l'on pratiquoit pour supprimer les minutes & les originaux des titres justificatifs de son état & de ses droits, & de la diffamation publique que l'on avoit faite contre son honneur & sa réputation ; que la Dame d'Hautefort avoit obtenu une permission d'informer le 17 Janvier ; qu'elle avoit obtenu le 23 Janvier des Commissions rogatoires adressées aux Juges Royaux de Brest & de Laval, & une Sentence qui lui permettoit d'obtenir Monitoire.

C'est alors & posterieurement à toutes ces procedures, que le Marquis d'Hautefort s'est avisé de rendre le 4 Fevrier 1728, sa Plainte au Juge du Comté de Laval, & d'exposer dans cette Plainte que celle qu'il inculpe a voulu séduire des Officiers publics, des Notaires, des Controlleurs, des Prêtres mêmes, pour fabriquer un Contrat de mariage & un Controle : *Que si elle rapporte un Acte de celebration, il est faux & supposé, qu'il a même appris qu'elle avoit glissé une feuille volante dans le Registre qui est au Greffe de Laval, lorsqu'elle en demanda sous un autre nom que le sien la communication.*

Jufques-là il n'y a point d'accufation précife en faux principal contre l'Acte de celebration que rapporte la Dame d'Hautefort, on ne voit dans ces termes bifarres, *fi elle rapporte un Acte de celebration, il eft faux & fuppofé.* Qu'un prognoftique vague, une faillie inconfiderée, échapée à la vivacité du Praticien fabricateur de la plainte. Cependant fuivant l'expofé de la plainte le Marquis d'Hautefort n'ignoroit pas l'exiftance de la feuille volante où étoit écrit le mariage du Comte d'Hautefort dans le Regiftre du Greffe de Laval, il pouvoit d'autant moins l'ignorer que ce Greffier dépofitaire de ce Regiftre, nous apprend dans fa dépofition qu'il en avoit délivré une expedition au Marquis d'Hautefort, pourquoi donc n'ôfe-t'il encore s'expliquer dans fa plainte fur cet Acte que d'une maniere ambigue, pourquoi n'ôfe-t'il pas l'attaquer de front?

Quand eft-ce donc que le Marquis d'Hautefort s'eft expliqué plus précifément fur cet Acte? Ce n'eft que dans une Requefte du 14 May, un mois après l'Arreft de défenfe que la Cour a accordé à la Dame d'Hautefort contre la procedure de Laval, fur une Requefte à laquelle la Dame d'Hautefort avoit joint fon Acte de celebration, Requefte dont le Marquis d'Hautefort a eu neceffairement connoiffance, il n'a point encore alors ôfé attaquer cet Acte de celebration, & il ne s'eft enfin déterminé à cette démarche que quand il l'a cru abfolument neceffaire pour donner quelque couleur à fon apel de la procedure extraordinaire commencée au Châtelet.

Ce n'eft de même qu'à la derniere extremité & par une Requête du 12 Juin 1728, que le Marquis d'Hautefort s'eft réfolu à attaquer les deux Lettres qui parlent de la celebration du mariage & qui chargent la fucceffion du Comte d'Hautefort de la réprésentation des titres, que le Comte d'Hautefort annonce par fes Letres avoir en fa poffeffion, la quittance de dot du 2 Octobre 1726, & l'écrit du 15 Decembre de la même année qui parle du Teftament de la fuppreffion duquel fe plaint la Dame d'Hautefort; & ce qu'il y a de rare, on ne fçauroit affez le répeter, il rend plainte en crime de faux principale contre l'écriture & la fignature de ces pieces qu'il n'a jamais vûes; & qu'il n'a tenu qu'à lui de voir. On peut juger par-là de l'opinion que doit avoir le Marquis d'Hautefort luimême de cette accufation capitale qu'il vante tant, & qu'il n'a formée que fucceffivement & par degrez, à mefure qu'il s'eft vû accablé par les pieces que lui oppofe la Dame d'Hautefort, & après avoir été effraïé de l'impreffion qu'il s'eft apperçu qu'elles faifoient fur l'efprit de tous ceux qui en entendoient parler.

Mais à quels chefs peut-on réduire cette grave accufation, & de quelles preuves eft-elle appuyée?

L'accufation roule principalement fur deux points, féduction pratiquée ouvertement d'Officiers publics pour fabriquer un faux contrat de mariage & un faux controlle: infertion frauduleufe dans le Regiftre du Greffe de Laval, de la feuille volante fur laquelle eft écrit l'Acte de celebration.

Les témoins entendus dans cette information parlent bien de quelques propofitions extravagantes qu'ils fuppofent leur avoir été faites par la Dame d'Hautefort. Mais dans la compofition de ce roman, on n'a pas même gardé les régles de la vrai-femblance; car il ne tombera jamais fous le fens de perfonne, qu'une femme qui auroit medité de fabriquer de faux Actes fe fût adreffée à un fi grand nombre d'Officiers publics, & eût fucceffivement propofé à tous les Notaires d'une Ville, *les uns*

après

après les autres, d'être des prévaricateurs & des faussaires. Ceux qui se disposent au crime gardent plus de mesures, & ne publient pas à son de trompe qu'ils veulent commettre un crime.

D'ailleurs, le nommé *Ains*, Notaire & Contrôleur à Montsur, qui a par l'évenement supprimé la minute du Contrat de mariage de la Dame d'Hautefort, dont il étoit le dépositaire, & qui est peut-être le témoin dont la déposition est la plus forte contre elle, rapporte lui-même une preuve litterale qui découvre l'imposture de sa déposition; il rapporte une lettre du sieur de Mué de Farcy, Subdelegué du Commissaire départi à Tours, qui prouve que la Dame d'Hautefort a commencé par s'adresser à lui, & par obtenir sur une Requeste une Ordonnance qui l'autorisoit à chercher dans les monumens publics son Contrat de mariage : cette seule démarche ne justifie-t'elle pas pleinement la Dame d'Hautefort? Cette lettre jointe à l'information forme contre le Marquis d'Hautefort, un témoignage à l'autorité duquel il ne peut se souftraire ; c'est dans cette lettre qu'il faut chercher ce qu'à fait effectivement la Dame d'Hautefort à Laval, & ce qu'il peut y avoir dans les dépositions de contraire aux preuves résultantes de cette lettre, ne peut être envisagé que comme un langage de corruption que la lettre dément.

Par rapport à l'insertion frauduleuse dans le Registre du Greffe de Laval de la feuille volante sur laquelle est inscrit le mariage de la Dame d'Hautefort; dans ce grand nombre de témoins que le Marquis d'Hautefort a fait entendre, il n'y en a qu'un seul qui dépose de ce fait, non pas avec cette certitude qui peut seule faire ajouter foi à la déposition d'un témoin, mais par conjecture, en disant *qu'il y a toute apparence que celle à qui il a délivré une expedition de cet Acte, en avoit à la main l'original qu'elle a coulé subtilement dans le Registre*; & ce seul témoin qui ne dépose que par conjecture d'un fait si interessant, est celui même qui, quelques mois auparavant, avoit delivré à la Dame d'Hautefort l'expédition de son Acte de celebration, comme d'un Acte légitime & authentique, à la conservation duquel il apprend qu'il a crû devoir veiller. Faut-il autre chose que cette expédition délivrée dans un tems non suspect, pour le convaincre d'avoir rendu un faux témoignage, lorsqu'il a voulu quelques mois après détruire par sa déposition la foi d'un Acte qu'il avoit délivré?

Mais, a-t'on dit, la lettre du sieur de Mué de Farcy a bien été le passe-port à la faveur duquel celle qui se prétend aujourd'hui veuve du Comte d'Hautefort, s'est insinuée auprès de ce Notaire qu'elle a dans la suite voulu corrompre. D'ailleurs, la lettre même de ce Subdelegué n'explique point la nature de l'Acte que l'on cherchoit.

Apparemment qu'on n'a pas fait attention aux termes dans lesquels la lettre est conçue : *Si lors que vous aurez pris lecture de la Requeste & Ordonnance pour vous instruire de quoy il s'agit, &c.* Donc celle qui a porté cette lettre à ce Notaire de Montsur, avoit en même-tems à la main une Requeste & une Ordonnance qui devoient instruire de l'affaire dont il s'agissoit l'Officier public à qui la lettre étoit adressée; & comme il étoit bien disertement expliqué dans cette Requeste, que l'objet des recherches de la Dame d'Hautefort étoit le Contrat de mariage passé entre elle & le Comte d'Hautefort. On ne persuadera jamais que celle qui étoit chargée de pareilles pieces, ait usé faire d'autres propositions à cet Officier public, que de rechercher l'Acte énoncé dans la Requeste.

C'est cependant sur cette information qui porte avec tant d'évidence

I

tous les caracteres de réprobation qu'il eft poffible d'imaginer, que le
Juge de Laval a décerné contre la Dame d'Hautefort un decret de prife
de corps qu'on s'eft hâté de mettre à execution ; il ne faut que cette circonftance pour découvrir en même-tems & la corruption du Juge qui
l'a décerné, & l'intention de la Partie qui l'a obtenu. Le Juge n'a pû fans
prévarication décerner un decret fi atroce contre une perfonne de grande
naiffance, fur une information dont la calomnie étoit mife en évidence
par des preuves litterales ; & celui qui a arraché ce decret au Juge, &
qui l'a fait mettre à éxecution avec une violence qui a foulevé contre lui
tout l'Univers & fes propres partifans, a bien manifefté par cet attentat
combien il craignoit les fuites de la procedure que la Dame d'Hautefort
avoit commencée, puifqu'il a voulu fe rendre maiftre de la perfonne
même de l'accufatrice, & la tenir dans les fers, à la merci d'un Juge corrompu, pour la mettre a jamais dans l'impuiffance de fuivre fa procedure.
Et c'eft de cet attentat énorme déja réprimé par les Arrefts de la Cour,
que ceux qui ont dirigé le Marquis d'Hautefort dans cette odieufe procedure, ne parviendront jamais à fe juftifier, l'on ne dit pas aux yeux des
perfonnes judicieufes & équitables, mais aux yeux de tous ceux qui con-
fervent un refte d'humanité.

Que devient après ces reflexions cet argument qui confifte à dire : vous
agiffez en qualité de Veuve du Comte d'Hautefort, je vous contefte cette
qualité ; delà naît une queftion d'état, queftion préjudicielle fur laquelle
il eft neceffaire de ftatuer avant que d'écoûter votre accufation, ce principe n'eft pas feulement dicté par la raifon, il eft écrit dans la premiere
Loi du Code au titre *De ordine cognitionum*, il eft attefté par tous les Auteurs,
il eft appuyé par la Jurifprudence des Arrefts, par l'Arreft de Marfault
du 12 Janvier 1686, rapporté dans le cinquiéme tome du Journal des
Audiences par un Arreft recent intervenu en 1724, dans la Cour des Pairs.

Une diftinction bien naturelle fuffit pour découvrir l'illufion de tous
ces fophifmes.

Ou l'accufateur a des titres juftificatifs de la qualité en laquelle il fe
rend accufateur, ou il n'en a point.

Si cet accufateur n'a point de titres, fi ce défaut de titres autorife l'accufé à lui fufciter une queftion d'état, & fi ce même défaut de titres rend
évident, que l'unique objet de l'accufateur eft de parvenir par une voye
indirecte à fe ménager le fecours d'une preuve teftimoniale pour s'afû-
rer la qualité qu'il commence par s'arroger, c'eft alors le cas de dire
que la queftion d'état eft préjudicielle, & qu'il faut commencer par l'approfondir avant que d'écoûter l'accufation ; & c'eft là précifement le cas
des Arrêts qu'on a citez ; car dans l'efpece de ces Arrefts, ceux qu'ils ont
condamnez n'avoient ni titre ni poffeffion, de la qualité dans laquelle ils
avoient intenté leur accufation.

Mais quand l'accufateur a des titres juftificatifs de fa qualité, & quand
il eft évident par la réunion des circonftances, que l'accufé n'éleve la
queftion d'état contre l'évidence des titres que pour fe fouftraire à l'accufation, alors bien loin de fermer la bouche à l'accufateur, c'eft à l'accufé qu'il faut impofer filence, parce qu'autrement il n'y auroit point
d'accufation qu'on ne pût rendre fans effet, en difant, *je vous contefte la
qualité en laquelle vous m'accufez.*

Dira-t-on que la Dame d'Hautefort n'a point de titres, quand elle rapporte un acte de celebration, & une infinité de titres domeftiques qui

appuyent ce titre public? N'est-il pas évident par la réunion de toutes les circonstances qu'on a relevées, que le Marquis d'Hautefort ne s'efforce de faire naître des doutes sur la verité de ses titres que pour éluder l'accusation, & qu'il ne s'est même porté à l'accusation recriminatoire, dont il se fait aujourd'hui un titre, qu'après que la Cour a eu porté un coup mortel à sa Procedure de Laval, par les défenses qu'elle a accordées à la Dame d'Hautefort, & il est véritablement dans le cas de la note de Godefroi sur la loi 1ᵉ C. de ordine cognitionum, *qui per calumniam status controversiam movet criminaliter accusari potest.*

Y eut-il jamais un cas où la calomnie ait été plus évidente? Pour soutenir la prétention du Marquis d'Hautefort, il faut supposer qu'une jeune personne de condition, élevée par une mere vertueuse, à qui l'on n'a pû reprocher, l'on ne dit pas le moindre crime, mais la faute la plus legere avant l'affaire dont il s'agit, a commencé dans cette affaire par fabriquer vingt-une pieces, & s'est portée tout d'un coup à des excès qu'on ne pourroit pas attendre des personnes les plus endurcies au crime.

Si l'on ne peut pas raisonnablement contester à la Dame d'Hautefort la qualité dans laquelle elle agit, si toutes les démarches du Marquis d'Hautefort concourent à manifester la calomnie de l'accusation recriminatoire qu'il a imaginée pour éluder l'effet de l'accusation, qu'a commencée la Dame d'Hautefort, il ne s'agit plus que d'examiner si les faits dont elle a rendu plainte peuvent servir de base à une procedure extraordinaire.

Elle se plaint de la suppression d'un Testament: Quand il n'y auroit que cette seule accusation à laquelle elle seroit également admise, quand même elle ne seroit pas veuve du Comte d'Hautefort, pourroit-on se dispenser d'écouter une pareille accusation?

Pour établir la necessité d'instruire cette accusation, il ne faut que consulter la Loi 2. ff. *ad legem Corneliam de falsis.* Cette Loi nous apprend que quiconque supprime un Testament, se rend coupable d'un faux qui l'expose à une peine capitale: *Qui testamentum amoverit celaverit eripuerit . . . . . pœna legis Corneliæ damnatur.* Et dans une affaire celebre jugée recemment, s'agissoit-il d'autre chose que de la suppression & de l'incendie d'un Testament.

Mais la suppression de ce Testament n'est pas le seul crime que la Dame d'Hautefort défere à la Justice; elle se plaint de la suppression de son Contrat de mariage à la faveur de laquelle on est ensuite parvenu, à la suppression de la minute même. Dira-t'on que des crimes de cette qualité ne meritent pas d'être approfondis, & quelqu'un peut-il révoquer en doute la necessité d'instruire une accusation aussi grave?

Cependant le Marquis d'Hautefort obligé comme heritier du Comte d'Hautefort de représenter des titres que le Comte d'Hautefort a reconnu si expressément avoir en sa possession & dans sa cassette, après avoir fait à Laval la monstrueuse procedure qu'on a expliquée, & après avoir fait mettre à execution le Decret de prise de corps que le Juge du Comté de Laval lui a accordé, est parvenu à arrester le cours de cette procedure par un Arrest qu'il a surpris de la Religion de la Cour, & qui est sans exemple.

Cet Arrest le reçoit Appellant de la procedure extraordinaire faite au Chastelet, & Appellant comme d'abus de l'obtention & publication d'un Monitoire sans Conclusions de M. le Procureur General, & sans que la Cour ait vû les charges dont cet Arrest ordonne l'apport, il prononce une surséance contre cette procedure.

Faut-il faire des efforts pour prouver que cet Arrest surpris de la Religion de la Cour, ne peut pas se soutenir?

Il est des premiers principes en matiere criminelle, qu'on ne doit jamais arrester le cours d'une instruction, sur tout quand elle a pour objet de découvrir des crimes graves & capitaux, & cette jurisprudence est fondée sur la necessité d'empêcher le déperissement des preuves, ce qui ne manqueroit pas de procurer contre le vœu des loix, l'impunité aux crimes.

L'Article 3. du titre 26 de l'Ordonnance de 1670. porte en propres termes : *Aucune appellation ne pourra empêcher ou retarder l'execution des decrets, l'instruction & le jugement.*

L'Article suivant porte : *Ne pourront nos Cours donner aucunes deffenses ou surseances de continuer l'instruction des procès criminels, sans voir les charges & informations, & sans Conclusions de nos Procureurs Generaux, dont il sera fait mention dans les Arrests, si ce n'est qu'il n'y ait qu'un ajournement personnel, declarons nulles toutes celles qui pourront estre données ; voulons que sans y avoir égard, ni qu'il soit besoin d'en demander main-levée, l'instruction soit continuée, & les parties qui les auront obtenues & leurs Procureurs, condamnez chacun en 100 livres d'amende, applicables moitié à la partie & moitié aux pauvres, qui ne pourront estre remises ni moderées.*

On est donc forcé de reconnoître la régularité d'une procedure qui défere à la Justice des crimes qu'on ne peut se dispenser d'approfondir, & dont on n'est parvenu à arrêter le cours que par des attentats odieux, qui ne peuvent jamais soutenir les regards de la Justice.

S'il est indispensable de confirmer la procedure de la Dame d'Hautefort, dès-là il est certain qu'on ne peut jamais laisser subsister celle de Laval, qui porte avec l'évidence la plus sensible tous les caracteres d'une procedure récriminatoire, soit par la posteriorité de sa date, soit par la qualité des faits sur lesquels elle est fondée, qui sont visiblement calomnieux, si ceux qui servent de base à la procedure de la Dame d'Hautefort sont veritables, soit enfin par la consideration que tous les faits alleguez par la Dame d'Hautefort sont soutenus par des preuves écrites, au lieu que les faits imaginez par le Marquis d'Hautefort sont démentis même par les preuves naissantes de son information.

Ainsi, quand on examine les circonstances de cette affaire, quand on compare la procedure de la Dame d'Hautefort avec celle de son adversaire, les differentes époques de ces deux procedures, le caractere des faits sur lesquels elles sont fondées, & les preuves invincibles qui établissent en même tems la régularité & la sagesse de l'une, & l'irrégularité & les excès de l'autre, tout parle en faveur de la Dame d'Hautefort, tout s'éleve contre son ennemi ; elle a le malheur de combattre contre un ennemi puissant & soutenu de tout ce qu'il y a de plus grand dans le Royaume, mais elle a pour elle la verité & l'innocence, & les Arrests provisoires que la Cour a déja rendus en sa faveur, sont un présage infaillible de l'Arrest définitif qu'elle va rendre, & qui est attendu avec tant d'impatience du Public, qui a paru vivement touché des malheurs de la Dame d'Hautefort, & de l'oppression qu'elle a soufferte.

Me AUBRY, Avocat.

CAMUS, Procureur.

De l'Imprimerie de P. A. LE MERCIER pere, 1728

7,463

MEMOIRE

POUR MARIE-JEANNE DE BELLINGANT DE KERBABU,
Veuve de Meſſire GILLE COMTE D'HAUTEFORT,
Lieutenant General des Armées Navales, Intimée, Appellante,
Demandereſſe & Défendereſſe.

CONTRE le MARQUIS D'HAUTEFORT, *Appellant,
Intimé, Défendeur & Demandeur.*

SI la Comteſſe d'Hautefort n'avoit pas été raſſurée par ſa vertu
& ſon innocence, qui lui ont acquis juſqu'à preſent les ſuffra-
ges de tous ceux que le crédit n'éblouit point, elle auroit dû
être effrayée de la confiance avec laquelle ſon ennemi s'eſt
preſenté à ce nouveau combat.

A entendre le Marquis d'Hautefort annoncer hautement à ſon adver-
ſaire *qu'elle ne devoit plus compter ſur la bienveillance de ce peuple nombreux qu'elle
avoit juſqu'à preſent traîné après ſon char; qu'elle devoit craindre un retour funeſte
de la prévention du Public; qu'elle verroit ce même Public devenu furieux, demander
vangeance de ſes attentats,* qui ne ſe feroit pas perſuadé que le Marquis
d'Hautefort avoit fait quelque nouvelle découverte qui devoit changer
la face de cette affaire, couvrir de confuſion la Comteſſe d'Hautefort,
& faire retomber ſur elle tout le poids de la ſeverité de la Juſtice, &
de l'indignation du Public.

Cependant quand on le ſuit pas à pas on eſt tout étonné de le voir
réduit à ne propoſer que les mêmes faits, & les mêmes moyens qui ont
déja tant décredité ſa cauſe, & malgré cette fauſſe confiance qu'il affecte,
on le trouve toûjours embaraſſé dans les détours de cette odieuſe procedure, à la faveur de laquelle il étoit parvenu à ſe rendre le maître de
la perſonne d'une accuſatrice qui défere à la Juſtice des crimes réels, &
dont il vouloit étouffer la voix.

Mais s'il n'eſt rien ſurvenu de nouveau en faveur du Marquis d'Hautefort, il n'en eſt pas de même de ſon adverſaire.

Elle a en ſa faveur le prejugé de pluſieurs Arreſts rendus ſucceſſivement en grande connoiſſance de cauſe qui annoncent clairement à ceux
qui veulent faire uſage de leur raiſon, que la procedure de Laval n'a paru
aux yeux de la Cour qu'un ouvrage d'iniquité & de corruption. Si en

A

effet la Comtesse d'Hautefort avoit seulement pû être soupçonnée du moindre des crimes qu'on lui impute, auroit-on par trois Arrests consecutifs arresté le cours de cette procedure; auroit-on écouté une accusée décretée de prise de corps, arrestée, mais qui s'étoit soustraite à la Justice, & qui ne se representoit point? auroit-on enfin permis à cette accusée par l'Arrest du 23 Juin dernier de continuer une procedure extraordinaire qu'elle avoit commencée, avant même que le Marquis d'Hautefort eût pensé à se menager la ressource d'une procedure recriminatoire.

Sans vouloir penetrer trop avant dans les motifs qui ont pû produire cet Arrest, est-il défendu de conjecturer que la Cour avoit voulu donner au Marquis d'Hautefort le tems de se reconnoître; & supposé qu'il fût dans la bonne foy, & que les crimes qu'on commençoit à entrevoir eussent été commis sans sa participation, lui faciliter les moyens de reparer une injustice à laquelle on vouloit bien presumer qu'il pouvoit n'avoir point eu de part, & dont néanmoins il se trouvoit recueillir seul tout le profit.

Il n'a pas sçu ménager des avantages si précieux, l'esprit d'aveuglement qui a conduit toutes ses démarches le précipite aujourd'huy dans de nouveaux égaremens, il faut le suivre; les nouvelles preuves que la Comtesse d'Hautefort a acquises par la continuation de sa procedure, unies à celles qu'elle avoit déja en sa faveur, dissipent tous les doutes; & la Cour n'hesitera plus à proscrire la procedure de Laval, qui n'est réellement qu'un monument de prévarication & de scandale, & a deferer à la Comtesse d'Hautefort la qualité d'accusatrice; mais quelque criantes que soient les injustices dont elle poursuit la vangeance, elle ne sortira point des bornes de la moderation qu'elle s'est prescrite, elle expliquera modestement les faits, & elle laissera à la Cour & au Public à en tirer les consequences.

FAIT.

En 1725 la Comtesse d'Hautefort accompagna à Brest la Dame sa mere, qui a épousé en secondes nôces le Comte de S. Quentin, Capitaine des Vaisseaux du Roy.

Le Comte d'Hautefort Lieutenant General des Armées Navales, ancien ami du Comte de S. Quentin, rendit plusieurs visites à la Dame de S. Quentin, il conçut une estime particuliere pour la Demoiselle de Kerbabu sa fille, il crut appercevoir en elle des qualitez propres à faire le bonheur & les délices d'un honnête homme, il se proposa de l'épouser. Mais un homme qui avoit vieilli dans les honneurs militaires, en annonçant si souvent l'extréme repugnance qu'il avoit pour tout ce qui pouvoit paroître gesner sa liberté, rougissoit d'avouer à 60 ans qu'il ne pouvoit plus se deffendre de subir un joug contre lequel il s'étoit toûjours revolté: & c'est ce scrupule mal entendu qui a été par l'évenement la source de tous les malheurs de la Comtesse d'Hautefort.

Si dans le mariage du Comte d'Hautefort avec la Demoiselle de Kerbabu il y avoit quelque disproportion pour l'âge, il n'y en avoit aucune pour la naissance, & le Comte d'Hautefort étoit bien éloigné de faire un affront à sa maison, en épousant une Demoiselle d'une noblesse si ancienne & si pure, que soit du côté de son pere, soit du côté de sa mere de generation en generation, les preuves remontent au-delà de trois siécles, sans que l'on puisse en découvrir l'origine.

La Dame de S. Quentin, après avoir séjourné quelque tems à Breft, retourna à S. Quentin avec son mari & sa famille. S. Quentin est une Terre située en Basse-Normandie aux portes d'Avranches. Le Comte d'Hautefort écrivit plusieurs Lettres au Comte de S. Quentin, & à la Demoiselle de Kerbabu sa Belle-fille, à qui la Dame de S. Quentin sa mere avoit laissé la liberté d'y répondre. Ce commerce de lettres qui dura entre le Comte d'Hautefort & la Demoiselle de Kerbabu depuis le mois de Novembre 1725, jusqu'à leur mariage, qui a été celebré le 19 Septembre 1726, a été soutenu par tous les témoignages imaginables de l'eftime la plus pure & de l'attachement le plus respectueux.

Dans une premiere Lettre écrite de Rambouillet que la Demoiselle de Kerbabu reçut au mois de Novembre 1725, voicy comme s'explique le Comte d'Hautefort. *Parmi les Princes & Princesses, Duchesses & autres, je demande avec grand empressement des nouvelles de Mademoiselle de Kerbabu* QUE J'HONORE, QUE J'AIME ET RESPECTE.

Dans une autre écrite de Paris dans le mois de Decembre 1725, il dit, *en arrivant de la Campagne j'ay trouvé vos deux Lettres qui m'ont fait un vrai plaifir.....* SOYEZ SEURE DE LA VERITE' DE MON CŒUR POUR VOUS, NOUS EN DIRONS D'AVANTAGE A HAUTERIVE.

Dans une autre écrite de Paris du 20 Mars 1726, il dit : *Je suis fort inquiet de votre santé, n'ayant reçu de vos nouvelles que depuis un tres long-tems.... je compte faire route pour mon Gaillardin,* (c'est ainsi qu'il appelloit son Château d'Hauterive) *après à S. Quentin, les beaux jours & les chemins se trouvent dans ce tems-là, ne soyez point paresseuse, Mademoiselle, à me tirer hors d'embarras,* SUR TOUT DE MADAME VOTRE MERE, *j'étois instruit qu'elle étoit incommodée,* TOUT CE QUI VOUS REGARDE M'INTERESSE, VOUS CONNOISSEZ MON RESPECTUEUX ET FIDELE ATTACHEMENT POUR VOUS. ..... *bien des respects & amitiez à toute la famille, dites à mon fils,* (c'est ainsi qu'il appelloit le Chevalier de Bellingant jeune Officier de Marine, l'un des freres de la Demoiselle de Kerbabu) *qu'il se tienne prest quand il recevra mes ordres pour me mener à S. Quentin.*

Dans une autre écrite de Paris du 10 Avril 1726: *J'espere mettre en route le 22 au plus tard, pour mon Gaillardin & après pour Breft,* TOUT SERA REGLE' VOUS Y SEREZ LA MAÎTRESSE SANS CONTREDIT, *Madame votre mere je la logerai dans ma nouvelle maison qui est celle de feu Serquigny, envoyez-moi votre frere sans manquer le 25 ou 26. Tiersanville doit lui avoir mandé, portez-vous bien,* NE DOUTEZ JAMAIS DE L'INTEREST VIF ET DE L'AMITIE' TRES-PURE QUE J'AY POUR VOUS.

Dans une autre de Breft du 5 Juin 1726, *vous devez avoir reçu ma derniere, vous sçavez que vous m'avez fait esperer souvent de vos nouvelles, je vous repete qu'elles me font un vrai plaifir ..... Vous avez grand tort de ne m'avoir pas mandé que Madame votre mere vous permettroit de venir avec elle à Breft, toutes vos lettres me marquent le contraire, cela n'est pas bien à vous de me tromper, l'on peut l'être la premiere fois,* JE SUIS UN BON DIABLE BIEN ATTACHE' A VOUS ET DE TOUT SON CŒUR..... *bon soir ma belle Demoiselle, apprenez de moi que vous avez un serviteur très-sûr à votre service, du cœur & de bourse.*

Dans une autre de Breft du 24 Juin 1726, *ma joye est parfaite en rece-*

vant de vos nouvelles , SOYEZ SÛRE DE MON ATTACHEMENT POUR VOUS, LES OC-
CASIONS VOUS LE PERSUADERONT, ET DE TOUT MON CŒUR..... *voilà un grand
changement à la Cour, je ne pourrai pas m'empêcher de partir d'ici pour ce pays-
là dans le mois de Septembre, je compte vous aller voir & Madame d'Epinay.*
JE VOUDROIS BIEN QUE VOUS PRISSIEZ VOS MESURES POUR VENIR AVEC MOI, JE
VEUT DEVENIR VÔTRE MAÎTRE, *ma sœur passera un mois à Hauterive, mandez-
moi vôtre sentiment, & rien de caché, ce que les Dames font ordinairement, c'est
leur maniere à ce que vous m'avez dit, & d'autres. J'ai reçû vos deux lettres,
l'une du 9, & l'autre du 15 : je suis au desespoir que ma sœur n'ait point été vous
voir, nous avons tort tous les deux ; par la derniere que j'ai reçue de M de Maurepas, je crois que je serai obligé de partir pour ce Pays à la fin d'Aoust.* VOYEZ
S'IL VOUS CONVIENT QUE J'AVANCE OU QUE JE RECULE MON VOYAGE, JE VEUX
BIEN FAIRE AVEC VOUS, VOUS AIMANT TRES-TENDREMENT, FAITES-EN DE MESME ;
de la bonne santé je vous la souhaite aussi-bien qu'à moi.

Une autre du 12 Juillet finit en ces termes : *marquez-moi comment il faut
que j'écrive à Madame votre mere pour vous avoir, & sur-tout conduisez-moi bien,
désirant de tout mon cœur vous posseder à Hauterive. Bon jour ma belle & gentille Demoiselle, soyez sûre & certaine de ma tendre amitié, que j'aurai toute ma
vie pour vous.*

Dans une autre datée du 12 Aoust, il s'explique ainsi : *Je me tais comme
vous me l'ordonnez ; je pars pour chez moi le 26, ma sœur & ma niece comptent
se mettre en route avec votre frere, Fromentiers, & le Chevalier d'Estourmelles
vendredi 16 ; & à la fin du mois vous allez voir partie de la Compagnie. Faites-
lui réponse juste & bonne à la lettre qu'elle a eu l'honneur de vous écrire, & ne
boudez pas ..... bon soir ne m'écrivez plus ici,* JE MEURS D'ENVIE DE VOUS DIRE
GALANTERIE, MAIS JE SUIS TROP VIEUX, VOUS CONNOISSEZ MON ATTACHEMENT
ET MON AMITIÉ POUR VOUS. *Goyon sera à Hauterive, je crois vous avoir mandé
que sa niece a épousé mon neveu d'Epinay ; quand vous ferez réponse à Madame sa
mere, soyez legere pour le compliment, elle ira chez vous ou elle ne viendra point
à Hauterive.*

Dans une autre du 23 Aoust, il dit, *vos deux lettres me font venues à la
fois, l'une du 7 & l'autre du 12,* LA DERNIERE EST PLEINE DE COLERE JE
N'Y RE'PONS POINT, *ma sœur & ma niéce font parties le 17, & comptent vous
voir à la fin du mois,* OBE'ISSEZ A CE QU'ILS VOUS PROPOSERONT, *je vous at-
tens à Hauterive le sept ou le huit. Je n'ai point de raisons à vous donner, que les
chemins de traverse ne valent rien pour les chaises..... bon jour ma belle Demoiselle, tranquillisez-vous,* SOYEZ SÛRE DE MON ATTACHEMENT ET DE MON
AMITIÉ TRES-PURE POUR VOUS.

Si l'on en croit le Marquis d'Hautefort, il n'y a dans toutes ces lettres aucune expression qui indique un projet de mariage, le mot de *mariage* même ne s'y trouve pas ; mais en verité il faut vouloir se refuser à
l'évidence même, pour n'y pas appercevoir les preuves d'une recherche,
fondée sur l'estime la plus sincere. Quel autre sens est-il possible de donner à ces expressions si énergiques répandues dans toutes ces lettres,
*soyez sûre de la verité de mon cœur pour vous, nous en dirons davantage à Hau-
terive..... vous connoissez mon respectueux & fidele attachement pour vous, dites
à mon fils* (le Chevalier de Bellingant) *qu'il se tienne prêt quand il recevra mes
ordres pour me mener à St Quentin.....* TOUT Y SERA REGLE', VOUS Y SEREZ

LA

LA MAÎTRESSE SANS CONTREDIT.... *Je voudrois bien que vous prissiez vos mesures pour venir avec moi, je veux devenir vôtre maître. ... voyez s'il vous convient que j'avance ou recule mon voyage, je veux bien faire avec vous, vous aimant tres-tendrement, faites-en de même..... marquez-moi comment il faut que j'écrive à Madame votre mere pour vous avoir, & sur-tout conduisez-moi bien, désirant de tout mon cœur vous posseder à Hauterive.....* A ces protestations cent & cent fois réiterées, *d'un attachement pur & respectueux, d'une fidelité parfaite & à toute épreuve, d'une amitié tendre qu'il aura toute sa vie,* reconnoît-on un homme qui ne regarde que comme un amusement passager le commerce qu'il entretient avec elle à qui il écrit? Si l'on remarque dans toutes ces lettres le stile libre & naïf, d'un vieil Officier de Mer qui ne se pique pas de faire des complimens, on y remarque en même-tems tous les caractéres de l'estime la plus pure, & de l'amour le plus respectueux.

On voit par ces mêmes lettres, que la Demoiselle de Kerbabu en avoit écrit quelques-unes au Comte d'Hautefort, où elle lui témoignoit du mécontentement, & même de la colere : *vos deux lettres me sont venues à la fois, l'une du sept & l'autre du douze ; la derniere est pleine de colére, je n'y répons point ;* voici ce qui y avoit donné lieu.

Le premier projet du Comte d'Hautefort, avoit été de se rendre de Brest à la Terre de St Quentin, pour conclure son mariage avec la Demoiselle de Kerbabu, qui demeuroit chez son beau-pere à St Quentin auprès de la Dame sa mere. Les lettres dont on vient de rendre compte ne permettent pas d'en douter ; *dites à mon fils,* dit-il, en parlant du Chevalier de Bellingant, *qu'il se tienne prêt quand il recevra mes ordres pour me mener à St Quentin.* Mais dans la suite il changea de sentiment, & il exigea que le mariage fût celebré à Hauterive, alleguant pour excuse que le chemin qui conduit de Brest à St Quentin étant un chemin de traverse, il ne pouvoit pas y arriver commodement avec sa chaise, *je n'ai point de raisons à vous donner, que les chemins de traverse ne valent rien pour les chaises,* & c'est ce qui avoit chagriné la Demoiselle de Kerbabu, parce qu'alors les incommoditez de sa mere & du Comte de St Quentin son beau-pere ne leur permettoient pas de l'accompagner à Hauterive, éloigné de St Quentin de plus de vingt lieuës, & parce qu'à leur défaut elle n'avoit plus personne à St Quentin, qui pût la conduire à Hauterive avec bien séance.

Le Comte d'Hautefort leva cette difficulté, en envoyant à St Quentin la Marquise d'Epinay sa sœur, accompagnée de la Demoiselle d'Epinay sa fille, & du Chevalier d'Estourmelles son neveu ; *ma sœur & ma niéce sont parties le 17, & comptent vous voir à la fin du mois, obéïssez à ce qu'ils vous proposeront ;* c'est ainsi que s'explique le Comte d'Hautefort dans une lettre du 23 Aoust 1726, la Dame de St Quentin se détermina aisément à confier à la Dame d'Epinay la Demoiselle de Kerbabu, qui partit avec la Demoiselle de Bellingant sa sœur, & le Chevalier de Bellingant son frere.

Quand la Demoiselle de Kerbabu fut arrivée à Hauterive, le Comte d'Hautefort ne pensa plus qu'à conclure son mariage, le Contrat fut signé le 17 Septembre 1726. & reçu par un Notaire que le Comte

B

d'Hautefort fit venir fecretement à Hauterive.

Si ce Contrat avoit été paffé dans le Château de St Quentin, où la Demoifelle de Kerbabu demeuroit ordinairement, elle n'auroit pas manqué de connoître le Notaire qu'on auroit appellé; mais ce Contrat ayant été paffé à Hauterive, éloigné de St Quentin de plus de vingt lieuës, il n'eft pas extraordinaire que la Demoifelle de Kerbabu n'ayant pas fait à Hautérive un long féjour depuis fon mariage, elle n'ait pas alors connu le Notaire auquel le Comte d'Hautefort avoit eu recours en cette occafion; mais on verra dans la fuite que depuis qu'elle l'a eu découvert, elle n'a point varié fur fon nom; que dans la plainte qui eft la bafe de fa procedure, elle a defigné ce Notaire par fon véritable nom, que fi dans quelques procedures poftérieures à cette plainte, par exemple dans la Sentence qui a permis la publication du Monitoire, l'on a fubftitué le nom de *le Chainge*, à ce véritable nom, c'eft une erreur de copifte, qui a même été depuis rectifiée, & que tout ce qu'on peut reprocher à la Comteffe d'Hautefort, fe réduit à n'avoir pas fçû exactement l'ortographe du nom de ce Notaire.

Deux jours après la paffation du Contrat, & le 19 Septembre 1726 le mariage fut célébré dans la Chapelle du Château d'Hauterive, par le Curé d'Argentré Paroiffe d'Hauterive. Le corps de cet acte de célébration eft entiérement écrit de la main de ce Curé, qui eft mort quinze jours après; & plus de quatre mois avant la mort du Comte d'Hautefort, il eft figné de ce Curé, du Comte d'Hautefort, de la Dame d'Hautefort, du Chevalier de Bellingant fon frere, & de la Demoifelle de Bellingant fa fœur. Il ne fera pas difficile d'écarter dans la fuite tous les argumens dont fe fert le Marquis d'Hautefort, pour établir la fauffeté de cet acte de célébration, dont la Comteffe d'Hautefort rapporte une expédition en bonne forme, qui lui a été délivrée avec réflexion par un Officier public fur un original qu'il a trouvé dans un Regiftre, à la verité en feüille détachée, mais qui lui a paru figné du Prieur d'Argentré & des Parties, & à la confervation duquel ce même Officier public a crû devoir veiller.

Peu de jours après la célébration de ce mariage, le Comte d'Hautefort reçût des lettres qui le rappelloient à la Cour, où l'on commençoit à jetter les yeux fur lui, pour commander les Vaiffeaux que le Roy faifoit armer à Breft & à Toulon. On peut aifément fe repréfenter la confternation où ces nouvelles jetterent la Comteffe d'Hautefort; fon mariage n'étant point déclaré, elle ne pouvoit ni accompagner fon mari à la Cour, ni demeurer pendant fon abfence dans une de fes Terres, elle n'avoit d'autre parti à prendre que de retourner à St Quentin auprès de fa mere, & d'y conferver fon nom de fille jufqu'au retour de fon mari, qui lui avoit promis de la rejoindre au mois d'Avril, & de rendre alors fon mariage public.

Quand la Comteffe d'Hautefort fe rappelle l'inftant fatal où elle fut obligée de fe féparer de fon mari, les proteftations réiterées qu'il lui fit d'un attachement qui ne devoit finir qu'avec fa vie; le regret qu'il avoit de la quitter fans avoir fixé invariablement fon état; l'impatience qu'il avoit de la rejoindre pour lui donner cette fatisfaction; l'appréhenfion où il étoit d'être furpris de la mort avant que d'être parvenu à combler fes vœux ; les lettres qu'il lui a écrites pendant fon abfence, pour la tranquillifer dans fes agitations ; l'abbatement où elle tomba lorfqu'elle apprit la mort de celui, dont la vie pouvoit feule affûrer fon bonheur & fa tranquillité ; les trifes réflexions aufquelles elle s'abandonna, quand elle fe trouva denuée de tous les titres, à la faveur defquels elle pouvoit fe faire reconnoître par la famille de fon mari, & qui étoient reftez entre les mains du Comte d'Hautefort ; & quand elle fe vit par là expofée à l'injuftice de ceux qui voudroient les lui arracher, & incertaine fi les monumens publics pourroient lui affûrer quelque reffource ; quand enfin elle fe repréfente l'abîme où l'a précipitée la mort inopinée du Comte d'Hautefort, les indignitez qu'elle a effuyées, & les opprobres qu'elle a foufferts de la part d'un neveu comblé des bienfaits de fon mari ; elle fe fent accablée de la plus vive douleur, la voix lui manque, fon imagination fe trouble, & fi quelque chofe eft capable de la rappeler à la vie, c'eft l'efpérance qu'elle conçoit d'éprouver de plus en plus les effets de cette protection, que la Cour ne refufe jamais à la vertu opprimée par le poids du crédit, & de parvenir par le fecours de fa juftice à vanger les mânes de fon illuftre mari, des outrages que fait à fa mémoire un neveu enrichi de fes dépoüilles, en perfécutant fans ménagement fa veuve qui poffedoit fon cœur, & qu'on reconnoîtra de plus en plus n'avoir pas été indigne de fon affection.

On ne doit pas regarder comme l'ouvrage d'une imagination prévenue & échauffée la peinture que l'on vient de faire de la fituation de la Comteffe d'Hautefort : on va entendre le Comte d'Hautefort lui-même dans les Lettres qu'il a écrites à fa femme depuis fon mariage, & en rapprochant les preuves qui en réfultent, des évenemens qui font arrivez depuis fa mort ; on connoîtra par cette comparaifon que le portrait qu'on a effayé de tracer aux yeux de la Cour n'eft qu'une image tres-imparfaite des injuftices réelles dont la veuve du Comte d'Hautefort eft en droit de fe plaindre.

Mais avant que d'entrer dans le détail de ces Lettres, qu'il foit permis de propofer quelques reflexions qui écartent tous les doutes que l'on a effayé de faire naître fur la verité de ces Lettres.

La Comteffe d'Hautefort pour établir fon état de veuve du Comte d'Hautefort, rapporte une expedition delivrée par un Officier public d'un Acte de célebration de fon mariage. Le corps de l'original de cet Acte de celebration eft entierement écrit de la main du Curé qui lui a adminiftré la benediction nuptiale, & qui eft mort quatre mois avant le Comte d'Hautefort, ce même original eft bien figné du Comte d'Hautefort.

Outre cet Acte de celebration, la Dame d'Hautefort rapporte 18 differentes Lettres du Comte d'Hautefort, dont les unes prouvent le projet du mariage, & les autres l'execution de ce projet.

De ces 18 Lettres il n'y en a qu'une feule dont le corps foit écrit d'une main étrangere, les 17 autres, dont plufieurs font tres-longues, font annoncées comme entierement écrites de la main du Comte d'Hautefort.

Enfin outre ces 18 Lettres elle rapporte encore une quittance de dot, & un memoire, & elle prefente ces deux pieces comme entierement écrites de la main du Comte d'Hautefort, & signées de lui.

Voilà donc 21 pieces que produit la Dame d'Hautefort, deux qui ne font que fignées du Comte d'Hutefort, & 19 autres font annoncées comme entierement écrites de fa main. Tombera-t'il fous le fens de qui que ce foit, qu'une perfonne de la condition de la Dame d'Hautefort, qui a reçu une éducation proportionnée à fa naiffance, & fur la conduite de laquelle fes ennemis, malgré toutes les perquifitions qu'ils ont faites, n'ont pas pu parvenir à faire naître le plus leger foupçon, ait débuté dans cette affaire par fabriquer 21 pieces differentes, & fe foit portée tout d'un coup à des excés qu'on ne peut pas foupçonner des perfonnes les plus endurcies au crime ; qu'elle ait trouvé un fauffaire affez entreprenant pour fe mettre en tête de faire un nombre fi prodigieux de pieces differentes, pour ne les attribuer qu'à une feule perfonne ; & à qui s'agit-il d'attribuer ces pieces ? à un Officier de la premiere diftinction, mort recemment, qui dans le cours de fa vie a été en relation avec tout ce qu'il y a de plus grand en France, & dont par confequent toute la France connoît l'écriture. Les fauffaires ne font pas ordinairement fi féconds, ils n'aiment point à s'expofer à un fi grand jour, & s'il y a quelques exemples de jugemens qui ayent declaré fauffes plufieurs pieces qu'une feule partie ait produites à la fois, ces pieces declarées fauffes ne font jamais parties d'une feule main, & n'ont jamais été fabriquées pour n'eftre attribuées qu'à une feule perfonne.

Mais quelle conduite la Comteffe d'Hautefort a-t'elle tenue à l'égard de ce grand nombre de pieces qu'elle reprefente ? les a-t'elle enfevelies dans l'obfcurité ? a-t'elle paru craindre de les manifefter au grand jour ? elle les a fait imprimer il y a plus d'un an, elle les a répanduës dans le Public, elle en a montré les originaux indifferemment à tous ceux qui ont eû la curiofité de les voir, à des parens, à des amis du Comte d'Hautefort, à des perfonnes conftituées dans les premieres dignitez, & tous fe font réunis pour rendre hommage à la verité de ces pieces, & pour y reconnoître l'écriture du Comte d'Hautefort.

Elle a fait plus, elle a prefenté une Requefte à la Cour, elle a demandé qu'il lui pluft d'ordonner qu'à la premiere fommation qui feroit faite au Marquis d'Hautefort, il fut tenu d'en prendre communication au Greffe de la Cour, à l'effet de reconnoître ou denier l'écriture & la fignature du Comte d'Hautefort, finon qu'il lui fût permis de les faire verifier en la maniere accoutumée ; & fur cette requefte il eft intervenu un Arreft fur les Conclufions de M. le Procureur General le 8 May 1728, qui a renvoyé les Parties à l'Audience ; & depuis cet Arreft on a fait fignifier toutes ces pieces au Marquis d'Hautefort. Si ces pieces font fauffes, on ne pouvoit pas mettre le Marquis d'Hautefort en plus beau chemin pour en manifefter la fauffeté. En un mot la Comteffe d'Hautefort a fait tout ce qui étoit en elle, non feulement pour les rendre publiques, mais encore pour en affurer juridiquement la verité ; elle a même été jufqu'à déclarer qu'elle ne vouloit point d'autres pieces de comparaifon qu'un Teftament holographe du Comte d'Hautefort du premier Avril 1726, par lequel le Marquis d'Hautefort eft inftitué Legataire univerfel, & qu'elle prendroit volontiers pour Experts tous ceux qui accompagnent le Marquis

quis d'Hautefort à l'Audience, & qui s'annonceront comme connoiſſans l'écriture du feu Comte d'Hautefort. Ce défi a paru une *fanfaronade* au Marquis d'Hautefort, mais dans l'eſprit des perſonnes équitables qui ne ſe laiſſent prévenir que pour la verité, il demeurera pour conſtant que la Comteſſe d'Hautefort a eſté au-devant de tous les éclairciſſemens que l'on pouvoit deſirer.

Dans de pareilles circonſtances une accuſation en faux principal hazardée par le Marquis d'Hautefort, depuis qu'il s'eſt vû accablé par le poids de ces pieces, & formée non pas contre toutes ces pieces qu'on lui oppoſe, mais ſeulement contre cinq qui lui ont paru plus preſſantes que les autres, pourra-t'elle faire la plus legere impreſſion ; ſur tout ſi l'on conſidere qu'il ne peut former cette accuſation de faux principal que par un eſprit de divination, puiſqu'il n'a jamais vû les cinq pieces qu'il argue de faux, quoyqu'il n'ait tenu qu'à lui de les voir, & quoyqu'on lui en ait offert la communication par la voye du Greffe : en verité plus on reflechit ſur ces circonſtances, plus la conduite du Marquis d'Hautefort paroît incomprehenſible ; mais on aura occaſion dans la diſcuſſion des Moyens & des Objections du Marquis d'Hutefort de développer encore plus particulierement ces reflexions. Revenons aux Lettres écrites par le Comte d'Hautefort depuis ſon mariage, & expliquons ce qui y a donné lieu.

Quand la Comteſſe d'Hautefort quitta ſon mari à Hauterive vers le milieu du mois d'Octobre 1726, il avoit eu intention de lui remettre pluſieurs papiers de grande importance, & entr'autres ſon Contrat de mariage, & un Teſtament holographe, que depuis ſon mariage il avoit fait à Hauterive en ſa faveur, & qu'il lui avoit montré quelques jours avant leur ſéparation, & le Comte d'Hautefort étoit ſi pleinement perſuadé d'avoir remis à ſa femme tous ces titres, que dans une de ces Lettres il lui recommande expreſſément de conſerver ſoigneuſement ces papiers, à la faveur deſquels elle pourroit mettre à la raiſon ſes heritiers en cas qu'il vint à mourir avant que ſon mariage fut déclaré ; & il ne fut deſabuſé de cette idée, que par une Lettre que lui écrivit la Comteſſe d'Hautefort, qui lui donna lieu de rechercher dans une Caſſette qu'il portoit toûjours avec lui dans ſes voyages, où il retrouva en effet tous ces papiers. Voilà les faits qui ſont diſertement écrits dans les Lettres du Comte d'Hautefort, dont il faut preſentement rendre compte.

Dans une Lettre écrite de Paris le 7 1726, (c'eſt Novembre) voicy comme il s'explique :

Je n'ay pas perdu un inſtant en arrivant à Rambouillet à vous demander de vos nouvelles, vous ne devez point douter un moment, ma petite Reine, de ma pure & tendre amitié, & de tout mon cœur. Ma ſanté n'eſt point encore rétablie, ſongez à la vôtre. NE VOUS ALLARMEZ PAS SI VISTE, JE VOUS REPETE QUE LE MOIS D'AVRIL NE ME REVERRA PAS DANS CE MAUDIT PAÏS ; VOUS SÇAVEZ CE QUE JE VOUS AI DIT DE MON ARRANGEMENT, JE PARTIRAI POUR HAUTERIVE, PERSONNE N'AURA PLUS DE MESURES A GARDER. *Je commence à être diablement las de ce maudit métier.* MAIS GARDEZ BIEN ET AVEC SOIN LES PAPIERS QUE JE VOUS AI DONNEZ ; *car ſi je venois à manquer* AVANT QUE NOTRE MARIAGE FUT DECLARE, *vous mettriez par-là bien à la raiſon tous les gens qui ſe pourroient avec grand tort perſuader que je ne pouvois pas* PAR MON CONTRAT DE MARIAGE VOUS DONNER TOUT MON BIEN ;

C

Les voilà bien éloignez de compte. Si je n'avois pas eu l'honneur de vous e'pouser, soyez certaine que je partirois demain. *J'ay écrit à mon ami Saint Quentin ; bon-soir portez vous bien, je le desire de tout mon cœur, ne doutez point de mon amitié tres-pure.* ⸻⸻ d'Hautefort.

La Comtesse d'Hautefort ayant connu par cette Lettre que son mari croyoit lui avoir remis les pieces dont il y est parlé, lui écrivit pour le défabuser, & le Comte d'Hautefort ayant en effet retrouvé dans sa Cassette ces papiers, lui fit le 17 Decembre suivant, la réponse dont voicy les termes :

Vous aviez raison, en arrivant a Paris j'ai trouvé ce que je croyois vous avoir donné a Hauterive, le tout est ensemble avec notre contrat de mariage dans ma cassette avec sûreté : *vous sçavez ce que je vous ay dit à Hauterive à plusieurs fois* avant de vous avoir fiancé'e, comme j'espere des enfans, *je serai bien aise de songer à vous, n'ayant d'autre vûë que de vous rendre heureuse, & que vous vouliez bien me souffrir, pour le peu de tems que j'ay à vivre ; voilà mes sentimens pour vous, soyez seure de mon amitié & de mon attachement à toute épreuve.* ⸻⸻ d'Hautefort.

Dans cette Lettre se trouve un billet du Comte d'Hautefort, entierement écrit de sa main, signé & datté du 15 Decembre 1726, conçu en ces termes :

J'ay fait à Hauterive le memoire de tout ce qui y est : J'ay dans ma cassette mon Testament fait a Hauterive ; *à Brest il y a partie de ma vaisselle d'argent & autres choses,* le reste est bien en forme ; *il faut, s'il vous plaît, prendre conseil de Madame de S. Quentin & de mes vieux amis, si je vous manquois.* D'Hautefort, Ce 15 Decembre 1726.

Ceux qui ont dirigé le Marquis d'Hautefort dans l'odieuse procedure faite à Laval, ne s'attendoient pas sans doute que la Dame d'Hautefort eût en sa possession des pieces si victorieuses, & si propres à manifester l'imposture & la calomnie des accusations formées contre elle.

Le langage de ces Lettres n'a rien d'obscur ; le Comte d'Hautefort s'y reconnoît bien clairement engagé dans les liens d'un mariage. *Si je n'avois pas eû l'honneur de vous épouser, soyez certaine que je partirois demain. . . . comme j'espere des enfans, je serai bien aise de songer à vous, n'ayant d'autre vûë que de vous rendre heureuse, & que vous vouliez bien me souffrir pour le peu de temps que j'ay à vivre.*

A la verité ce mariage n'étoit point declaré, mais on voit dans ces Lettres avec quelle effusion de cœur il s'efforce de calmer les inquietudes de celle qu'il a épousée, en lui rappellant les arrangemens qu'il a pris pour rendre son mariage public, & le dessein où il est de ne pas laisser passer le mois d'Avril, sans la mettre dans une situation où il n'y ait plus de mesures à garder. *Ne vous allarmez pas si viste, je vous repete que le mois d'Avril ne me reverra pas dans ce maudit païs : vous sçavez ce que je vous ai dit de mon arrangement ; je partirai pour Hauterive, personne n'aura plus de mesures à garder.*

Le Comte d'Hautefort n'avoit pas prétendu s'en tenir à de vains discours & à des protestations steriles, il croyoit avoir administré à la Dame d'Hautefort des armes contre ses heritiers, & l'avoir munie de tout ce qui pouvoit lui être necessaire pour les mettre à la raison ; en cas que la mort le furprist avant que fon mariage fuft declaré ; & il étoit fi pénétré de cette idée, qu'il lui recommande dans les termes les plus expreffifs, de conferver foigneufement les papiers qu'il lui avoit remis.

Mais on ne peut rien imaginer de plus fort que ce qui eft marqué par la lettre du 17 Decembre 1726 : le Comte d'Hautefort furpris d'apprendre par une lettre de fa femme qu'elle n'a point les papiers qu'il croyoit luy avoir donnez, les cherche avec empreffement, il les trouve en effet dans fa caffette, il inftruit fur le champ la Dame d'Hautefort de cette découverte, & lui adminiftre par fa lettre un titre qui en charge fa fucceffion, & qui en rend refponfable fon heritier. *Vous aviez raifon, en arrivant à Paris j'ai trouvé ce que je croyois vous avoir donné à Hauterive,* LE TOUT EST ENSEMBLE AVEC NOTRE CONTRAT DE MARIAGE DANS MA CASSETTE AVEC SURETÉ : il n'en demeure pas là, il lui apprend par un autre écrit que dans la même caffette il y a le Teftament qu'il a fait à Hauterive : *J'ai dans ma caffette mon Teftament fait à Hauterive …. le refte eft bien en forme.*

Ces preuves font d'un caractere fi fingulier, qu'on doit craindre de les affoiblir par des reflexions ; & le Marquis d'Hautefort ne doit pas fe flatter d'échapper aux argumens qui en naiffent pour confondre fon fyftême.

Tous ceux qui ont connu le Comte d'Hautefort ne le foupçonneront pas d'avoir parlé un langage d'artifice & de diffimulation ; il faifoit profeffion de la probité la plus exacte ; il étoit digne de vivre dans un fiecle moins corrompu que le nôtre ; il n'a jamais parlé qu'un langage de verité, de franchife, de candeur & de fincerité. Malgré la liberté & la naïveté qui regnent dans fon ftile, on reconnoît à une infinité de traits répandus dans fes lettres, la haute eftime qu'il avoit conçue pour la Dame d'Hautefort, le refpect qu'il avoit pour elle, & combien il defiroit de la rendre heureufe. On voit dans les premieres lettres le projet d'un futur mariage, mais les dernieres ne laiffent aucun doute fur l'execution du projet. *Gardez bien & avec foin les papiers que je vous ay donnez ; car fi je venois à manquer* AVANT QUE NOTRE MARIAGE FUT DECLARÉ*, vous mettriez par là bien à la raifon les gens qui fe pourroient avec grand tort perfuader que je ne pouvois point* PAR NOTRE CONTRAT DE MARIAGE *vous donner tout mon bien, les voilà bien éloignez de compte ;* SI JE N'AVOIS PAS EU L'HONNEUR DE VOUS E'POUSER, SOYEZ CERTAINE QUE JE PARTIROIS DE MAIN …. *vous aviez raifon, en arrivant à Paris j'ay trouvé ce que je croyois vous avoir donné à Hautrive,* LE TOUT EST ENSEMBLE AVEC NOTRE CONTRAT DE MARIAGE DANS MA CASSETTE EN SURETÉ. *Vous fçavez ce que je vous ai dit à Hauterive à plufieurs fois* AVANT DE VOUS AVOIR FIANCÉ'E, COMME J'ESPERE DES ENFANS *je ferai bien aife de fonger à vous, n'ayant d'autre envie que de vous rendre heureufe ; & que vous vouliez bien me fouffrir pour le peu de tems que j'ai à vivre : voilà mes fentimens pour vous, & foyez fûre de mon amitié & de mon attachement à toute épreuve ….* J'AI DANS MA CASSETTE MON TESTAMENT FAIT A HAUTERIVE, LE RESTE EST BIEN EN FORME, *il faut s'il vous plaît prendre confeil de Madame de faint Quentin, & de mes vieux amis, fi je vous manquois.* Peut-on réfifter à la force & à l'énergie de ces expreffions ?

Il doit donc demeurer pour certain, & les lettres dont on vient de rendre compte en fourniffent une preuve litterale, que le Comte d'Hautefort, peu de tems avant fa mort, avoit à Paris dans fa caffette parmi ſes papiers , les titres conſtitutifs de l'état que reclame aujourd'huy la Dame d'Hautefort ; & qu'il y avoit dans cette même caſſette un Teſtament que le Comte d'Hautefort avoit fait à Hauterive.

Qu'eſt devenue cette caſſette ? que ſont devenus les papiers qu'elle renfermoit ? on ne les repreſente point aujourd'huy, ils ont donc été ſupprimez ? mais à qui doit-on imputer cette ſuppreſſion ? il n'y a point de milieu : ou le crime de cette ſuppreſſion a été commis par le feu Comte d'Hautefort lui-même , ou il a été commis depuis ſa mort par l'heritier qui a recuilli l'univerſalité de ſa ſucceſſion.

Le Comte d'Hautefort eſt mort à Paris le 7 Fevrier 1727, pendant que ſa femme étoit au Château de S. Quentin, éloignée de luy de plus de 70. lieues, elle n'a appris ſa mort que par les nouvelles publiques, quinze jours avant ſa mort le Comte d'Hautefort lui avoit donné de nouvelles preuves de ſon eſtime & de ſon amitié dans une lettre du 22. Janvier 1727, où il lui dit, *je prens le moment que je peux vous écrire , étant attaqué depuis quinze jours d'une fluxion ſur les yeux , elle va mieux ; portez vous bien ; continuez à avoir de la bonté pour moi & de l'amitié , & ſoyez ſûre de la mienne :* & cette lettre eſt du nombre de celles que le Marquis d'Hautefort n'attaque point. Par quelle étrange métamorphoſe ce Guerrier ſi magnanime , ſi connu par la droiture de ſon cœur , & par l'élévation de ſes ſentimens , ſeroit-il tout d'un coup devenu un perfide dans les derniers jours de ſa vie ? Par quel caprice auroit-il voulu détruire alors tout ce qu'il avoit fait depuis deux ans , & arracher des titres ſi précieux à une femme qu'il avoit juſques-là honorée de ſon eſtime & de ſa confiance ? Banniſſons pour jamais des ſoupçons ſi injurieux , & rendons à la memoire du Comte d'Hautefort la juſtice qu'il luy eſt due.

Mais ſur qui doit donc tomber le poids des preuves qui manifeſtent cette ſuppreſſion ?

Il eſt certain que le Comte d'Hautefort n'eſt point mort dans ſa maiſon ſize rue de Varenne Fauxbourg S. Germain, il eſt mort chez Martineau Chirurgien, qui demeure rue de la Couture ſainte Catherine, le 7. Fevrier 1727, ſur les neuf heures du matin. Le Commiſſaire qui a appoſé le ſcellé dans la maiſon de la rue de Varenne, n'en a été requis ſuivant ſon Procès verbal que vers les trois heures, & ne peut gueres s'être rendu à l'Hôtel du Comte d'Hautefort avant quatre heures ; ainſi il ſe trouve un intervalle de pluſieurs heures entre le décès du Comte d'Hautefort arrivé dans le Marais , & le ſcellé appoſé chez lui au Fauxbourg S. Germain ; & c'eſt dans cet intervalle qu'on a fouillé dans ſes papiers , & qu'on a conſommé le crime de la ſouſtraction des titres juſtificatifs de l'état de la Comteſſe d'Hautefort.

Le Comte d'Hautefort avoit une caſſette fermante à ſecret, & dont le ſecret n'étoit connu que de lui , & d'un nommé Mandeix, le plus ancien de ſes Domeſtiques ; c'étoit dans cette caſſette que le Comte d'Hautefort mettoit ſes papiers les plus prétieux & ſon or : cette caſſette l'accompagnoit dans tous ſes voyages, & quand il étoit à Paris il en confioit la garde à Mandeix, mais il en portoit toujours la clef ſur lui. Avant que de quitter ſa maiſon pour ſe retirer chez Martineau, le Comte d'Hautefort avoit ordonné à Mandeix de la lui apporter auſſi-tôt qu'il

la

la demanderoit, & lui avoit expreſſement recommandé de l'apporter
lui-même, & de ne la remettre à perſonne : quelque tems avant ſa mort,
le Comte d'Hautefort demanda avec empreſſement cette caſſette, mais
Mandeix eut l'infidelité de ne l'apporter que *quand il vit que ſon Maiſtre*
étoit ſans connoiſſance ; quelque tems avant la mort du Comte d'Hautefort;
ce même Mandeix s'empara de toutes les clefs de ſon Maître, du nombre deſquelles étoit la clef de cette caſſette, & dans le moment que
Mandeix ſe ſaiſit de toutes ces clefs, le Marquis d'Hautefort étoit dans
la ſalle de Martineau : peu de tems après la mort du Comte d'Hautefort, le Marquis d'Hautefort & Mandeix ſortirent de la maiſon de Martineau, & avant l'appoſition des ſcellez, Mandeix accompagné d'un
nommé Gaſſelin, homme d'affaires du Marquis d'Hautefort, monta dans
l'appartement du Comte d'Hautefort où ils reſterent long-tems ſeuls :
on eſpere que toutes ces circonſtances eſſentielles ſeront développées
dans les informations dont Meſſieurs les Gens du Roy rendront compte
à la Cour avec leur exactitude ordinaire.

Mais voici quelque choſe de plus fort. Auſſi-tôt que le Marquis d'Hautefort fut ſorti de la ſalle de Martineau, le hazard a permis que quelqu'un qui entra dans cette même ſalle ramaſſa dans la cheminée un papier
qui bruloit encore, & auquel on ne parut pas faire alors grande attention.
Par l'évenement, ce qui ſe trouve écrit ſur ce papier échappé aux flam-
mes, qui eſt actuellement dans les dépôts de la Cour, apprend qu'il eſt
le reſte de l'enveloppe du paquet qui renfermoit les titres de la ſouſtraction deſquels la Comteſſe d'Hautefort ſe plaint.

On ſçait bien que nos adverſaires s'applaudiſſent de ce que ce papier,
dans l'état où il eſt preſenté à la Juſtice, n'eſt qu'un écrit anonime dont
on ne connoît point l'origine, & de ce que ceux par les mains de qui il
a paſſé juſqu'à la Juſtice, n'ont pas encore oſé ſe nommer. Mais cela n'eſt
pas ſurprenant, il n'y a actuellement perſonne en France qui ignore les
attentats auſquels on s'eſt porté contre la Comteſſe d'Hautefort, & qui
n'ont pu être réprimez que par l'autorité ſouveraine des Arreſts de la Cour.
S'agit-il de plaider dans cette affaire le moindre incident, on voit paroître à l'Audience le Marquis d'Hautefort environné de ce qu'il y a de plus
grand & de plus reſpectable dans la France ; Eſt-il bien extraordinaire,
dans de pareilles circonſtances, qu'un Particulier entre les mains de qui le
hazard aura fait tomber une piéce déciſive contre le Marquis d'Hautefort,
dans une affaire où ce Particulier n'a perſonnellement aucun interêt, ſoit
ſaiſi de l'apprehenſion de s'attirer un ennemi ſi redoutable ? Il n'y a que
des ames privilegiées à qui il appartienne de s'élever au-deſſus de cette
eſpece de crainte ſi propre à ébranler un homme conſtant ; & quand
l'amour de la verité ſe rend en nous ſuperieur à tous les reſpects hu-
mains, cette fermeté, cette generoſité ne ſont point des attributs de
l'humanité, ce ſont des preſens du Ciel, dont nous ne devons point nous
glorifier.

Mais quand une piece d'un caractere ſi ſingulier ſeroit pour ainſi dire
tombée des nuës, ſi par hazard elle ſe trouve écrite de la main du Comte
d'Hautefort, (& le Marquis d'Hautefort ne doit point ſe flatter, il ne
ſe trouvera jamais d'Expert aſſez hardi pour ſe refuſer à l'évidence de

D

cette verité); si cette piece écrite de la main du Comte d'Hautefort contient l'énumeration des titres que le paquet renfermoit; si cette énumeration apprend que ces titres étoient le Contrat de Mariage, le Certificat de la celebration du Mariage du Comte d'Hautefort avec la Dame d'Hautefort, un Testament du Comte d'Hautefort d'une date posterieure à celle du Testament que presente le Marquis d'Hautefort; si enfin à tous ces traits il s'en réunit un dernier qui manifeste l'usage & la destination du paquet, & que l'objet de celui dont l'écriture nous apprend tous ces mysteres, étoit, *que le tout fut envoyé bien fidelement au Château de Saint Quentin à Avranches*, croira-t'on qu'un monument de cette espece rapproché des preuves qu'administrent les lettres dont on a rendu compte, & de celles qui pourront naître des informations, soit regardé par la Cour avec cette indifference & ce mépris qu'affecte le Marquis d'Hautefort? Il aura beau s'écrier que la procedure de la Comtesse d'Hautefort *tombe par sa propre misere*; que ce n'est *qu'un squelette d'accusation* (a), il n'aura pas beaucoup de sectateurs, & bien des gens prendront la liberté de penser qu'il n'est pas difficile de ranimer un tel squelette, de lui donner de la couleur, de la chair, de la vie & du mouvement. Mais laissons-là les reflexions, & renfermons-nous dans les faits.

La Dame d'Hautefort étoit malade lorsqu'elle apprit par la Gazette la mort du Comte d'Hautefort, dont elle attendoit le retour avec tant d'impatience; & l'on juge aisément qu'un évenement si funeste dût la reduire aux derniers abois. Les soins de sa mere, les secours de ses proches l'ont alors arrachée au tombeau où sa douleur alloit la précipiter. Mais, hélas! ces soins & ces secours n'ont été par l'évenement pour elle, que de funestes bienfaits, puisqu'elle n'a survécu à des coups si accablans, que pour éprouver de nouvelles disgraces plus cruelles que la mort même.

Les lettres du Comte d'Hautefort que la Dame d'Hautefort avoit en sa possession, ne lui permettoient pas d'ignorer qu'on avoit dû trouver à Paris dans la cassette du Comte d'Hautefort les titres justificatifs de son état, & le Testament que le Comte d'Hautefort avoit fait à Hauterive en sa faveur: mais d'un côté le seul silence des heritiers de son mari lui annonçoit les mauvaises dispositions où ils étoient à son égard; & d'un autre côté, tant qu'elle n'étoit pas en état de produire un Acte de celebration de son mariage, il lui étoit bien difficile de forcer ses ennemis à la reconnoître pour ce qu'elle étoit.

C'est pendant que la Dame d'Hautefort étoit dans cette perplexité, qu'elle & sa mere ont écrit ces lettres, dont on a prétendu tirer tant d'avantage, où il faut convenir qu'il n'est parlé que d'un mariage projetté, & non pas d'un mariage réellement celebré entre le feu Comte d'Hautefort & la Demoiselle de Kerbabu; & c'est de ces lettres qu'on a pris occasion de dire, que celle qui s'annonce comme la Veuve du Comte d'Hautefort, est le premier témoin qui a déposé contre elle-même, & qu'elle ne doit pas se flatter de trouver des esprits assez crédules pour se laisser séduire par une fable, qui se trouve détruite dans son principe par des lettres écrites depuis la mort du Comte d'Hautefort, & par conséquent dans un tems où celle qui les a écrites, & qui aspire aujourd'hui à la qualité de Veuve du Comte d'Hautefort, n'avoit plus de mesures à garder, & avoit un si grand interêt de manifester sa qualité.

Mais pour dissiper toutes ces illusions, il ne s'agit que de fixer quelques époques. Toutes ces lettres ont été écrites dans les mois de Mars, d'Avril & de May 1727; & ce n'est que le 6 Septembre de la même année que la Dame d'Hautefort est parvenue à se faire délivrer son Acte de celebration : tant qu'elle n'a point été munie de ce titre constitutif de son état, devoit-elle s'annoncer dans le monde sous une qualité qu'elle sçavoit bien lui appartenir, mais qu'elle pouvoit craindre alors de n'être pas à portée d'établir.

Dans l'accablement où elle se trouvoit, & n'ayant par elle-même aucune experience dans les affaires, elle aura eu recours dans sa Province à quelque conseil plus artificieux qu'éclairé : ce conseil lui aura dit, vous n'avez point à la main les titres qui vous sont necessaires pour prouver votre mariage, vos ennemis sont les maîtres de la grosse de votre Contrat de mariage, qui s'est necessairement trouvée après la mort du Comte d'Hautefort parmi ses papiers : si vous allez leur écrire en qualité de femme du Comte d'Hautefort, dans un tems où vous n'êtes point en état d'établir votre qualité , ils entreprendront peut-être de supprimer l'Acte de celebration de votre mariage, & la minute même de votre Contrat de mariage; le succès de cette suppression leur sera facilité, soit par l'ignorance où vous êtes actuellement des dépôts publics où peuvent résider les titres constitutifs de votre état, soit parce qu'ils ont entre les mains la seule expédition qui ait jamais été delivrée de votre Contrat de mariage; au lieu que si vous ne leur parlés que d'un projet de mariage, ils regarderont ce Contrat de mariage, dont ils ont une expedition entre les mains, comme un titre devenu inutile par le deffaut de celebration du mariage projetté; & dans cette pensée ils demeureront tranquilles , & ne se donneront aucun mouvement pour supprimer vos titres; pendant leur inaction vous serez peut-être assez heureuse pour décou- couvrir le Notaire qui a reçû votre Contrat de mariage, & pour trouver votre Acte de celebration; & si vous parvenez une fois à recouvrer les titres justificatifs de votre état, tout ce que vous aurez pû écrire de contraire à votre état ne pourra pas vous nuire.

On est bien éloigné d'approuver un conseil si pernicieux, la prudence exige quelquefois qu'on ne manifeste pas à contre-tems une verité dont on craint que des ennemis puissans ne soient à portée de supprimer les preuves; mais il n'y a point d'interest, si capital qu'il puisse estre, qui doive déterminer à s'écarter de la verité.

Après tout, quelques nuages que ces Lettres si extraordinaires, & qu'on ne prétend pas justifier, puissent faire naître dans les esprits. Quand on s'est épuisé en reflexions sur ces Lettres qu'en résulte-t'il ? rien autre chose, si-non, que celle qui les a écrites a eû tort de les écrire ; mais cette faute doit-elle lui faire perdre son état ? est-il des fins de non-recevoir en matiere d'Etat ? cent & cent Lettres qu'une femme aura pu écrire, où elle aura deguisé sa qualité de femme, anéantiront-elles cette qualité, si elle est d'ailleurs établie par des titres non suspects ? Ces Lettres de la Dame d'Hautefort effaceront-elles l'Acte de celebration de son mariage, qui fe trouve confervé dans un dépoft public, qui eft bien figné d'elle & du feu Comte d'Hautefort, & dont le corps eft entierement écrit de la main du Curé qui lui a adminiftré la Benediction nuptiale, & qui eft mort quatre mois avant le Comte d'Hautefort? Ces Lettres de la Dame d'Hautefort effaceront-elles les Lettres du Comte d'Hautefort, où la verité de ce même mariage eft fi clairement developpée.

Mais il y a quelque chofe de plus, ces Lettres que le Marquis d'Hautefort fait aujourd'huy valoir avec tant d'emphafe, ne font pas les feules qu'il foit en état de reprefenter, pourquoy ne réprefente-t'il point celles que la Dame d'Hautefort a écrites à fon mari, en réponfe à celles où le Comte d'Hautefort parle fi clairement de fon mariage ? dira-t'il qu'il ne les a jamais vûes, & que le Comte d'Hautefort peut les avoir fupprimées à mefure qu'il les a reçûes ? mais on efpere qu'il fera prouvé par les charges que le Comte d'Hautefort la veille de fa mort reçut par la Pofte trois Lettres, dont il y en avoit une écrite par la Dame d'Hautefort, qu'il fe fit lire par un de fes domeftiques les deux autres Lettres, mais qu'à l'égard de celle de la Dame d'Hautefort, il recommanda à ce domefti-que de la garder avec foin, parce qu'il vouloit la lire en fon particulier, quand il fe porteroit mieux, & qu'à l'inftant du decès du Comte d'Hautefort le domeftique dépofitaire de cette Lettre, la remit toute cachetée entre les mains de Mandeix, qui étoit le plus ancien des domeftiques du Comte d'Hautefort, & qui eft actuellement au fervice du Marquis d'Hautefort. Pourquoy le Marquis d'Hautefort ne reprefente-t'il pas aujour-d'huy cette Lettre.

A toutes ces differentes Lettres qu'écrivirent la Dame d'Hautefort & fa mere, voicy la réponfe que fit le Marquis d'Hautefort.

Je ne fcais quel éclairciffement vous pouvez defirer de moi, Mademoifelle, je veux bien vous mettre l'efprit en repos fur le Teftament dont je vous envoye une Copie pardevant Notaires, fi vous y étiez nommée, j'ay trop de refpect pour la memoire de feu mon oncle, pour que vous n'en fuffiez pas informée. A l'égard du prétendu ma-riage, je vous confeille d'en oublier jufqu'à l'imagination, perfonne n'en fera la duppe, & M. d'Hautefort étoit trop connu & trop eftimé pour en pouvoir être foupçonné à fon âge, & tout ce que vous en pouvez dire ne fera que faire beaucoup de tort à votre réputation, vous faire des ennemis de toute fa famille, & au bout de cela, cela ne perfuadera perfonne, faites-moi la grace d'être perfuadée, Mademoifelle, que je vous donne un bon confeil. Je fuis tres-parfaitement, &c.

Quand on rapproche cette Lettre du Marquis d'Hautefort des éclair-ciffemens que fourniffent les Lettres du Comte d'Hautefort fon oncle, le Marquis d'Hautefort dôit fe trouver dans un étrange embarras.

Le Comte d'Hautefort dans des Lettres qui n'ont precedé fon decès que de cinq ou fix femaines, écrit à la Dame d'Hautefort : *Vous aviez rai-fon, en arrivant à Paris j'ai trouvé* CE QUE JE CROYOIS VOUS AVOIR DONNE' A HAUTERIVE LE TOUT EST ENSEMBLE AVEC NOTRE CONTRAT DE MARIAGE DANS MA CASSETTE AVEC SÛRETE'. Dans un écrit particulier qui eft entierement de fa main, figné de lui, & daté du 15 Decembre 1726, il dit : J'AY DANS MA CASSETTE MON TESTAMENT FAIT A HAUTERIVE LE RESTE EST BIEN EN FORME, &c.

Cette Lettre, ce Memoire font autant de titres que le Comte d'Hautefort a voulu adminiftrer à la Dame d'Hautefort, pour charger fa fucceffion

ceffion envers elle de la réprefentation de tous les papiers qui y font énoncez, ou pour convaincre fes heritiers de la fuppreffion de ces mêmes papiers, fi on ne les reprefente point. Et quand après la mort du Comte d'Hautefort, fa veuve s'adreffe au Marquis d'Hautefort fon neveu, qui s'eft feul mis en poffeffion de l'univerfalité de fa fucceffion, pour lui demander raifon de ce Teftament *fait à Hauterive*, qui a dû fe trouver, & s'eft trouvé en effet dans la Caffette du Comte d'Hautefort, le Marquis d'Hautefort lui parle d'un autre Teftament anterieur fait à Paris, & croit la dépaïfer en lui envoyant une Expedition en forme de ce Teftament fait à Paris. La Dame d'Hautefort lui parle de fon Contrat de mariage qui étoit dans la même Caffette, & qui devoit y être joint aux autres titres relatifs au mariage; & le Marquis d'Hautefort après les avoir fupprimez, ne croit pas pouvoir donner un meilleur confeil à la Dame d'Hautefort, que *d'oublier jufqu'à l'imagination de ce mariage*, parce que, dit-il, *perfonne n'en fera la duppe, le Comte d'Hautefort étoit trop connu pour en pouvoir être foupçonné à fon âge, tout ce que vous en pourrez dire*, ajoûte-t'il, *ne fera que faire beaucoup de tort à votre réputation, vous faire des ennemis de toute fa famille; & au bout de cela, cela ne perfuadera perfonne.* Eft-il des expreffions affez fortes pour caractérifer un tel procédé; mais on s'eft fait une loy d'épargner au Marquis d'Hautefort les reflexions, & de laiffer à la Cour & au Public à tirer les confequences.

Quand la Dame d'Hautefort eut connu clairement par cette Lettre les difpofitions où étoit le Marquis d'Hautefort à fon égard, elle ne put pas s'empêcher de lui en marquer fon indignation par une réponfe qu'elle lui fit; mais en même-tems elle crut devoir fe donner les mouvemens neceffaires pour parvenir au recouvrement de ces titres.

Dans cette vûe elle fit differens voyages à Laval, accompagnée du Curé de S. Quentin, homme dont la conduite a toûjours été irreprehenfible, & efcortée de plufieurs domeftiques.

Auffi-tôt qu'elle fut arrivée à Laval, fa premiere démarche fut de s'adreffer au Sieur de Mué de Farcy, Subdelegué du Commiffaire départi à Tours, cheri & refpecté dans la Province par fa probité, de lui prefenter une Requefte, & d'obtenir fur cette Requefte une Ordonnance qui l'autorifoit à chercher dans les Regiftres du Controlle; & ce même Subdelegué touché de la fituation de la Dame d'Hautefort, lui donna une Lettre de recommandation adreffée au Controlleur de Montfur; il ne faut que cette circonftance qui eft bien prouvée par l'information que le Marquis d'Hautefort a fait faire à Laval, pour démontrer l'injuftice & même l'extravagance des accufations que l'on a formées contre la Dame d'Hautefort.

C'eft dans l'un de ces voyages à Laval que la Dame d'Hautefort a eû le bonheur de trouver l'Acte de celebration de fon mariage dans un Regiftre confervé au Greffe de la Juftice Royale de Laval, & de s'en faire délivrer une expedition en bonne forme, fignée du Greffier. Cet Acte eft trop important dans l'affaire pour que l'on fe difpenfe de le rapporter en entier.

Extrait des Regiftres des Baptêmes, Mariages & Sepultures de la Paroiffe d'Argentré au Diocefe du Mans, dans un defquels a efté trouvée une demi feuille

E

de papier · timbré , non cottée ni paraphée , en tefte de laquelle eft infcrit ce qui fait.

Ce jourd'huy 19 *Septembre* 1726*, ont efté par nous Prieur fouffigné, après la publication des bans düement faite , mariez Haut & Puiffant Seigneur , Meffire Gille d'Hautefort , & Demoifelle Marie-Jeanne de Bellingant , en préfence de Meffire Jean de Bellingant frere de la conjointe , & Demoifelle Catherine de Bellingant fœur de la conjointe , qui ont figné avec nous Prieur d'Argentré , fe font fignés fur ladite demi-feuille , Gille d'Hautefort , Marie-Jeanne de Bellingant , Jean de Bellingant , Catherine de Bellingant , & F. le Blanc , Prieur d'Argentré.*

Délivré le préfent extrait fur fon Original que avons remis dans le Regiftre de l'année derniere 1726*, & attaché à la fin dudit Regiftre , crainte qu'il ne fuft perdu ; l'ayant trouvé comme feuille feparée dudit Regiftre , & non cottée ni paraphée ; mais bien en papier timbré & figné des parties & du Sieur Prieur dudit Argentré , ainfi qu'il nous eft apparu par Nous Greffier du Siege Royal de Laval , Gardiataire & Confervateur des Regiftres des Baptêmes , Mariages & Sepultures des Paroiffes de l'Election dudit Laval , où dépend ladite Paroiffe d'Argentré le* 6 *Septembre* 1727*, Signé,* CROISSANT.

Il n'y a perfonne qui à la lecture de cet Acte ne conçoive que l'Officier public qui en a delivré l'expedition, en a regardé l'original comme veritable & légitime, & n'a point alors foupçonné que cet Original euft été fubtilement inféré dans le Regiftre, où il s'eft trouvé; on voit même que ce Greffier a eu l'attention d'attacher cet Original, crainte qu'il ne fuft perdu. Cette obfervation fera d'un grand poids pour détruire la dépofition de ce même Greffier, que le Marquis d'Hautefort a fait entendre dans fon information.

Après avoir rendu compte des circonftances qui ont precedé & fuivi la celebration du mariage du Comte d'Hautefort & des preuves qui conftatent clairement qu'on ne peut imputer qu'au Marquis d'Hautefort la fuppreffion des titres qu'il reproche à la Dame d'Hautefort de ne pas produire ; il ne s'agit plus que d'expliquer les procedures qui donnent lieu aux appellations refpectives foumifes à la décifion de la Cour, & de développer les moyens qui établiffent la neceffité de confirmer la procedure que la Dame d'Hautefort a commencée au Chaftelet, & d'anéantir l'odieufe procedure que le Marquis d'Hautefort a faite devant le Juge du Comté de Laval.

La plainte que la Dame d'Hautefort a rendue le 14 Janvier 1728, défere à la Juftice des crimes graves & capitaux, dont il eft indifpenfable d'approfondir l'accufation.

Elle fe plaint de la fuppreffion d'un Teftament holographe que le Comte d'Hautefort avoit fait à Hauterive en fa faveur, & de la groffe de fon Contrat de mariage, qui étoient dans la Caffette du Comte d'Hautefort lorfqu'il eft mort à Paris.

Elle fe plaint des maneuvres pratiquées pour fupprimer les minutes & les originaux des pieces qui établiffent fon état & fes droits.

Enfin elle fe plaint d'une diffamation calomnieufe contre fon honneur & fa réputation.

Cette plainte a efté fuivie d'une permiffion d'informer du 23 Janvier, d'une Sentence du même jour, qui permet d'obtenir & faire publier un Monitoire; de la publication qui a été faite de ce Monitoire, foit à Paris, foit à Verfailles; d'une information commencée le 7 Fevrier; d'une Commiſſion rogatoire adreſſée au Juge Royal de Laval, pour dreſſer Procès verbal de l'état des Regiſtres de la Paroiſſe d'Argentré. Tel étoit l'état de la procedure de la Dame d'Hautefort, quand il a plu au Marquis d'Hautefort d'en arrêter le cours par les attentats qu'il faut maintenant expliquer.

Le 15 Fevrier 1728, c'étoit le premier Dimanche de Carême, vers les cinq heures du ſoir, la Dame d'Hautefort ſortoit avec ſa mere de l'Egliſe des Carmes Déchauſſez, & étoit à peine remontée en caroſſe avec elle, lorſque dans la rue de Vaugirard une troupe d'Archers inveſtit le caroſſe où elles étoient, n'ayant pour eſcorte qu'une femme de chambre ſur le devant du caroſſe & un laquais derriere. On arrache avec violence la Dame d'Hautefort des bras de ſa mere, ſous prétexte d'un ordre du Roy, qu'on ſe donne bien de garde de montrer; la mere éplorée demande en vertu de quel titre on attente à la liberté de ſa fille, & où l'on prétend la conduire, on ne daigne pas ſeulement lui répondre: on fait monter la Dame d'Hautefort dans un autre caroſſe où elle eſt gardée par des Archers; la mere donne ordre à ſon Cocher de ſuivre le caroſſe où eſt ſa fille; les Archers l'empêchent, & ſe mettent en devoir de tirer ſur lui. Pendant un tems aſſez conſiderable, on fait faire à la Dame d'Hautefort pluſieurs tours dans cette Ville pour la dépaïſer; elle arrive dans une maiſon inconnue, qu'elle a depuis appris être celle de Dujardin Officier du Guet qui préſidoit à la capture: on la tient en chartre privée dans cette maiſon pendant pluſieurs heures; elle en ſort vers les neuf heures du ſoir pour monter dans une chaiſe de Poſte qui la conduit avec grande diligence à Verſailles, où elle étoit attendue avec beaucoup d'impatience; arrivée à Verſailles elle ſe trouve incommodée, elle demande la liberté de deſcendre un moment pendant que l'on change de chevaux, on a l'inhumanité de le lui refuſer. La chaiſe repart, & après quelques heures de marche elle arrive à Néaufle fort tard; les Archers s'emparent de toutes les clefs de l'Auberge, Dujardin & deux Archers conduiſent la Dame d'Hautefort dans la chambre où l'on ſe propoſoit de lui laiſſer paſſer le reſte de la nuit, pour lui faire faire le lendemain une longue courſe. La Dame d'Hautefort demande en grace qu'on laiſſe auprès d'elle la fille de l'Hôte, qui s'étoit offerte à lui tenir compagnie; & certainement la bienſéance & les égards dûs à ſon ſexe, à ſon âge & à ſa condition, ne permettoient pas de lui refuſer cette conſolation; mais les ſatellites inexorables lui répondent, *nous ſommes bons pour vous garder.* Elle ſe met au lit, & l'on juge aiſément que dans une ſituation auſſi violente, elle ne put pas trouver dans le ſommeil d'adouciſſement à ſes maux. Elle paſſe quelques heures dans le trouble & dans l'agitation que l'on peut aiſément s'imaginer. Plus elle reflechiſſoit ſur ſon état, ſur les circonſtances de ſa capture, ſur la barbarie de ceux qui l'environnoient, moins elle pouvoit douter du deſſein que ſes ennemis avoient formé de la perdre ſans reſſource, & de ſe porter contre elle aux dernieres extrémitez. Pendant qu'elle s'abandonne à ces triſtes reflexions, elle s'apperçoit que ſes ſatellites ſont enſevelis dans un profond ſommeil, elle ſe leve, elle obſerve quelque tems ce qui ſe paſſe dans la chambre, elle ouvre la fenêtre, elle voit que cette

fenêtre donne fur la rue, elle prend la réfolution de fe fauver, elle cherche fes hardes, mais malheureufement Dujardin ayant eu la précaution
de les mettre à côté de lui, elle n'ofe les prendre dans l'appréhenfion
de le reveiller. Ce contre-tems ne la décourage point, l'avenir affreux
qu'elle envifage ne lui permet pas de reflechir fur les nouveaux dangers
aufquels elle va s'expofer : n'ayant d'autre vêtement qu'un corfet, un
jupon leger & fes bas; elle monte fur la fenêtre, & à la faveur d'une
courte-pointe qu'elle trouve le moyen d'attacher, elle fe coule dans la
rue; la voilà dans la plus rude faifon de l'année pendant la nuit du 15.
au 16. Fevrier, réduite à errer prefque nue & fans chauffure dans un
pays qui lui eft inconnu; elle marche pendant quelque tems fans fçavoir
où elle va, elle entend du bruit, elle ne doute pas qu'on ne coure après
elle, elle veut fe dérober aux yeux de fes perfecuteurs, croyant fe cacher dans des brouffailles, elle fe précipite dans un marais; le bruit qu'elle
avoit entendu n'étoit caufé que par une charrette, elle fe raffure, elle
attend que la voiture foit paffée, elle fort de l'eau, elle fe remet en marche, & après bien des fatigues, elle arrive à une efpece de Métairie, où
elle craint d'être dévorée par les chiens qui la gardoient; la frayeur la
fait tomber; par l'évenement, ces chiens parurent refpecter fa mifere &
ne lui firent aucun mal; elle fe releve, elle appelle à fon fecours, fes
cris reveillent une fervante qui a l'humanité de lui donner retraite dans
une étable, & c'eft ce qui lui a fauvé la vie dans l'état prefque defefperé
où le froid l'avoit réduite.

Il n'y a perfonne que ce récit ne doive faifir d'horreur; mais ce que la
Dame d'Hautefort a fouffert dans ces premiers momens n'eft rien en
comparaifon des inquietudes qu'elle a eües depuis pendant plus de deux
mois. Car depuis l'inftant de fon évafion, jufqu'au moment que l'autorité Souveraine de la Cour l'a mife à l'abri des outrages de fes perfecuteurs, par les Arrefts qui lui laiffent aujourd'huy la liberté de refpirer,
& de pourfuivre la vengeance de l'oppreffion qu'elle a effuyée, elle a
continuellement apprehendé de fe voir de nouveau livrée à la fureur de
fes ennemis. Et fi la Dame d'Hautefort n'eft parvenuë à fe fauver que par
un fecours particulier de la Providence, elle doit regarder encore comme un plus grand miracle le bonheur qu'elle a eu d'échapper pendant
plus de deux mois aux perquifitions que l'on a faites de fa perfonne, &
d'avoir pu trouver pendant un fi long-tems un afile affuré chez des perfonnes obfcures, qu'on n'a pu ni feduire par les promeffes, ni intimider
par les menaces. Car on ne s'imagineroit jamais jufqu'où les chofes ont
été pouffées pour découvrir la retraite de la Dame d'Hautefort. Des Officiers de Juftice chargez d'ordres fecrets qui les autorifoient à fouiller
dans tous les Châteaux des environs; la Maréchauffée mife en campagne
à dix lieuës à la ronde; les Archers fous differens déguifemens, s'introdui-
fans dans les recoins les plus fecrets des maifons; l'or répandu avec pro-
fufion pour tenter la cupidité de ceux qui voudroient la trahir; les Mi-
niftres des Autels obligez d'annoncer dans leurs Prônes & dans la Chaire
de verité, que l'on punira avec la derniere feverité quiconque fera convaincu de lui avoir donné azile; enfin ce qui eft encore plus odieux, les
maifons de tous ceux qui ont prêté leur miniftere à la Dame d'Hautefort,

fort, & qui l'ont aidée de leurs conseils dans une affaire aussi triste & aussi épineuse, environnées pendant plusieurs semaines d'indignes espions qui observoient avec la licence la plus effrenée jusques aux moindres démarches de ceux que leurs affaires obligeoient de recourir à eux. Quand on reflechit sur toutes ces circonstances, quand on considere que la Dame d'Hautefort s'est garentie de tant d'écueils, & que malgré toutes ces mesures elle a été en sûreté sous des chaumieres, où elle a trouvé des sentimens d'humanité, de vertu, de desintereffement & de generosité qu'on admireroit avec raison dans des personnes du premier rang; à ces traits réunis on est forcé de reconnoître la main invisible qui a protegé l'innocence, & confondu les desseins & les artifices de ses oppresseurs.

Qu'après cela le Marquis d'Hautefort dans l'impossibilité où il est de se justifier de tous ces attentats, l'on ne dit pas aux yeux des personnes judicieuses & équitables, mais aux yeux de tous ceux qui conserveront un reste d'humanité, s'efforce de tourner en dérision des objets si graves & si interessans; qu'il nous dise que (*a*) *ces peintures touchantes de l'enlevement & de l'évasion de la Dame d'Hautefort; ces miracles que la providence a permis pour procurer cette évasion; ces satellites endormis que n'ont pu reveiller tous les mouvemens que la prisonniere s'est donnez, pour échapper d'une chambre où ils la gardoient; ce courage intrepide qui l'a fait precipiter du haut d'un premier étage; cette force qui lui a fait surmonter les rigueurs de la plus rude saison; ces abimes dans lesquels elle est tombée, & dont elle est sortie si facilement; cette sensibilité des bètes feroces qui ont respecté sa misere; enfin la fidelité de ces gens obscurs chez qui elle s'est refugiée, & qui n'ont pu ètre engagez à la trahir, ni par menaces ni par sollicitations, sont de beaux traits pour orner un Roman; mais qu'au fonds tous ces miracles se sont réduits à* UNE PETITE NEGOCIATION AVEC LES ARCHERS, *& à s'être procuré à prix d'argent la liberté, & un azile assez connu de ses complices pour que jamais ils n'allassent l'y chercher.*

(*a*) Propres expressions dont le défenseur du Marquis d'Hautefort s'est servi.

Mais de bonne foy, le Marquis d'Hautefort s'est-il flatté de surprendre quelqu'un par une illusion si grossiere? jamais la Dame d'Hautefort n'a aspiré à se mettre en parallele avec le Marquis d'Hautefort du côté de la fortune. Dans ce Recueil de pieces enrichi de notes dont il vient de gratifier le Public, il s'annonce comme *un homme qui a* 100000 *livres de rente assurées dans sa maison;* il s'en faut bien que la Dame d'Hautefort se trouve dans une situation aussi gratieuse. Quand elle est dans sa Province, dans le sein d'une famille qui la cherit, elle y peut vivre avec agrément & d'une maniere convenable à sa naissance; mais deplacée de chez elle, & obligée de resider à Paris, pour y poursuivre un ennemi aussi puissant que le Marquis d'Hautefort, les dépenses prodigieuses qu'entraine necessairement un Procès aussi épineux, sont pour elle un pesant fardeau. Elle est même persuadée que quand ses ennemis se sont portez contre elle à des excès si condamnables, ils ont compté sur l'impuissance de celle qu'ils vouloient accabler. Par l'évenement ils se sont trompez, les malheurs de la Dame d'Hautefort n'ont servi qu'à la rendre encore plus chere à tous ses proches. Justement indignez des outrages qu'elle a soufferts, & qui rejaillissent sur eux, il n'y a rien qu'ils ne soient prests de sacrifier pour elle, & pour lui faciliter les moyens d'obtenir la justice qui lui est dûe; mais enfin dans les premiers momens de la captivité de la Dame d'Hau-

F

tefort, pendant que toutes les Puissances paroissoient conjurées contre elle, parce que ses ennemis feignoient de ne la pas connoître pour ce qu'elle est, & l'annonçoient comme une avanturiere sans appui & sans protection, qui venoit troubler le repos d'une maison illustre; quelles ressources pouvoit-elle avoir pour corrompre les satellites qui s'étoient rendus les maîtres de sa personne ? pouvoit-elle leur offrir quelque récompense capable de les tenter, & qui pust avoir la moindre proportion avec celle, qui leur étoit assurée de la part du Marquis d'Hautefort, à qui ils rendoient un service aussi capital.

Pendant que la Dame d'Hautefort passoit par de si rudes épreuves, la situation de sa mere n'étoit gueres plus heureuse. On conçoit sans effort l'excès de l'affliction d'une mere tendre & vertueuse, qui voit enlever sa fille à ses côtez par une troupe d'Archers qui la traitent comme si elle eust été coupable des plus grands crimes; qui ne sçait ni en vertu de quel titre on l'arreste, ni où l'on prétend la conduire; qui ignore pendant plusieurs jours ce que sa fille est devenuë; que la barbarie d'un tel procedé autorise à s'abandonner aux soupçons les plus sinistres, & qui après avoir appris son évasion, passe deux mois entiers dans la plus affreuse inquietude, & dans l'apprehension continuelle d'apprendre d'un moment à l'autre que sa fille est retombée entre les mains de ses ennemis.

La mere de la Dame d'Hautefort bien assurée que sa fille n'avoit rien à se reprocher, ne pouvoit pas s'imaginer que son enlevement eust été l'execution d'un decret émané de la Justice; elle soupçonnoit bien plutost que l'artifice & le credit des ennemis de sa fille avoient surpris de la Religion du Prince quelque ordre seeret dont on avoit abusé; & même encore actuellement il n'est que trop permis de penser que le Decret de Laval n'étoit pas le seul titre dont on avoit confié l'execution à ceux qui s'étoient chargez de la Capture. Voicy ce qui autorise nos soupçons.

Si le Decret de Laval est le seul titre en vertu duquel on ait arresté la Dame d'Hautefort, de quelle maniere les choses doivent-elles s'estre passées?

Ce Decret que l'on a fait imprimer est adressé, *au premier nôtre Sergent de ce Comté, ou autre Huissier ou Sergent sur ce requis*; il a donc fallu le remettre entre les mains d'un Huissier ou d'un Sergent, en un mot d'un Officier de Justice, ayant caractere pour exploiter, & pour faire des significations juridiques.

L'Huissier ou Sergent chargé de ce Decret l'ayant mis à execution à Paris par la Capture de la personne decretée, doit avoir dressé un Procès verbal de capture daté de Paris, bien & dûement controllé à Paris; & comme il s'agissoit de conduire aux Prisons de Laval la personne arrestée à Paris, ce même Huissier porteur de pieces doit avoir dressé un Procès verbal de conduite de sa Prisonniere.

Cette Prisonniere qu'on devoit conduire à Laval a passé par Neausle, & s'est sauvée pendant la nuit de l'Auberge de Neausle où ses conducteurs la gardoient. L'Huissier porteur de pieces doit avoir dressé un Procès verbal de son évasion; & sur ce Procès verbal d'évasion il doit s'être adressé au Juge du lieu pour avoir la liberté de faire perquisition de sa Prisonniere, & avoir fait ensuite un Procès verbal de perquisition; & lorsqu'il a été queſtion d'apporter au Greffe de la Cour toute la procedure que l'on avoit faite à Laval, on a dû remettre en même-tems au Greffe de la Cour tous ces differens Procès verbaux. Si l'on veut bannir tous les ſoupçons de violence, & d'abus de credit & d'autorité, voilà de quelle maniere on doit s'être conduit.

Mais on a tenu une conduite bien differente.

La Dame d'Hautefort eſt bien aſſurée qu'au moment qu'elle a été arrêtée le Dimanche 15 Fevrier 1728, dans la rue de Vaugirard, elle n'a point vû d'Huiſſier porteur de pieces, & il n'a point été queſtion d'un Decret émané du Jugé de Laval, elle n'a vû que des Archers à la tête deſquels étoit un Officier du Guet à Cheval nommé *Dujardin*, qui ne lui a parlé que d'un Ordre du Roy, ſans le montrer.

Depuis la plaidoirie de l'année derniere la Dame d'Hautefort s'eſt rendue curieuſe d'approfondir le fait, & elle doit être ſatisfaite de ſes recherches.

Elle fut d'abord très-ſurpriſe d'apprendre, qu'après une Plaidoirie de pluſieurs Audiences, où l'on avoit préſuppoſé qu'elle avoit été arrêtée en vertu d'un Decret de Laval, le Procès verbal de ſa capture qui avoit dû être dreſſé par l'Huiſſier porteur du Decret, n'avoit jamais paru au Greffe de la Cour.

A la fin du mois d'Aouſt 1728, elle donna une Requeſte, pour que le Marquis d'Hautefort fut tenu de lui en faire ſignifier une copie, & de lui en communiquer l'original : le 28 Aouſt elle obtint un Arreſt par deffaut qui lui adjugea les concluſions de ſa Requeſte.

Le Marquis d'Hautefort forma oppoſition à cet Arreſt par une Requeſte du 3 Septembre, qui fut ſignifiée tout au ſoir. Le langage de cette Requeſte merite quelque attention.

Le Marquis d'Hautefort y demande *Acte de la déclaration qu'il fait, qu'ayant appris l'évaſion de la Demoiſelle de Kerbabu, & ayant rendu plainte contre l'Huiſſier & les Archers qui l'avoient procurée, & obtenu contre eux Decret de priſe de corps, ils ne lui ont remis aucun Procès verbal; qu'ils ont ſeulement porté au Greffe de la Cour celui par eux dreſſé, & ce en conſequence de l'Arreſt de 18 Mars dernier qui les y a condamnez : comme auſſi donner Acte au Suppliant de ſa déclaration, qu'il n'a aucun intereſt d'empêcher que la Demoiſelle de Kerbabu ait communication du Procès verbal dépoſé au Greffe, & qu'il s'en rapporte à cet égard à la prudence de la Cour.*

Le lendemain de cette Requeſte on ſe diſpoſoit pour la Dame d'Hautefort à demander Acte à la Cour d'une déclaration ſi importante, qui conſtatoit ſi clairement qu'il n'y avoit point de Procès verbal de capture, puiſque le Procès verbal qui étoit en dépôt au Greffe de la Cour, n'étoit qu'un Procès verbal dreſſé depuis l'évaſion. Mais apparemment le Marquis d'Hautefort fit depuis ſes reflexions, & ſes Agens trouverent plus expédient de faire paroître un Procès verbal de capture tel qu'il pût être. A l'entrée de l'Audience du 4 Septembre on nous apprit que le Procès verbal de capture s'étoit trouvé. Nous félicitâmes nos Adverſaires d'une découverte ſi ſubite, qu'ils avoient faite ſi à propos pendant la nuit, depuis la Requeſte qui avoit été donnée la veille tout au ſoir, & il intervint le 4 Septembre un Arreſt contradictoire qui ordonna la communication de ce Procès verbal.

Le 6 Septembre le Procureur du Marquis d'Hautefort fit fignifier au Procureur de la Dame d'Hautefort une copie de ce Procès verbal, & fuivant cette copie, il paroît que c'eft un Huiffier à Verge au Chaftelet, nommé *Michel Lambotte*, qui, en vertu de ce Decret, a arrêté la Dame d'Hautefort le Dimanche 15 Fevrier 1728, fur les quatre heures du foir, dans la rue de Vaugirard, vis-à-vis la rue Caffette, *pour enfuite la conduire ès Prifons dudit lieu de Laval*; & que quand cet Huiffier a fait fa capture, il étoit accompagné de quatre Officiers du Guet, à la tête defquels étoit *Charles Dujardin*; qu'enfin au pied de ce Procès verbal de capture, il fe trouve une mention de contrôle, fignée Theveneau.

Quoique le Procureur du Marquis d'Hautefort eût fait fignifier dès le 6 Septembre la copie de ce Procès verbal, on ne s'empreffoit pas d'en remettre l'original au Greffe, c'eft ce qui obligea la Dame d'Hautefort de donner une nouvelle Requefte pour demander l'execution de l'Arreft du 4 Septembre, & en même-tems elle demanda par cette Requefte la communication du Procès verbal qui avoit dû être dreffé de fon évafion, de la Requefte qui avo● été prefentée au Juge de Pontchartrain par ceux qui l'avoient arrêtée, de l'Ordonnance de ce Juge qui avoit permis la perquifition, & du Procès verbal de perquifition qui avoit dû être fait en conféquence. Cette Requefte fut prefentée à la Chambre des Vacations le 2 Octobre 1728.

Cela fit la matiere d'une plaidoirie contradictoire, fur laquelle & fur les Conclufions du Subftitut de M. le Procureur General, il intervint le 20. Octobre un Arreft qui ordonne l'execution de celui du 4 Septembre; ce faifant, que du confentement du Marquis d'Hautefort, l'original du Procès verbal de capture, qui depuis la Requefte de la Dame d'Hautefort, avoit été remis au Greffe de la Cour le 5 Octobre; le Procès verbal d'évafion dreffé par les Huiffiers qui avoient arrêté la Dame d'Hautefort; la Requefte prefentée au Juge de Pontchartrain; l'Ordonnance au bas de cette Requefte, & le Procès verbal de perquifition fait en conféquence feront communiquez à la Dame d'Hautefort.

Cette communication nous a découvert des faits bien finguliers.

1°. Nul Procès verbal de conduite qui ait été dreffé par l'Huiffier Lambotte, qui a dreffé le Procès verbal de capture; & l'on ne peut pas dire que le Procès verbal de capture eft en même-tems un Procès verbal de conduite: car la difference de ces deux Procès verbaux fenfible aux yeux de la raifon, fe trouve bien caracterifée dans le Procès verbal même de capture, où après avoir expliqué *qu'on a pris & apprehendé au corps la Demoifelle de Bellingant*, l'on ajoute ces mots importans, POUR ENSUITE LA CONDUIRE ES PRISONS DUDIT LIEU DE LAVAL. Il devoit donc y avoir un Procès verbal de conduite, feparé du Procès verbal de capture; ou du moins en continuant le même Procès verbal, on devoit faire une defcription détaillée de toutes les circonftances de la conduite, de l'heure du départ, de la prifonniere, de l'heure de fon arrivée aux differens lieux par lefquels il falloit paffer dans le cours du voyage, & de fon féjour dans les differens endroits où il auroit été néceffaire d'arrêter.

Et en effet, fuivant l'article 16. du titre 10. de l'Ordonnance de 1670. des Decrets & de leur execution, *les Accufez qui auront été arreftez feront inceffamment*

*inceffamment conduits dans les prifons, fans pouvoir eftre détenus en maifon parti-
culiere, fi ce n'eft pendant leur conduite & en cas de péril d'enlevement, dont il fera
fait mention dans le Procès verbal de capture & de conduite, à peine d'interdiction
contre les Prevôts, Huiffiers ou Sergens, de 1000 liv. d'amende envers Nous, &
des dommages & interefts des Parties.*

Ainfi, fuivant la difpofition textuelle de cette Ordonnance, lorfqu'on
arrête un accufé dans une Ville, pour le transferer dans une autre, il faut
neceffairement, pour affurer que tout s'eft paffé dans les regles, un Procès verbal qui conftate non-feulement la capture du Prifonnier, mais
encore la conduite de ce même Prifonnier; & fi la longueur du voyage
éxige que pendant la conduite, la perfonne arrêtée paffe quelque tems
dans une maifon particuliere, il faut que cela foit expliqué dans le Procès
verbal.

Mais ce qu'il y a de plus fingulier, c'eft que, quoiqu'il n'y ait point
réellement de Procès verbal de conduite dreffé par l'Huiffier, qui, fuivant le Procès verbal de capture, paroît avoir arrêté la Dame d'Hautefort à Paris, néanmoins le Regiftre du Contrôle fe trouve chargé de la
mention d'un Procès verbal de conduite de la Dame d'Hautefort ès Prifons de Laval fait par Lambotte, & daté du 15 Fevrier 1728. Voici ce
que contient un Extrait que le Contrôleur a delivré à la Dame d'Hautefort le 14 Fevrier 1729.

Du Regiftre N°. 43. Fol. 105. recto, eft extrait ce qui fuit.

*Du 15 Fevrier 1728, pour M. d'Hautefort contre Demoifelle Kerbabu de
Bellingant, Verbal de conduite ès Prifons de Laval fait par Lambotte le jeune,
Huiffier à Verge au Chaftelet de Paris, contrôlé à Paris le 15 Fevrier defdits
mois & an, par moi fouffigné Commis au Contrôle des Exploits, & delivré en
mon Bureau à Madame d'Hautefort, ce 14 Fevrier 1729. Signé, THÉVENEAU.*

Pourquoi donc ne repréfente-t'on point aujourd'hui ce Procès verbal de
conduite dreffé par Lambotte? car, encore une fois, le Procès verbal
qui éxifte au Greffe, dreffé par Lambotte, & qu'on nous a communiqué, n'eft qu'un Procès verbal de capture, & n'eft point un Procès verbal
de conduite.

2°. Il n'y a point de Procès verbal d'évafion qui ait été dreffé par Lam-
botte porteur du Decret, & qui ait précédé la Requefte préfentée au
Juge de Pontchartrain, pour avoir permiffion de faire perquifition de la
Prifonniere évadée; c'étoit pourtant une ceremonie effentielle.

3°. Et ceci mérite une grande attention : la Requefte au Juge de
Pontchartrain n'eft point préfentée par Lambotte porteur du Decret,
mais par Charles Dujardin, Officier du Guet à Cheval de Paris, qui s'annonce
fans façon dans cette Requefte, comme ayant arrêté à Paris la Dame
d'Hautefort, & ayant fait cette capture *accompagné de Michel Lambotte,
Huiffier à Verge au Châtelet de Paris*; & cette Requefte n'eft fignée que
de Dujardin, & d'un Procureur poftulant au Bailliage de Pontchartrain. Voilà une contradiction qu'il ne fera pas facile d'éclaircir entre
le Procès verbal de capture fait à Paris, & la Requefte dreffée à
Neaufle, & préfentée au Juge de Pontchartrain. Suivant le Procès verbal de capture, c'eft Michel Lambotte, Huiffier à Verge au Chaftelet,
qui a été le principal miniftre de la capture, & Dujardin Officier du

G

Guet à Cheval, n'a fait qu'accompagner cet Huissier ; & suivant la Requeste presentée au Juge de Pontchartrain, ce n'est plus Lambotte Huissier, c'est Dujardin, Officier dans le Guet à Cheval de Paris, qui a été le heros de la capture, & Michel Lambotte n'a été qu'un des assistans ; mais malheureusement cet Officier dans le Guet à Cheval, qui n'est ni Huissier ni Sergent, ne peut jamais avoir eu de caractere pour mettre à éxecution un Decret émané de la Justice, dont l'adresse n'en confioit l'execution *qu'à un Huissier ou Sergent* ; & si, comme cette Requeste ne permet pas d'en douter, c'est en effet Dujardin, Officier du Guet à Cheval, qui a presidé à la capture, il est évident que le Decret de Laval n'est point le veritable titre en vertu duquel Dujardin a arrêté la Dame d'Hautefort, & qu'il éxistoit un autre titre non émané de la Justice, & plus propre à en confier l'execution à un homme tel qu'un Officier du Guet à Cheval, titre qu'on n'ose aujourd'hui manifester à la Justice.

Et en effet, quand on examine cette Requeste presentée par Dujardin au Juge de Pontchartrain, on y trouve deux ratures qui ne sont point approuvées ; mais malgré ces ratures, on ne laisse pas d'appercevoir bien sensiblement les mots rayez : Et quels sont ces mots rayez ? *en vertu d'un ordre du Roy* ; voilà ce qui est sous la premiere rature ; & ces autres mots, *porteur dudit ordre*, qui sont sous la seconde rature. On voit par-là que Dujardin auteur de cette Requeste qu'il a signée, quand il a parlé de l'abondance du cœur, a manifesté sans détour en deux differens endroits le veritable titre en vertu duquel il avoit agi, & que les ratures ont été faites ensuite par reflexion, pour dérober la connoissance d'un mystere qu'on ne vouloit pas découvrir.

Et ce qu'il y a de plus étonnant, pendant que l'on se donnoit à Neaufle tous ces mouvemens extraordinaires, Lambotte étoit present & étoit dans l'inaction. Le Juge de Pontchartrain ayant permis par son Ordonnance la perquisition de la Prisonniere, & ayant commis à cet effet un Huissier de son Siége, Lambotte a signé tranquillement le Procès verbal de perquisition dressé par cet Huissier de Pontchartrain, en vertu d'une Ordonnance qui étoit au bas d'une Requeste, dans laquelle il étoit nettement expliqué que la capture n'avoit point été faite à Paris par Lambotte, mais par Dujardin ; ainsi l'on peut regarder la signature de Lambotte au pied de ce Procès verbal de perquisition, comme un aveu précis de sa part, d'un fait diametralement opposé à celui qui resulte du Procès verbal que ce même Lambotte a dressé.

La Dame d'Hautefort a encore poussé plus loin sa curiosité : comme elle avoit été conduite de Paris à Neaufle dans une chaise de poste attelée de chevaux qui avoient été pris à la Poste de Paris, elle a cru que les Registres de la Poste lui administreroient quelque éclaircissement. Tout le monde sçait la police qui s'observe à la Poste ; il faut avoir un Passe-port, & ce Passe-port indique le nom de la personne à qui l'on doit fournir des chevaux, & le lieu auquel cette personne prétend se rendre. Ainsi, supposé que la Dame d'Hautefort eut été effectivement arrêtée par Lambotte Huissier, comme porteur du Decret de Laval, & que l'objet de celui qui l'avoit arrêtée, eut été de la conduire aux Prisons de Laval, on auroit dû trouver dans le Registre de la Poste, que le Paſſe-port avoit été expedié ſous le nom de Lambotte , & que les chevaux devoient être fournis à Lambotte pour aller à Laval.

Mais quand on a été à la Poſte on a trouvé des éclairciſſemens bien diffe- rens : il eſt vrai que quand on a pris la voye du compulſoire, le Commis a répondu qu'il ne pouvoit repreſenter ſon Regiſtre ſans un ordre de ſes Superieurs , parce que ce Regiſtre étoit un dépôt ſecret ; mais il eſt vrai en même-tems , & Meſſieurs les Gens du Roy ſeront à portée de s'en éclaircir , que voici ce qui ſe trouve ſur le Regiſtre de la Poſte.

Beauchefne (c'eſt le nom du Poſtillon) *qui a mené à Verſailles , ayant ſon Paſſe-port pour Normandie , ſous le nom de M. Dujardin , le 15 Fevrier.*

De-là il reſulte la preuve de deux faits.

L'un, que le Paſſe-port, à la faveur duquel ſeul on a dû fournir les chevaux qui ont conduit la Dame d'Hautefort de Paris à Verſailles, n'a point été expedié ſous le nom de Lambotte, mais ſous le nom de Du- jardin.

L'autre, & ce fait eſt bien important, que l'objet de ceux qui ont en- levé à Paris la Dame d'Hautefort, n'étoit pas de la conduire à Laval , mais en Normandie ; & en quel lieu de la Normandie ? c'eſt un myſtere , dont vrai-ſemblablement on ne nous donnera pas l'explication.

Quand on raſſemble ſous un point de vûe tous ces faits ſi extraordi- naires , les reflexions qu'ils preſentent naturellement à l'eſprit ne ſont pas avantageuſes au Marquis d'Hautefort , on ne ſe porte point à de telles extremitez ſans des motifs bien preſſans.

Si l'on entrevoit, ou pour parler plus juſte, ſi les faits que l'on vient de détailler manifeſtent à quiconque veut faire uſage de ſa raiſon, que le Decret de Laval n'eſt point le veritable titre en vertu duquel on ait enlevé la Dame d'Hautefort ; mais qu'il y avoit quelque ordre miſte- rieux arraché par le crédit & par l'importunité de ſes ennemis ; il n'eſt plus permis de ſoupçonner que la Dame d'Hautefort n'eſt parvenue à ſe ſauver qu'en corrompant ceux qui la gardoient.

On concevra ſi l'on veut que des ames venales chargées de l'execu- tion d'un Decret de priſe de corps par un particulier avec qui elles n'ont aucune relation, & qui n'a ſur elles aucune autorité, pourront ſuccomber à la tentation d'une récompenſe conſiderable que leur priſonnier leur offrira pour ſe procurer ſa liberté. Mais quand il s'agira d'un ordre ſecret que l'on regardera comme émané de la Puiſſance Souveraine même, il ne tombera ſous le ſens de perſonne que ceux à qui l'on aura confié l'exe- cution d'un tel ordre, ayent eſté tentez de manquer aux Puiſſances qui ne les employent dans ces occaſions delicates qu'après avoir éprouvé long-tems leur fidelité, & à des Superieurs redoutables de qui ces Agens ſubalternes dépendent abſolument, à qui ils doivent toute leur fortune, & qui peuvent d'un moment à l'autre les anéantir, ſi leur fidelité devient ſuſpecte.

Mais ſi l'on eſt forcé de reconnoître que la Dame d'Hautefort a re- couvré ſa liberté ſans avoir corrompu ſes Gardes, on ne feint point de le dire, ſon évaſion, le bonheur qu'elle a eû de ſe dérober pendant plus de deux mois aux plus affreuſes perquiſitions, ſont une ſuite & un en- chaînement de prodiges par leſquels il ſemble que la Providence ait

voulu manifefter aux yeux de l'Univers l'innocence de celle que le credit vouloit accabler , & ces prodiges multipliez nous font un feur garent
de ce qui arrivera infailliblement dans cette affaire; que malgré le crédit
& l'artifice de nos ennemis, il n'y a point de verité fi cachée, fi obfcure,
fi impenetrable qu'elle paroiffe, que nous ne devions efperer de découvrir à la face de la Juftice.

Il faut prefentement reprendre le fil de la procedure que le Marquis
d'Hautefort a faite à Laval.

Le 4 Fevrier 1728, cette époque eft remarquable , le Subftitut de M.
le Procureur General au Siege Royal de Laval, comme fondé de Procuration du Marquis d'Hautefort, rend plainte contre la Dame d'Hautefort , au Juge du Comté de Laval.

Les crimes qu'on lui impute font, que fous des noms fuppofez elle a
tenté la fidelité d'Officiers publics, de Notaires, de Controlleurs, de
Preftres même, pour fabriquer un Contrat de mariage & un Acte de celebration; & par un enthoufiafme prophetique, on s'écrie dans cette
plainte, que *fi elle rapporte un Acte de celebration, il eft faux & fuppofé*; l'on
ajoûte, qu'on a appris qu'elle a gliffé une feuille volante dans le Regiftre qui eft au Greffe de Laval; qu'elle a fuppofé un Teftament en fa
faveur, quoyqu'il n'y en ait point d'autres que celui qui a été fait en faveur du Marquis d'Hautefort; enfin l'on accompagne cette Plainte du
dépoft de quelques Lettres écrites par la Dame d'Hautefort.

Sur cette plainte permiffion d'informer, information, decret de prife
de corps decerné le 11 Fevrier, qu'on envoye en pofte à Paris, & que
l'on execute le 15 Fevrier de la maniere qu'on vient d'expliquer.

On a appris avec étonnement que le Sieur de Vilvieille Officier de
Marine avoit été le principal mobile de toute cette manœuvre, que c'é-
toit lui qui s'étoit chargé de porter à Laval la Procuration du Marquis
d'Hautefort, de folliciter à Laval la procedure, de dreffer toutes les bat-
teries pour parvenir au Decret de prife de corps; & auffi-tôt qu'il fut
obtenu, de l'apporter en pofte à Paris, pour que l'on fe hataft de le
mettre à execution.

Pour démontrer toute l'iniquité de cette procedure, il ne faut que les
informations mêmes qui conftatent deux faits importans.

L'un que la premiere démarche de la Dame d'Hautefort a été de recourir au Sieur de Mué de Farcy, Subdelegué du Commiffaire départi à
Tours, à qui elle a préfenté une requefte, & de qui elle a obtenu une
ordonnance pour avoir la liberté de fouiller dans les Regiftres du Controlle, & ce qu'il y a de plus furprenant, c'eft qu'un nommé Ains Notaire
à Montfur, qui a reçu le Contrat de Mariage de la Dame d'Hautefort,
qui réunit en fa perfonne les deux qualitez de Notaire & de Controlleur,
qui en cette double qualité étoit en même tems depofitaire de la minute
de ce Contrat, & du Regiftre du Controlle où il étoit inferé, qui enfin a
depuis fupprimé cette minute & la mention du Controlle, eft l'un des témoins que le Marquis d'Hautefort a fait entendre, & ce témoin après
avoir chargé de toutes fes forces dans fa dépofition la Dame d'Hautefort,
pour la rendre fufpecte d'avoir voulu le corrompre, & de lui avoir propofé des crimes, rapporte à la fin de fa dépofition une Lettre écrite par

ce

ce Subdelegué, qui démontre l'imposture de tout ce que ce Témoin vient de dépoſer; cette Lettre merite une grande attention, en voicy les termes.

Mademoiſelle de Bellingant va vous trouver, Monſieur, avec une ordre de moi, pour avoir l'extrait du controlle d'un Acte qu'elle preſume avoir été controllé à votre Bureau; elle voudroit bien que la choſe fut ſecrette, & je ſuis perſuadé que vous êtes trop inſtruit du ſecret inviolable qu'il doit y avoir dans ces ſortes d'affaires, pour n'en pas uſer dans cette occaſion: ſi lorſque vous aurez pris lecture de la Requeſte & Ordonnance pour vous inſtruire de quoy il s'agit, vous vouliez bien chercher ſans la lui faire ſignifier, cela lui feroit plaiſir de ne pas confier ſon ſecret à un Huiſſier; & ſi vous trouvez les Actes, pour lors elle ſera obligée de faire cette formalité, mais qui ſeroit inutile ſi la perquiſition l'étoit, je vous ſerai tres-obligé de l'attention que vous aurez à faire cet examen, & de la diligence pour éviter ſéjour. DEFARCY.

On eſt icy forcé de reconnoître cet eſprit d'aveuglement qui ſaiſit ordinairement ceux qui ſe prétent à l'oppreſſion de l'innocence. L'objet qu'on ſe propoſe eſt d'annoncer la Dame d'Hautefort comme une fauſſaire habile, qui a entaſſé crimes ſur crimes pour uſurper un rang qui ne lui appartient point; qui a voulu corrompre des Officiers publics, des Notaires, des Controlleurs, des Prêtres même, pour fabriquer un faux Contrat de mariage, & un faux Acte de celebration; & en même-tems qu'on lui impute des crimes ſi atroces, on lui adminiſtre ſans y penſer, une piece victorieuſe qui la juſtifie pleinement de tous ces crimes imaginaires; car on ne perſuadera jamais à perſonne qu'une femme qui veut fabriquer de faux Actes pour ſe donner un Etat, commence par s'adreſſer au Subdelegué du Commiſſaire départi dans la Province, homme d'une probité diſtinguée, lui preſente une Requeſte, ſe faſſe répondre d'une Ordonnance, & lui demande une Lettre de recommandation dans laquelle elle eſt deſignée par ſon nom, & qui annonce que l'objet qu'elle ſe propoſe eſt de rechercher dans des monumens publics un Acte qui l'intereſſe. Ceux qui meditent des crimes ne marchent que dans les tenebres & dans l'obſcurité, ils ne ſe manifeſtent point aux yeux d'un homme revêtu dans une Province d'un caractere qui lui donne une autorité & une ſuperiorité ſur ceux qu'ils ont deſſein de corrompre, & jamais on ne penſera que la Dame d'Hautefort ait voulu engager dans des manœuvres criminelles un Officier public à qui elle ſe preſente munie d'une Lettre du Subdelegué de l'Intendant. Il faut donc regarder comme l'ouvrage de la ſeduction, du menſonge & de la ſubornation toutes les dépoſitions qui imputent à la Dame d'Hautefort des démarches criminelles, quand on trouve dans la même information une Lettre écrite par un homme du caractere & de la probité du Sieur de Mué de Farcy, qui prouve clairement que toutes les démarches de la Dame d'Hautefort, qu'on s'efforce aujourd'huy de traveſtir en crimes, n'ont eû que l'objet innocent de chercher dans les dépoſts publics les Actes dont elle avoit beſoin pour aſſurer ſon Etat, recherche qu'elle n'a été obligée de faire, que parce qu'on l'a dépouillée de ces mêmes titres, qui ſuivant les Lettres du Comte d'Hautefort, ont dû ſe trouver après ſa mort parmi ſes papiers & dans ſa caſſette.

Mais voicy un ſecond fait encore plus extraordinaire, l'un des crimes que l'on impute à la Dame d'Hautefort eſt d'avoir coulé ſubtilement dans

H

le Regiſtre qui eſt au Greffe de Laval, l'original d'un prétendu Acte de celebration de ſon mariage.

De tous les témoins que le Marquis d'Hautefort a fait entendre dans ſon information, il n'y en a que deux dont les dépoſitions ayent rapport à ce fait; celle d'un nommé Leſtourneau Maréchal ferrant d'Argentré, & celle de Croiſſant Greffier de la Juſtice Royale de Laval.

Le premier témoin dépoſe que c'eſt lui qui a porté au Greffe de Laval les Regiſtres de la Paroiſſe d'Argentré, qu'il n'y avoit dans ces Regiſtres aucuns blancs ni feuilles volantes, étant dans la forme où ils doivent eſtre, mais ce fait que ce témoin atteſte ſe trouve démenti par la dépoſition de Croiſſant.

Ce Témoin dépoſe, *qu'une Dame logée à la Teſte noire* (c'étoit la Dame d'Hautefort) *étoit venue le trouver un ſoir, qu'il chercha en preſence de ladite Dame ſans rien trouver, & qu'en feuilletant un des Regiſtres qu'il avoit déja feuilleté, il trouva une demi-feuille au milieu du Regiſtre au haut de laquelle étoit inſcrit le mariage de M. d'Hautefort avec dadite Demoiſelle; qu'il n'avoit jamais vûe que cette fois là, & une autre fois à la Teſte noire; & qu'elle dit, voilà ce que je cherche, & le pria de le lui deliver au moment; lequel lui dit qu'il ne le pouvoit n'ayant pas de Clerc pour lors, & qu'elle ſe donnaſt la peine d'envoyer le lendemain matin ſon valet, qu'il le délivreroit, ce qu'il fit y étant venue elle-même, & elle devoit lui envoyer 6 ſ. ce qu'elle n'a pas fait, & ne l'a pas vûe depuis; qu'il y a toute apparence que ladite Dame avoit ladite feuille à la main, qu'elle l'avoit coulée ſubtilement dans ledit Regiſtre, le dépoſant ne l'ayant pas vûe lorſqu'il le feuilletoit; mais bien deux Etats de Bapteſme qui ſont auſſi ſur un quarré de papier non cotté ni paraphé, lequel extrait de mariage il a auſſi delivré à l'homme de M. le Marquis d'Hautefort avec les mêmes obſervations.*

Tous les termes de cette dépoſition meritent d'être peſez, & annoncent la corruption du Témoin.

Ce Témoin eſt un nommé CROISSANT, Greffier de la Juſtice Royale de Laval, qui le 6 Septembre 1727, avoit delivré à la Dame d'Hautefort l'Acte de celebration qu'elle repreſente, & qu'on a ci-deſſus tranſcrit en entier.

La dépoſition de ce Témoin annonce que quand il a delivré cette expedition il ne l'a pas fait à la hâte, mais avec reflexion, puiſqu'il ne l'a pas delivré au premier moment qu'il lui a été demandé, mais le lendemain. S'il avoit alors conçu quelque ſoupçon ſur cet Acte, qu'il trouvoit inopinément en feuille volante dans un Regiſtre, où il auroit été aſſuré de ne l'avoir pas trouvé un moment auparavant en feuilletant le même Regiſtre, en auroit-il ſans ſcrupule delivré le lendemain une expedition comme d'un Acte veritable & legitime? & n'auroit-il pas pris des meſures pour conſtater l'inſertion frauduleuſe qu'il impute aujourd'huy à la Dame d'Hautefort.

La circonſtance puerile qui eſt relevée dans cette dépoſition, que celle à qui cet Acte de celebration a été délivré n'a pas envoyé à ce Greffier 6 ſols qu'elle devoit lui envoyer, prouve bien clairement que celle qui lui avoit demandé cette expédition avoit été bien éloignée de penſer à le corrompre. Une fauſſaire qui auroit eu l'adreſſe & le bonheur d'inſerer dans un Regiſtre une piece qui n'y étoit pas auparavant, & de ſe faire délivrer par un Officier public une expédition de cet Acte comme d'un Acte authentique, n'auroit pas manqué à la reconnoiſſance, & ne ſe feroit pas attiré le reproche de n'avoir pas payé 6 ſols, qui pouvoient être dûs à celui qui avoit délivré une expédition ſi intereſſante.

D'ailleurs, dans cette même dépoſition, ce Témoin avoue bien nettetement, qu'en feuilletant une première fois ce Regiſtre, où il prétend n'avoir pas apperçû alors la feuille volante ſur laquelle étoit inſcrit le mariage de la Dame d'Hautefort, il y a apperçû deux Actes de Baptême *qui étoient auſſi ſur un quarré de papier non cotté ni paraphé* : il ne faut que cette circonſtance pour ruiner ce que ce même Témoin ajoute dans ſa dépoſition, *qu'il y a toute apparence que la Dame d'Hautefort avoit à la main la feuille volante où ſon mariage étoit inſcrit, & qu'elle l'a coulé ſubtilement dans le Regiſtre.* Cette odieuſe conjecture s'évanouit entierement, quand on voit que dans le même Regiſtre il s'eſt trouvé une autre feuille volante, qu'on ne la ſoupçonne pas d'avoir inſerée dans le Regiſtre, & où étoient écrits deux Actes de Baptême qui ne l'interreſſoient point.

Ainſi ce Témoin ne peut jamais échapper à la ſeverité de la Juſtice: car, il n'y a point de milieu, ou il a crû que l'original, dont il a délivré une expédition le 6 Septembre 1727, avoit été inſeré frauduleuſement dans le Regiſtre où il l'a trouvé, & dans cette ſuppoſition il eſt un prévaricateur d'avoir délivré avec reflexion, à celle qu'il a ſoupçonnée de cette fraude, une expédition de cet Acte comme d'un Acte veritable & authentique; ou il a délivré cette expédition de bonne foi & ſans ſoupçon, comme on ne peut pas en douter, quand on fait quelque attention aux termes dans leſquels eſt conçû ſon Procès verbal de délivrance, où il dit expreſſement *qu'il a délivré cet extrait ſur l'original qu'il a* REMIS *dans le Regiſtre de* 1726, ET ATTACHÉ A LA FIN DU REGISTRE, CRAINTE QU'IL NE FUT PERDU, L'AYANT TROUVÉ *comme feuille ſéparée dudit Regiſtre, & non cottée ni paraphée, mais bien en papier timbré, & ſigné des Parties & du Prieur d'Argentré, ainſi qu'il lui eſt apparu;* & dans cette ſuppoſition il eſt un faux Témoin qui a parlé un langage de corruption, pour détruire la foy d'un Acte qu'il avoit délivré quelque mois auparavant comme Dépoſitaire public.

On ne doit pas douter que ces circonſtances, qui annoncent ſi ſenſiblement l'iniquité de la procédure du Marquis d'Hautefort, n'ayent beaucoup influé ſur l'Arreſt de deffenſes que la Cour a accordé à la Dame d'Hautefort.

Depuis cette information, ſur laquelle le Juge de Laval a décerné un Decret de priſe de corps contre la Dame d'Hautefort, le Marquis d'Hautefort a fait une démarche tout-à-fait inconcevable.

Le Lieutenant Criminel du Chaſtelet avoit permis à la Dame d'Hautefort d'obtenir un Monitoire; le Monitoire avoit été obtenu & publié, ſoit à Paris, ſoit à Verſailles; il plaît au Marquis d'Hautefort de dépoſer au Greffe de Laval un exemplaire imprimé de ce Monitoire, & de prendre de la publication de ce Monitoire un prétexte pour rendre au Juge du Comté de Laval une nouvelle plainte contre la Dame d'Hautefort. Il n'a jamais été rien imaginé de plus biſarre, & il ne faut que ce ſeul trait pour faire ſentir que la procédure faite à Laval par le Marquis d'Hautefort n'eſt qu'une procédure récriminatoire, dont l'objet a été de combattre celle que la Dame d'Hautefort avoit commencée au Chaftelet, & dont on craignoit les fuites.

Le Marquis d'Hautefort, après avoir fait à Laval cette monftrueufe procédure, & après avoir fait mettre à exécution le Decret de prife de corps qui avoit été decerné contre la Dame d'Hautefort, eft revenu à la Cour, & a furpris le 18 Fevrier un Arreft fur Requefte fans Conclufions de M. le Procureur General, qui le reçoit Appellant de toute la procédure que la Dame d'Hautefort avoit faite au Chaftelet, & Appellant comme d'abus de l'obtention & publication du Monitoire, & qui ordonne l'apport des charges, *toutes chofes cependant demeurantes en état*. Il feroit affez difficile de trouver dans les Regiftres de la Cour quelque exemple d'un femblable Arreft.

Depuis l'attentat du 15 Fevrier, & l'Arreft du 18 du même mois qui a arrêté le cours de la procédure de la Dame d'Hautefort, deux mois fe font écoulez avant qu'elle ait pû obtenir des deffenfes, & cela par les retardemens que l'on a affectez de la part du Marquis d'Hautefort, dans l'apport des procédures de Laval : mais enfin le 15 Avril, la Cour en grande connoiffance de caufe fur le vû des charges, malgré tous les efforts du Marquis d'Hautefort, malgré une Requefte donnée de fa part, la Cour a accordé à la Dame d'Hautefort un premier Arreft de deffenfes, qu'on doit regarder comme contradictoire avec le Marquis d'Hautefor, puifque la Requefte qu'il a donnée pour empêcher ces deffenfes eft vifée dans l'Arreft ; & ce premier Arreft du 15 Avril a été fuivi d'un fecond du 30 du même mois, que la Dame d'Hautefort a été dans la neceffité d'obtenir contre une nouvelle procédure que le Marquis d'Hautefort avoit faite devant le Juge du Comté de Laval, fur le fondement de l'évafion de la Dame d'Hautefort.

La Cour faifie de ces appellations refpectives interjettées par le Marquis d'Hautefort de la procédure commencée au Châtelet, & par la Dame d'Hautefort de la procédure faite devant le Juge du Comté de Laval le 30 Avril, le Marquis d'Hautefort a fait affigner la Dame d'Hautefort au 12 May fuivant, pour être préfente à un compulfoire qu'il prétendoit faire chez Ains, Notaire & Contrôleur à Montfur.

Ce particulier nommé Ains, eft, comme on l'a déja obfervé, le Notaire qui a reçu le Contrat de mariage de la Dame d'Hautefort du 17 Septembre 1726, & qui réuniffant les deux qualitez de Notaire & de Contrôleur, devoit en même-tems fe trouver dépofitaire & de la minute du Contrat comme Notaire, & du contrôle de ce même Contrat de mariage comme Contrôleur.

La Dame d'Hautefort qui fçait, à n'en pouvoir pas douter, que cette minute & ce contrôle éxiftoient encore chez ce Notaire, & ont été vûs au mois de Septembre 1727, a été furprife d'apprendre que ce Notaire & Contrôleur de Montfur étoit l'un des principaux Témoins de l'information du Marquis d'Hautefort, & que l'on avoit fait dépofer ce Témoin comme l'un des Officiers publics que la Dame d'Hautefort avoit voulu corrompre & engager à lui fabriquer de faux Actes ; elle a vû que dans la fuite le Marquis d'Hautefort prétendoit faire un compulfoire chez ce Témoin ; alors il ne lui a pas été permis de douter que l'objet de ce

compulfoire

compulfoire ne fuſt de conſtater qu'il n'y avoit rien chez ce Notaire qui concernât le mariage de la Dame d'Hautefort, & de donner par-là plus de poids à la dépoſition de ce Temoin. De-là il a été facile de conclure, qu'après avoir ſupprimé à Paris la groſſe du Contrat de mariage de la Dame d'Hautefort, qu'on avoit trouvée après la mort du Comte d'Hautefort parmi ſes papiers & dans ſa caſſette, on étoit parvenu à ſupprimer la minute & le contrôle de ce même Contrat de mariage qui étoient chez Ains, Notaire & Contrôleur; car ſi cette minute & ce contrôle euſſent encore ſubſiſté chez cet Officier, il n'auroit eu garde de dépoſer en faveur du Marquis d'Hautefort, comme un homme à qui la Dame d'Hautefort auroit propoſé de faire de faux Actes, les Actes véritables qu'on auroit été en état d'un moment à l'autre de trouver chez lui, pouvant ſervir à le convaincre de faux témoignage; & le Marquis d'Hautefort de ſon côté n'auroit eu garde de faire un compulſoire, qui n'auroit abouti qu'à adminiſtrer à la Dame d'Hautefort un titre qu'on avoit voulu lui arracher.

Ce ſont ces conſidérations qui ont déterminé la Dame d'Hautefort à faire deux démarches.

L'une, de former oppoſition au compulſoire; & quoique ſur cette oppoſition les Parties ayent été renvoyées à l'Audience, le Marquis d'Hautefort a paſſé outre au compulſoire, procédure dont il eſt impoſſible de ſauver l'irrégularité, puiſque ce compulſoire tendoit d'un côté à appuyer la dépoſition d'un Témoin entendu dans une procédure contre laquelle la Cour avoit accordé des deffenſes, & d'un autre côté à acquerir au Marquis d'Hautefort un fait juſtificatif anticipé.

L'autre démarche a été de donner le 25 May dernier une Requeſte, par laquelle la Dame d'Hautefort demande Acte de la plainte qu'elle rend en la Cour, en adherant à la première plainte qu'elle a rendue au Commiſſaire Regnard de Luſſaing, de la ſuppreſſion qui a été réellement faite depuis le mois de Septembre 1727, de la minute de ſon Contrat de mariage reçû par Ains Notaire à Montſur, & de la ſuppreſſion qui a été pareillement faite du contrôle de ce même Contrat de mariage inſcrit dans le Regiſtre du Contrôle de Montſur, dont Ains étoit auſſi dépoſitaire comme Contrôleur.

C'eſt par la même Requeſte du 25 May que la Dame d'Hautefort a pris toutes les differentes concluſions qu'elle a cru devoir prendre; qu'elle a demandé que la procédure du Marquis d'Hautefort faite devant le Juge du Comté de Laval fût declarée nulle & récriminatoire, que la procédure qu'elle a commencée au Châtelet fût confirmée, qu'on ordonnât la ſuppreſſion de la Requeſte injurieuſe du Marquis d'Hautefort viſée dans l'Arreſt du 15 Avril, & qui contient en effet la plus odieuſe diffamation contre la Dame d'Hautefort; qu'enfin le Marquis d'Hautefort fût condamné en 50000 liv. de dommages & interêts.

Cette Requeſte de la Dame d'Hautefort du 25 May, qui raſſemble toutes ſes differentes demandes, avoit été précedée par une autre qui merite auſſi ſon attention.

La Dame d'Hautefort prétendoit ſe ſervir contre le Marquis d'Hautefort, de differentes Lettres qui lui ont été écrites par le feu Comte

I

d'Hautefort, d'une Quittance de Dot entieremeut écrite & fignée de la main du Comte d'Hautefort, & enfin d'un Memoire auffi entierement écrit & figné de fa main : mais ces Lettres, cette Quittance & ce Memoire n'étant que des écritures privées d'un homme mort, la Dame d'Hautefort apprehenda avec raifon, que le Marquis d'Hautefort ne lui objectât à l'Audience, que ces écritures privées n'étant ni reconnues ni verifiées, on ne pouvoit en faire aucun ufage contre lui. Pour prévenir cette difficulté, la Dame d'Hautefort a prefenté à la Cour une Requefte, par laquelle elle a demandé que le Marquis d'Hautefort fut tenu à la premiere fommation de prendre communication de ces pieces, pour en reconnoître ou dénier l'écriture & la fignature, finon, qu'il lui fût permis de les faire verifier : fur cette Requefte les Parties ont été renvoyées à l'Audience par un Arreft du 8 May qu'elle a fait fignifier au Marquis d'Hautefort, avec copie de toutes ces pieces qu'elle prétendoit luy oppofer.

Le Marquis d'Hautefort qui s'eft vû preffé d'un coté par l'Acte de celebration de mariage que rapporte la Dame d'Hautefort, & d'un autre côté par ce grand nombre de pieces écrites de la main du Comte d'Hautefort fon oncle, qui concourent à établir l'état de la Dame d'Hautefort, & à conftater que les titres juftificatifs de fon état, de la fuppreffion defquels elle fe plaint, étoient au moment de la mort du Comte d'Hautefort dans fa caffette & parmi fes papiers, a cru devoir jetter du foupçon fur la verité de ces pieces; & dans cette vûe, il a fucceffivement donné deux differentes Requeftes, dont il eft neceffaire de rendre compte.

La premiere du 18 May, par laquelle en adherant à fa plainte rendue au Juge de Laval portant, que *fi la Demoifelle de Kerbabu rapporte un Acte de celebration, il eft faux, il réitere en tant que de befoin fa plainte de faux contre l'Acte qui a été fubtilement gliffé en feuille volante dans le Regiftre du Greffe de Laval*, & demande permiffion d'informer de cette fauffeté devant le Juge du Comté de Laval, & qu'à cet effet il foit dreffé un Procès verbal de l'original de ce prétendu Acte de celebration, qui fera porté par le Greffier Royal de Laval au Greffe de la Juftice du Comté.

Par la feconde Requefte du 12 Juin, le Marquis d'Hautefort demande Acte, de ce qu'en adherant à fes premieres plaintes & Requeftes, il rend plainte en crime de faux principal contre l'écriture & fignature de la prétendue quittance de dot datée du 2 Octobre 1726, prétendue Lettre miffive datée du 7   1726, autre Lettre datée du 27 Decembre fans marque d'année, & prétendu Billet daté du 15 Decembre 1726, comme n'étant écrits ni fignez du feu Comte d'Hautefort, il demande que ces pieces foient dépofées au Greffe & paraphées, & que fa plainte foit renvoyée devant le Juge de Laval.

Tel étoit l'état de la conteftation lorfque la Cour a rendu l'Arreft du 23 Juin qui reçoit M. le Procureur General oppofant à l'Arreft fur Requefte du 18 Fevrier; & faifant droit fur fon oppofition, & avant faire droit fur les appellations, Requeftes & demandes refpectives des Parties, ordonne que la procedure & information commencée à la Requefte de la Dame d'Hautefort devant le Lieutenant Criminel du Chaftelet, fera

continuée jufqu'au decret exclufivement; & qu'il fera paffé outre à la
publication du Monitoire obtenu par la Dame d'Hautefort, toutes chofes demeurantes en état de la part du Marquis d'Hautefort.

Il y a eu depuis differents incidents qui ont donné lieu à differents
Arrefts; mais on croit inutile de fatiguer la Cour de ce détail.

Après avoir expliqué les faits & les procedures, il ne faut pas faire de
grands efforts pour mettre dans leur jour les moyens qui établiffent la
neceffité de confirmer la procedure que la Dame d'Hautefort a commencée devant le Lieutenant Criminel du Chaftelet, & d'anéantir l'o-
dieufe procedure que le Marquis d'Hautefort a commencée devant le
Juge du Comté de Laval.

MOYENS.

Quand on a une fois developpé l'état de la procedure, & détaillé les
circonftances de cette affaire, on eft furpris de la fimplicité de fon objet.

Cette affaire chargée de circonftances fi extraordinaires, & d'évene-
ments fi intereffants, cette affaire qui par fon importance & fa fingula-
rité fixe l'attention de la Cour, de la Ville, & des Provinces, fe réduit à
un combat entre deux procedures criminelles, l'une commencée au Châtelet à la Requefte de la Dame d'Hautefort, & l'autre faite devant le Juge
du Comté de Laval, à la Requefte du Marquis d'Hautefort; & l'unique
queftion qu'il s'agit de décider eft de fçavoir laquelle de ces deux procedures doit fubfifter.

L'économie de l'ordre judiciaire, les principes de la Jurifprudence ten-
dent principalement à un objet, à connoître la vérité, & quand une fois
elle eft connue, ou du moins quand on commence à l'entrevoir, à la pro-
teger contre les artifices de ceux qui s'efforcent d'en étouffer la voix.

Ainfi comme il eft impoffible que les deux procedures criminelles qui
fe croizent, & dont chacune des parties demande la confirmation, fub-
fiftent en même-tems, le point critique de cette affaire eft de demêler
laquelle de ces deux procedures eft produite par un principe de vérité, &
laquelle au contraire n'eft produite que par le defir de fuffoquer la verité.

Pour fe déterminer fur ce point, il faut commencer par comparer les
objets de ces deux procedures.

D'un côté la Dame d'Hautefort fe plaint de la fuppreffion qui a été
faite depuis la mort du Comte d'Hautefort fon mari, d'un Teftament
olographe & d'un Contrat de mariage, qui au moment du decès du
Comte d'Hautefort étoient dans fa Caffette & parmi fes papiers; elle fe
plaint des manœuvres qui ont été pratiquées pour parvenir à fupprimer
les minuttes & les originaux des titres qui établiffent fon état, manœu-
res couronnées par la fuppreffion effective de la minutte de fon Con-
rat de mariage & du controlle de ce même contrat.

D'un autre côté le Marquis d'Hautefort impute à la Dame d'Hautefort
avoir fabriqué de faux Titres, pour ufurper un état qui ne lui appar-
ent point.

Dans la contradiction qui naift de ces procedures le point capital que
Dame d'Hautefort doit fe propofer, eft d'établir fa qualité de véuve
à Comte d'Hautefort, de développer les preuves qui commencent à

manifester les crimes qu'elle défere à la Justice, & en même-tems de rendre sensible l'irregularité de la procedure qui a été faite contre elle ; & la calomnie évidente des accusations chimeriques, à la faveur desquelles on s'efforce d'arrester le cours d'une accusation serieuse & legitime.

Peut-on reprocher à la Dame d'Hautefort de ne point établir la qualité en laquelle elle agit ?

Elle rapporte une expedition en bonne forme de l'Acte de celebration de son mariage, qui lui a été delivrée par un Officier public, sur un original qui s'est trouvé dans un Registre conservé dans le dépôt d'un Greffe Royal: il est vrai que la feuille sur laquelle est inscrit ce mariage, n'est point une portion de ce Registre, c'est une feuille detachée, qui n'est ni cottée ni paraphée ; mais que peut-il résulter de cette circonstance ? rien autre chose sinon que le monument qui assure la verité du mariage de la Dame d'Hautefort n'est pas aussi authentique que l'on auroit pu le desirer;mais cette même circonstance ne peut jamais en rendre la verité suspecte ; l'Officier public qui en a delivré l'expedition atteste que la feuille sur laquelle il a trouvé inscrit ce mariage est en papier timbré, *signée des parties & du Prieur d'Argentré, ainsi qu'il nous est apparu* ; & cet Officier, Greffier de la Justice Royale de Laval, étoit bien à portée de connoître la signature du Comte d'Hautefort, qui possedoit aux portes de Laval une Terre où il étoit tres-souvent, & où il pouvoit avoir passé une infinité d'Actes, & la signature d'un Curé de la main de qui étoient écrits la plûpart des Actes de Baptêmes, Mariages & Sepultures, inserez dans les Registres dont ce Greffier Royal étoit dépositaire, & le Greffier qui a delivré à la Dame d'Hautefort l'expedition de cet Acte de celebration, pouvoit encore aller plus loin, & attester, comme il est vrai, que le corps de cet Acte de celebration est entierement écrit de la main du Curé d'Argentré ; & comme de l'aveu du Marquis d'Hautefort, ce Curé est mort 14 ou 15 jours après la celebration de ce mariage, qui est du 19 Seprembre 1726, on ne peut pas soupçonner cet Acte d'avoir été fabriqué depuis la mort du Comte d'Hautefort, qui n'est decedé que le 7 Fevrier 1727, plus de quatre mois après la mort du Curé, de la main de qui se trouve entierement écrit cet Acte de celebration.

Quand la Dame d'Hautefort ne rapporteroit que ce seul titre qui réside dans un dépôst public, dans un de ces Registres dépositaires de l'état des hommes, il ne seroit pas possible de révoquer en doute la verité de la celebration de son mariage avec le Comte d'Hautefort ; mais ce monument public se trouve dans sa main appuyé par une foule de monumens domestiques qui concourent à manifester la même verité.

Elle rapporte une quantité prodigieuses de Lettres du Comte d'Hautefort entierement écrites de sa main, dont les unes anterieures à la celebration du mariage, annoncent clairement un projet de mariage, & une recherche fondée sur l'estime la plus pure, & les autres posterieures à la celebration de ce même mariage, prouvent sensiblement l'execution du projet, & la realité de la celebration.

Quel est le langage des premieres Lettres ? *Soyez seure de la verité de mon cœur pour vous, nous en dirons davantage à Hauterive.... Je voudrois bien que*

vous

vous prissiez vos mesures pour venir avec moi , Je veux devenir vôtre Maître : *par la derniere que j'ay reçûe de M. de Maurepas, je croi que je serai obligé de partir pour ce païs à la fin d'Aoust ; voyez s'il vous convient que j'avance ou recule mon voyage, je veux bien faire avec vous, vous aimant tres-tendrement, faites-en de même :* on ne croit pas que le sens de ces expressions puisse être équivoque.

Mais le langage des Lettres qui ont suivi la celebration du mariage est encore plus précis. *Ne vous allarmez pas si viste, je vous repete que le mois d'Avril ne me reverra pas dans ce maudit païs. Vous sçavez ce que je vous ai dit à Hauterive,* PERSONNE N'AURA PLUS DE MESURES A GARDER, *je commence à être diablement las de ce maudit métier : mais gardez bien & avec soin les papiers que je vous ai donnez ; car si je venois à manquer,* AVANT QUE NOTRE MARIAGE FUT DECLARÉ, *vous metteriez par-là bien à la raison tous les gens qui se pourroient avec grand tort persuader que je ne pouvois point par notre Contrat de mariage vous donner tout mon bien, les voilà bien éloignez de compte :* SI JE N'AVOIS PAS EU L'HON-NEUR DE VOUS EPOUSER, SOYEZ CERTAINE QUE JE PARTIROIS DEMAIN.

Vous aviez raison, en arrivant à Paris j'ay trouvé ce que je croyois vous avoir donné à Hauterive, le tout est ensemble avec notre Contrat de mariage dans ma Cassette avec sûreté ; vous sçavez ce que je vous ai dit à Hauterive plusieurs fois avant de vous avoir fiancée ; comme j'espere des enfans, je suis bien aise de songer à vous, n'ayant d'autre envie que de vous rendre heureuse, & que vous vouliez me souffrir pour le peu de temps que j'ai à vivre.

Dans cette Lettre du 17 Decembre 1726. dont les expressions sont si énergiques, & si contraires aux prétentions du Marquis d'Hautefort, se trouva un petit memoire datté du 15 Decembre 1726, entierement écrit de la main du Comte d'Hautefort & signé de lui, que le Comte d'Haute-fort avoit fait pour instruire la Dame d'Hautefort de tous les arrangemens qu'il avoit pris, en voicy les termes : J'AY DANS MA CASSETTE MON TESTAMENT FAIT A HAUTERIVE ; *à Brest il y a partie de ma vaisselle d'argent & autres choses,* LE RESTE EST BIEN EN FORME ; *il faut, s'il vous plaît, prendre conseil de Madame de S. Quentin & de mes vieux amis si je vous manquois.*

Enfin à tous ces differens titres s'en réunit un dernier qui est encore d'un grand poids ; c'est une quittance de dot, aussi entierement écrite de la main du Comte d'Hautefort, & signée de lui, datée du 2 Octobre 1726, & conçûë en ces termes : *J'ay reçu de* MADAME D'HAUTEFORT *la somme de soixante & quinze mille livres portée par notre Contrat de mariage, & j'ay donné cette presente reconnoissance pour plus grande sureté, & pour lui estre bonne, en foy de quoy j'ay écrit & signé Gilles d'Hautefort, à Hauterive ce 2 Octobre 1726.*

Certainement il est impossible de se refuser à une verité constatée par tant de titres differens, & rien n'est plus foible que les objections que le Marquis d'Hautefort a imaginées pour faire naître des doutes sur la verité de tous ces titres. Commençons par examiner celles qui concernent l'Acte de celebration.

Selon le Marquis d'Hautefort, la circonstance que ce Mariage ne se trouve point inscrit dans aucun des Registres publics, destinés par nos Loix à administrer aux hommes les preuves de leur état, suffit seule pour ma-

K

nifefter la fauffeté de l'Acte de celebration que reprefente la Dame d'Hautefort; la feuille volante qui s'eft trouvée dans le Regiftre du Greffe Royal de Laval, eft un papier fans caractere; d'ailleurs, ajoûte-t'il, il y a preuve complette par les informations qui ont été faites à Laval, que c'eft la Dame d'Hautefort qui a coulé fubtilement cette feuille volante dans un Regiftre pendant que le Greffier étoit occupé à chercher dans un autre Regiftre.

On a déja répondu par avance à l'argument que l'on prétend fonder fur ce que la feuille où eft infcrit le mariage du Comte d'Hautefort eft une feuille detachée du Regiftre, qui n'eft ni cottée ni paraphée. Cette circonftance peut bien donner lieu de conclure que l'Acte de celebration rapporté par la Dame d'Hautefort, n'eft pas revêtu de tous les caracteres d'autenticité qu'il auroit eûs, s'il avoit efté écrit fur une feuille qui eût fait portion du Regiftre, & qui eût été cotée & paraphée par le Juge: mais vouloir tirer de cette circonftance une preuve de fauffeté, c'eft le comble de l'illufion. Ce qui en affure la verité, c'eft la fignature du Curé qui a adminiftré la Benediction Nuptiale, des parties contractantes & des témoins; & ce qui écarte icy pleinement tous les foupçons de fauffeté & de fabrication; c'eft la circonftance que le corps de cet Acte de celebration eft entierement écrit de la main du Sieur le Blanc Prieur d'Argentré, mort quatre mois avant le Comte d'Hautefort.

Le reproche que l'on fait à la Dame d'Hautefort, d'avoir inferé cette feuille volante, eft une calomnie; & bien loin que l'information faite à Laval fourniffe une preuve juridique de ce fait important, la Dame d'Hautefort a l'avantage de convaincre de faux témoignage, les témoins des dépofitions defquels le Marquis d'Hautefort prétend faire réfulter cette preuve.

Dans cette information que le Marquis d'Hautefort a jugé à propos de faire imprimer, il n'y a que deux depofitions qui ayent quelque rapport au fait; celle d'un nommé Letourneau, & celle de Croiffant, Greffier de la Juftice Royale de Laval.

Letourneau dépofe que c'eft lui qui a porté au Greffe Royal les Regiftres de la Paroiffe d'Argentré en qualité de Marguillier de cette Paroiffe, & il ajoûte dans fa dépofition ces termes remarquables que le Marquis d'Hautefort a fait imprimer en lettres italiques, *dans lefquels Regiftres il n'y avoit aucuns blancs ni feuilles volantes étant dans les regles qu'ils doivent eftre:* enforte que ce témoin ne fe contente pas d'attefter un fait: *qu'il n'y a ni feuille volante ni blanc;* mais il attefte un point de droit, *que ces Regiftres font dans la forme où ils doivent eftre.* Le Marquis d'Hautefort en faifant imprimer cette dépofition, ne devoit pas diffimuler la qualité du témoin, ni laiffer ignorer au public que ce grave témoin eft un Maréchal ferrant au Bourg d'Argentré, par confequent un homme verfé dans la connoiffance de nos Loix, qui prefcrivent la forme dans laquelle doivent eftre tenus des Regiftres où l'on conferve les preuves de l'état des hommes.

Cette partie de la dépofition de ce témoin a paru fi decifive au Marquis d'Hautefort, qu'il a cru devoir l'accompagner d'un Commentaire: *Le fait dont ce témoin dépofe,* dit-il, *eft d'une extrême confequence.... Ce Regiftre n'eft pas fort épais, il n'eft compofé que de dix feuillets, le témoin n'y a vû aucune feuille volante , donc celle qui s'y trouve aujourd'huy y a esté inserée depuis , comme le témoin suivant le va expliquer.*

Mais malheureusement la déposition de ce témoin suivant, qui n'eſt le *témoin suivant* que dans l'ordre de l'édition dont le Marquis d'Hautefort a gratifié le public, & non pas dans l'ordre de l'information, bien loin d'appuyer la déposition du témoin precedent, atteſte un fait diametralement oppoſé. La Cour en va juger par les propres termes de la dépoſition de ce ſecond témoin, que l'on va mettre ſous ſes yeux telle que le Marquis d'Hautefort l'a donnée au public.

Ce ſecond témoin eſt Croiſſant, Greffier de la Juſtice Royale de Laval. Voici ce qu'il dit : *Après avoir cherché quelque tems en preſence de ladite Dame, ſans pouvoir trouver ce qu'elle cherchoit , le Dépoſant en feuilletant un des Regiſtres qu'il avoit déja feuilleté , trouva une demie feuille timbrée au milieu deſdits Regiſtres , au haut duquel eſt inſcrit le Mariage du deffunt Sieur Comte d'Hautefort avec ladite Dame de Bellingant , qu'il n'avoit jamais vûe que cette fois-là , & une premiere fois à la Teſte noire ,* elle dit au Dépoſant, VOILA CE QUE JE CHERCHE , ET LE PRIA DE LE LUI DELIVRER AU MOMENT , LEQUEL LUI DIT QU'IL NE LE POUVOIT , ATTENDU QU'IL N'AVOIT ALORS AUCUN CLERC A LA MAISON POUR LUI FAIRE FAIRE , ET QU'ELLE SE DONNAST LA PEINE D'ENVOYER LE LENDEMAIN MATIN SON VALET QU'IL LE LUI DELIVREROIT , CE QU'IL FIT , Y ESTANT VENUE ELLE-MESME , *lequel fit mention dans la délivrance dudit Extrait de la maniere qu'il étoit , le couſt duquel montant à 6 ſols , cette Dame devoit lui envoyer par ſon Valet , ce qu'elle n'avoit point fait , & ne l'a point vûe depuis ce tems-là ; qu'il y a toute apparence que ladite Dame avoit cet Extrait de mariage à la main qu'elle avoit coulé ſubtilement dans l'un des Regiſtres ,* LE DÉPOSANT NE L'AYANT POINT VÛ LORSQU'IL LE FEUILLETA , MAIS BIEN DEUX EXTRAITS DE BATESME QUI SONT SUR UN QUART DE PAPIER AUSSI NON COTÉ NI PARAPHÉ , *& lequel Extrait de mariage le Dépoſant a auſſi delivré quelque tems après au Sieur Trouquet , faiſant pour le Sieur Marquis d'Hautefort , en preſence des Sieurs Malaſſis pere & fils , dans la teſte & fin duquel il a fait mention à peu près des mêmes termes du précedent , c'eſt-à-dire , qu'il l'avoit trouvé dans l'un deſdits Regiſtres , ſur une demie feuille de papier timbré non cotée ni paraphée , & eſt ce qu'il a voulu dire.*

Tous les termes de cette dépoſition meritent d'être peſez ; mais quant à preſent, on ſe fixe à la partie de la dépoſition qui concerne les feuilles volantes qui étoient dans le Regiſtre, & à cet égard il eſt certainement impoſſible de concilier les dépoſitions de Letourneau & de Croiſſant.

Letourneau dit, *il n'y avoit aucune feuille volante dans les Regiſtres,* lorſque je les ai portez au Greffe Royal ; & de cette circonſtance atteſtée par ce premier Témoin, le Marquis d'Hautefort dans ſon Commentaire conclud, que ce Témoin n'ayant vû aucune feuille volante, *celle qui s'y trouve aujourd'hui y a donc été inſerée depuis ?* mais la dépoſition de Croiſſant à qui la garde de ce Regiſtre eſt confiée, dit à la verité qu'ayant feuilleté une premiere fois dans le Regiſtre , il n'y a point trouvé la feuille volante dont il s'agit, *mais bien deux Extraits de Baptêmes qui ſont ſur un quart de papier auſſi non coté ni paraphé ;* donc, dès la premiere fois que ce Greffier a feuilleté ce Regiſtre, il y a apperçû une feuille volante détachée du Regiſtre non cotée ni paraphée, ſur laquelle ſont écrits deux

Actes de Baptêmes; feuille volante que l'on ne peut pas soupçonner la Dame d'Hautefort d'avoir inférée, puisqu'elle s'est trouvée dans le Registre au premier moment que l'on y a cherché en sa présence; & de la certitude de ce fait naissent deux conséquences invincibles en faveur de la Dame d'Hautefort.

L'une, que le premier Témoin qui a déposé qu'il n'y avoit point de feuille volante dans le Registre, est un faux Témoin qui a parlé un langage de corruption, pour rendre la Dame d'Hautefort suspecte d'un crime que ses persécuteurs vouloient lui imputer, & que la fausseté du témoignage écrit dans la déposition de ce premier Témoin se trouve manifestée par la déposition même de Croissant, que le Marquis d'Hautefort a annoncée, comme devant servir à fortifier la déposition de ce premier Témoin.

L'autre conséquence est, que s'il s'est trouvé dans ce Registre une feuille volante qu'on ne puisse pas soupçonner la Dame d'Hautefort d'avoir inférée, on ne peut pas plus la soupçonner d'y avoir coulé subtilement la feuille volante où son mariage s'est trouvé inscrit.

Et en effet, si Letourneau se trouve convaincu de faux témoignage par la déposition de Croissant, Croissant se trouve à son tour convaincu d'être un faux Témoin, soit par sa propre déposition, soit par d'autres circonstances raprochées de sa déposition.

1°. Il est certain que la déposition d'un Témoin ne fait foi en Justice, qu'autant que le Témoin dépose avec certitude d'un fait parvenu à sa connoissance par la perception d'un sens corporel; & que s'il ne parle qu'un langage de doute & d'incertitude, sa déposition doit être rejettée. Or, Croissant n'assure pas avec certitude que c'est la Dame d'Hautefort qui a inféré frauduleusement dans son Registre la feuille volante où son mariage s'est trouvé écrit; il dit, *il y a toutes apparences que la Dame avoit cet Extrait de mariage à la main, qu'elle avoit coulé subtilement dans l'un desdits Registres.* Quelle foi mérite un Témoin qui ne débite qu'une conjecture?

2°. Cette odieuse conjecture se trouve pleinement détruite par la seule circonstance que ce même Témoin en qualité d'Officier public, Dépositaire d'un monument public destiné à assurer les preuves de l'état des hommes, avoit délivré & avec grande reflexion une expédition authentique de ce même Acte. Quelle doit être la conduite d'un homme public à la garde de qui sont confiez les monuments les plus interessants de la société civile, lorsqu'il apperçoit dans un de ces monuments une feuille postiche qu'il n'y avoit jamais vûe, & qu'il n'avoit pas même apperçûe un moment auparavant en y cherchant avec attention? Il doit s'assurer de la personne qui vient de commettre un tel attentat, requerir le transport du Juge, faire dresser un Procès verbal de l'état de son Registre, & constater par la déposition de gens digne de foi, que cette feuille volante vient d'y être inférée par artifice & qu'elle n'y étoit pas auparavant.

Mais Croissant a tenu une conduite bien differente: il nous apprend lui-même dans sa déposition, que quand la Dame d'Hautefort s'adressa à lui, il ne délivra point l'expédition au moment même qu'elle lui fut demandée, qu'il lui dit alors qu'il ne le pouvoit, *attendu qu'il n'avoit alors aucun Clerc à sa maison pour le lui faire faire, & qu'elle se donnât la peine d'envoyer*

voyer le lendemain matin son Valet, qu'il le lui délivreroit, ce qu'il fit, y étant venue elle-même. Ce font les propres termes de fa dépofition. Il eft donc évident que Croiffant a delivré cette expédition avec grande reflexion, & que lorfqu'il l'a délivrée, il n'a conçû aucun foupçon contre la piece, ni contre celle qui lui en demandoit une expédition.

Mais ce Témoin ne peut jamais éviter l'animadverfion de la Juftice; car il n'y a point de milieu, ou il eft un prévaricateur dans l'exercice d'un Office public & important, ou il eft un faux Témoin.

S'il a délivré comme Officier public, une expédition d'un Acte qui ne s'eft trouvé dans le dépôt public qui lui eft confié, que par la fraude & l'artifice de celle à qui il l'a délivrée, il s'eft rendu coupable d'une prévarication que rien ne peut excufer. Si au contraire il a délivré de bonne foi l'expédition comme d'un Acte légitime & authetique, il eft un faux témoin, que rien ne peut fouftraire à la feverité de la. Juftice, & il n'y a point de peine capitale à laquelle il ne foit expofé, pour avoir voulu détruire par une fauffe dépofition la foi d'un Acte, dont il avoit plufieurs mois auparavant délivré une expédition authentique en qualité d'Officier public.

On peut donc fe flater d'avoir détruit fans reffource le fait que le Marquis d'Hautefort prétendoit prouver par fon information, que c'étoit la Dame d'Hautefort qui avoit inféré frauduleufement dans le Regiftre public la feuille volante où eft écrit l'Acte de celebration qu'elle repréfente.

Ce fait capital éclairci, tout ce que propofe le Marquis d'Hautefort pour rendre fufpecte la foi & la verité de l'Acte de celebration, ne mérite aucune attention.

C'eft, dit-il, *le comble de la folie & de l'égarement*, d'avoir fait inferer dans cet Acte, qu'un mariage que l'on annonce comme fecret & myftérieux, a été celebré *après publication de Bans dûment faite*. Peut-on jamais, dit-il, fauver une telle contradiction ?

Il n'y a perfonne qui ne fente l'illufion d'un tel argument : l'objet du Marquis d'Hautefort dans fon fyftême, doit être de prouver la fauffeté des Actes qu'on lui oppofe, tout ce qui ne remplit pas cet objet porte à faux. Quand il pourroit paroître bifarre qu'un mariage que l'on auroit voulu tenir fecret, eut été précedé d'une publication de Bans, cette circonftance bifarre fournit-elle une preuve de la fauffeté de l'Acte de celebration, fi cet Acte fe trouve figné du Curé, des Parties contractantes & des Témoins ? D'ailleurs, n'a-t'on jamais vû de mariages tenus fecrets, & néanmoins précedez d'une publication de Bans ? ne peut-on pas avoir pris, en faifant la publication, des précautions pour que cette publication ne fift point d'éclat ? le Prêtre qui l'a faite ne peut-il pas avoir affecté de ne pas parler d'une maniere intelligible ? ne peut-il pas avoir profité d'un moment dans lequel il n'y avoit dans l'Eglife que très-peu de perfonnes, ou de quelques autres circonftances qui ont pu détourner l'attention du Peuple, dans le moment qu'il a fait cette publication ?

L'argument que l'on fonde fur ce que ce mariage ne paroît avoir été celebré qu'en préfence de deux Témoins, du frere & de la fœur de la

L

Dame d'Hautefort, n'eſt pas plus ſolide ; tout l'avantage que l'on peut tirer de cette circonſtance ſe réduit à prouver que la celebration de ce mariage n'a pas été revêtue de certains caractéres de publicité : mais bien loin que cette circonſtance puiſſe fournir un moyen de faux, elle n'eſt pas même propre à fournir un moyen d'abus.

C'eſt encore plus inutilement que pour détruire la foi de cet Acte de celebration, l'on prétend faire valoir les dépoſitions de quelques témoins entendus dans l'information de Laval, qui diſent que le 19 Septembre 1726, jour que l'on prétend que ce mariage a été celebré dans la Chapelle du Château d'Hauterive, ils n'ont point quitté le Comte d'Haufort d'un ſeul moment , & que ce même jour le Prieur d'Argentré qui étoit incommodé ne ſortit point de ſon Presbitere.

On fera voir dans un moment l'irrégularité de la procédure dont cette information fait partie : mais quand cette information ſeroit juridique, les dépoſitions de quelques témoins détruiront-elles la certitude d'un mariage conſtaté par un Acte de celebration entierement écrit de la main du Curé qui a adminiſtré la Benediction nuptiale, ſigné de ce même Curé, des Parties contractantes, & des Témoins, qui reſide dans le dépôt d'un Greffe Royal, & dont le Greffier en qualité de Dépoſitaire public du Regiſtre où il s'eſt trouvé, a delivré une expédition authentique dans un tems non ſuſpect ? Quelqu'un pourroit-il ſe flatter de jouir tranquillement de ſon état , ſi à la faveur de quelques dépoſitions de Témoins on pouvoit parvenir à renverſer le titre conſtitutif de ſon état ?

Mais ce qui prouve ſenſiblement combien le Marquis d'Hautefort luimême fait peu de cas de l'accuſation en faux principal qu'il a hazardée contre cet Acte de celebration, c'eſt le tems dans lequel il s'eſt aviſé de la former.

Dans la plainte qu'il a rendue à Laval , il n'a point oſé attaquer cet Acte de celebration ; il dit bien dans cette plainte , que ſi ſon adverſaire rapporte un Acte de celebration, il eſt faux & ſuppoſé ; qu'il a même appris qu'elle avoit gliſſé une feuille volante dans le Regiſtre du Greffe Royal de Laval : mais ce n'eſt pas là une accuſation préciſe & déterminée, ce n'eſt qu'un diſcours vague & en l'air qui ne peut faire aucune impreſſion, ſur tout, ſi l'on conſidere que dans le tems de cette plainte le Marquis d'Hautefort avoit une pleine connoiſſance de l'Acte de celebration qui étoit dans le Greffe de Laval, que ſes Agens s'en étoient fait délivrer une expédition dans un tems peu éloigné de celui où la Dame d'Hautefort s'étoit fait délivrer la ſienne, comme Croiſſant l'explique dans ſa dépoſition , dont on a rapporté les termes.

Le Marquis d'Hautefort n'a pas même oſé attaquer cet Acte lorſque la Dame d'Hautefort a commencé à le manifeſter à la Juſtice , quand elle s'eſt adreſſée à la Cour pour avoir des deffenſes contre la procédure de Laval , cet Acte de celebration étoit annexé à ſa Requeſte , & le Marquis d'Hautefort ne pouvoit l'ignorer, puiſque dans l'Arreſt qui a accordé les deffenſes, on trouve viſée une Requeſte donnée par le Marquis d'Hautefort pour les empêcher, & pour faire ordonner l'execution proviſoire de ſa procédure ; il ne s'eſt donc déterminé à l'attaquer qu'à la derniere extrêmité, un mois après l'Arreft de deffenfes accordé à la Dame d'Hautefort le 15 Avril 1728, par une Requefte du 14 May fuivant, dans l'efperance de donner plus de couleur à l'appel qu'il avoit interjetté de la procédure de la Dame d'Hautefort.

On ne reconnoît point dans toutes ces démarches la conduite fimple & uniforme d'un homme convaincu de la fauffeté d'une piece qu'on lui oppofe.

Ce n'eft de même encore qu'à la derniere extrêmité qu'il a entrepris d'attaquer quelques-unes des autres pieces que produit la Dame d'Hautefort, quand il s'eft fenti accablé par la force de ces pieces.

La Dame d'Hautefort rapporte dix-huit differentes Lettres du Comte d'Hautefort, dont deux font écrites au Comte de S. Quentin fon beau-pere, & feize à elle : de ces dix-huit Lettres il n'y en a qu'une feule dont le corps foit écrit d'une main étrangere, les dix-fept autres font entierement écrites de la main du Comte d'Hautefort.

Outre ces dix-huit Lettres, elle rapporte encore deux pieces fignées du Comte d'Hautefort & entierement écrites de fa main, l'une du 2 Octobre 1726, eft une Quittance de dot ; l'autre du 15 Decembre de la même année, eft un Memoire dans lequel le Comte d'Hautefort explique quelques arrangemens qu'il a pris.

De ces vingt pieces, dont dix-neuf font préfentées comme entierement écrites de la main du Comte d'Hautefort, le Marquis d'Hautefort n'en attaque aujourd'hui que quatre ; deux Lettres qui expliquent fans ambiguïté la celebration effective du mariage, la Quittance de dot du 2 octobre 1726, & le Memoire du 15 Decembre de la même année.

Mais ce ne peut-être que par un efprit de divination que le Marquis d'Hautefort attaque ces pieces qu'il n'a point vûes, qu'il n'a point voulu voir, & dont il a été fommé de prendre communication par la voye du Greffe, pour qu'il eut à reconnoître ou à dénier l'écriture & la fignature du Comte d'Hautefort ; & ce n'eft qu'après que la Dame d'Hautefort en a demandé la verification, & que fur cette demande les Parties ont été renvoyées à l'Audience par un Arreft du 8 May 1728, que le Marquis d'Hautefort s'eft avifé par une Requefte du 11 Juin fuivant d'attaquer ces pieces, non par la voye d'une infcription en faux juridique, revêtues des formes que prefcrivent les Ordonnances, mais par une accufation vague en faux principal qu'il ne foutient d'aucuns moyens, & dont il demande le renvoi devant le Juge du Comté de Laval, qui s'eft déja proftitué fi aveuglement à toutes les injuftices que l'on a voulu éxiger de lui.

Il n'y a perfonne qui ne fente l'illufion d'une telle accufation, uniquement imaginée pour embaraffer l'affaire, & pour répandre quelque doute fur la verité de quelques-unes de ces pieces qui ont fait de fi vives impreffions fur tous les efprits ; tombera-t'il fous le fens de qui que ce foit que la Dame d'Hautefort préfente à la Juftice un mélange bizarre de pieces veritables & de pieces fabriquées, pour qu'au premier coup d'œil & à la premiere infpection des pieces veritables, l'on puiffe découvrir la fauffeté de celles qui auront efté fabriquées ? Qu'il fe foit trouvé dans le monde un fauffaire affez hardi pour fabriquer un nombre fi prodigieux de pieces, pour ne les attribuer qu'à un feul homme mort recemment, que fa naiffance & fes emplois mettoient en relation avec ce qu'il y a de plus grand en France, dont toute la Cour & toute la Marine connoiffent l'écriture. S'il eft quelquefois arrivé que des Jugemens ayent declaré fauffes plufieurs pieces produites par une feule partie, il n'y a point d'exemple qu'on ait entrepris de fabriquer un grand nombre de titres comme émanez de la même perfonne & de la même main, dans l'efpace d'environ 18 mois.

Par exemple, dans l'efpece de l'Arreft de 1704, rendu en faveur du Marquis de Miniers, les 23 pieces que cet Arreft declara fauffes étoient prefentées à la Juftice comme des titres qui s'étoient formés fucceffivement dans un efpace de plus de 120 années; il y en avoit plufieurs dont l'époque remontoit jufques en 1583, l'art du fauffaire s'étoit borné à alterer quelques dattes, à profiter de quelques blancs où l'on avoit adjoûté quelques mots affés courts, à ajoûter quelques lettres à d'autres mots, à imiter quelques fignatures. De bonne foi l'efpece fur laquelle cet Arreft eft intervenu a-t'elle le moindre rapport à celle qui fe préfente aujourd'hui? Si l'on eut voulu fabriquer de fauffes pieces pour les attribuer au Comte d'Hautefort n'eut-il pas été plus expedient d'en faire écrire le corps fans contrainte par la premiere main que l'on auroit voulu choifir, & fe contenter de faire imiter fa fignature? Eftoit-il neceffaire de raffembler un fi grand nombre de pieces dont il y en a même plufieurs, defquelles la partie qui les produit ne titre que des avantages très-legers.

Quand on pefera toutes ces circonftances, il n'y a perfonne qui ne foit en état de fe convaincre fans effort de la verité de ces pieces.

Auffi quand on parcourt les principales objections qui ont été employées de la part du Marquis d'Hautefort pour en rendre la verité fufpecte, on ne comprend pas comment dans une caufe auffi grave & auffi interreffente on a pu propofer de femblables illufions.

C'eft peut-être la premiere fois qu'on s'eft avifé de propofer en juftice que, parce qu'entre plufieurs lettres attribuées à une même perfonne, il ne s'en trouve que deux que l'auteur de la Lettre paroiffe avoir fignées, ces deux Lettres par cette raifon doivent être fufpectes de faux. Qu'on life avec attention ces deux letres, qu'on fe mette à la place de celui qui les a écrites, & de celle à qui elles ont été addreffés. Qu'on fe repréfente que le Comte d'Hautefort ne les a écrites que pour calmer les inquietudes d'une femme qu'il cheriffoit, & pour lui adminiftrer des titres contre fa fucceffion, fuppofé qu'il vint à mourir avant que fon mariage fut déclaré, on ne fera pas alors furpris que le Comte d'Hautefort ait eu l'attention de figner ces deux lettres fi importantes pour celle à qui elles étoient écrites, & qu'il ait negligé d'en figner plufieurs autres qu'il regardoit comme plus indifferentes.

C'eft encore tout auffi inutilement que le Marquis d'Hautefort s'efforce de relever des contradictions imaginaires qu'il prétend fe rencontrer dans quelques-unes de ces differentes Lettres, foit par rapport à leurs dattes, foit par rapport à ce qu'elles contiennent; par exemple, l'on a fait à l'Audience un grand bruit fur ce qu'une de ces Lettres qui avoit efté imprimée l'année derniere comme dattée du 27 Decembre à Paris, fe trouvoit démentie par une autre Lettre auffi imprimée & dattée du 31. du

même

même mois, où le Comte d'Hautefort dit qu'il arrive de Rambouillet, où il
a paffé une quinzaine, & que c'eft ce qui l'a empêché de faire réponfe à la
Dame d'Hautefort;de cette derniere Lettre dattée du 31 Decembre, on a
tiré une double confequence que le Comte d'Hautefort n'étoit point à
Paris le 27 Decembre, & qu'il n'avoit pas écrit ce jour-là à la Dame d'Hautefort, mais la feule repréfentation de l'original de la premiere de ces deux
Lettres, que la Dame d'Hautefort fit dans ce jour même à plufieurs de fes
Juges,fuffit pour diffiper toutes ces illufions; à la premiere infpection de cette Lettre, on apperçoit que fa veritable datte eft du 17 Decembre, & que
fi cette Lettre a efté imprimée l'année derniere comme dattée du 27 Decembre, cette erreur dans la datte ne peut être imputée qu'à ceux qui ont
rendu toutes ces Lettres publiques, pendant que la Dame d'Hautefort
étoit obligée de fe cacher pour fe fouftraire à la fureur de fes ennemis.

Quand d'ailleurs cette lettre paroîtroit aujourd'hui du 27 Decembre
écrite de Paris, tout ce que que l'on pourroit conclure d'une autre lettre dattée du 31 du même mois, où le Comte d'Hautefort dit qu'il a
paffé 15. jours à Rambouillet, & que c'eft ce qui l'a empêché de faire
réponfe pendant ce tems-là, fe réduiroit à dire que le Comte d'Hautefort s'eft trompé dans l'une ou l'autre des dattes de ces lettres, & qu'il
auroit datté l'une de ces deux lettres d'un jour different de celui qu'il
l'auroit effectivement écrite, & il n'y a peut être perfonne au monde à qui
il ne foit arrivé dans le cours de fa vie de mettre dans quelque lettre une
datte pour une autre par inattention.

En un mot le point critique eft de fçavoir fi ces lettres font écrites de
la main du Comte d'Hautefort ou non. Il y a plus d'un an que la Dame
d'Hautefort les a rendues publiques, qu'elle a montré les originaux à quiconque les a voulu voir, & elle n'a encore trouvé perfonne qui n'y ait reconnu l'écriture & la main du Comte d'Hautefort, & fi actuellement la
verité de ces lettres n'eft pas juridiquement affurée, ce n'eft pas que la
Dame d'Hautefort n'ait fait tout ce qui étoit en elle pour y parvenir, &
qu'elle n'ait été au-devant de tous les éclairciffemens que l'on pouvoit
exiger, puifqu'elle a offert de les communiquer au Marquis d'Hautefort
par la voye du Greffe, puifqu'elle l'a fommé d'en reconnoître ou d'en
denier l'écriture, puifqu'enfin elle en a demandé la verification par une
Requête précife fur laquelle elle a été renvoyée à l'Audiance, & que ce
n'eft qu'après toutes ces démarches de la Dame d'Hautefort, pendant que
la demande en verification faifoit une des queftions du procès, que le
Marquis d'Hautefort s'eft avifé de former cette accufation de faux principal dont il a fait tant de bruit, qu'il n'a garde de foumettre à la déci-
cifion de la Cour, & qu'il veut fe menager la liberté d'inftruire devant
un Juge corrompu qui lui eft dévoué.

Si une fois il demeure pour certain que la Dame d'Hautefort établit
fa qualité de femme du Comte d'Hautefort, par un titre qui réfide dans
un monument public, & par une foule de monuments domeftiques, à
l'évidence defquels il eft impoffible de fe refufer. Les moyens fur lefquels eft fondée la neceffité de confirmer la procedure qu'elle a commencée devant le Lieutenant Criminel du Châtelet, & d'anéantir celle
que le Marquis d'Hautefort a faite devant le Juge du Comté de Laval,
s'établiffent d'eux-mêmes.   M

Soit qu'on envisage la qualité des crimes que la Dame d'Hautefort défere à la Justice, soit qu'on se détermine par la force des preuves qui commencent à les manifester, il est également impossible, sans violer toutes les régles, de lui refuser la liberté d'approfondir une accusation si grave & si capitale.

Elle se plaint de la suppression d'un Testament holographe, dont l'exiftence dans un tems très-voisins de la mort du Comte d'Hautefort est prouvée litteralement.

Le Comte d'Hautefort est mort le 7 Fevrier 1727, & dans un Memoire signé de lui, entierement écrit de sa main, datté du 15 Novembre 1726, qui n'est par conséquent anterieur à sa mort que d'environ sept semaines, où il explique sans fard quelques arrangemens domestiques qu'il a pris, il dit, *J'ai dans ma cassette mon Testament fait à Hauterive*, cette énonciation n'a point de rapport au Testament que le Marquis d'Hautefort représente aujourd'hui, & qui est fait à Paris.

Quand la plainte de la Dame d'Hautefort ne contiendroit que ce seul chef d'accusation, seroit-il possible de se refuser à l'éclaircissement d'un fait si grave? Est-il permis à quelqu'uns d'ignorer que quiconque suprime un Testament, se rend coupable d'un faux qui l'expose à une peine capitale; c'est la disposition précise de la L. 2. ad legem Corneliam de falsis *qui testamentum amoverit celaverit eripuerit pœnâ legis Corneliæ damnatur*, & dans une affaire celebre jugée récemment, dans laquelle étoit impliqué un homme constitué en dignité, qui fut decreté, & qui subit tout le cours d'une instruction extraordinaire terminée par un jugement humiliant pour lui, s'agissoit-il d'autre chose que de la suppression, de la laceration & de l'incendie d'un Testament?

Mais la suppression de ce Testament holographe n'est pas le seul fait que contient la plainte; elle se plaint de la suppression de la grosse de son Contrat de Mariage, de manœuvres pratiquées pour parvenir à la suppression des minuttes & des originaux des titres justificatifs de son état, couronnées enfin par la suppression effective de la minutte de son Contrat de Mariage, enfin elle se plaint d'une diffamation publique contre son honneur & sa réputation.

S'il n'y avoit que le dernier chef concernant la diffamation, il seroit inutile d'ordonner le cours d'une instruction, & la Cour seroit dès-à-présent pleinement en état de prononcer contre le Marquis d'Hautefort une peine proportionnée à l'atrocité de cette diffamation; il n'y a en effet qu'à jetter les yeux sur une Requête que le Marquis d'Hautefort a donnée, pour s'opposer aux défenses que l'on demandoit contre la procedure de Laval, qui est visée dans l'Arrest de défenses du 15 Avril 1728, que le Marquis d'Hautefort a fait imprimer, qu'il a répandu dans le public, & dont la Dame d'Hautefort demande la suppression, on dit en propres termes dans cette Requête que *la Demoiselle de Kerbabu a fait la manœuvre d'une avanturiere, très-capable de se prêter elle-même aux sortes d'engagemens dont elle taxe Messieurs les Officiers de Marine dans sa lettre.* On dit dans un autre endroit de cette même Requête, que *cette Demoiselle qui fait le personnage d'une avanturiere, devenue habile faussaire par degré, tentera peut-être d'autres faussetés pour se donner des enfans.* Voilà jusqu'où le vertige & la fureur ont été portés contre une perfonne de condition, fur la conduite de laquelle, après les perquifitions les plus exactes, on n'a pu par l'évenement parvenir à faire naître le plus leger foupçon.

Mais par rapport aux faits de fuppreffion des titres juftificatifs de l'état de la Dame d'Hautefort, fi les preuves qui éxiftent actuellement au procès ne fuffifent pas pour en former une démonftration complette, elles font du moins d'un tel caractere qu'on ne peut fans injuftice, & fans faire violence à toutes les régles de l'ordre judiciaire, étouffer une accufation fi capitale dont on ne doit pas douter que le cours de l'inftruction n'adminitre des preuves convaincantes.

Les lettres du Comte d'Hautefort, le Memoire du 15 Decembre 1726, prouvent clairement que ces titres au moment du décès du Comte d'Hautefort exiftoient dans fa caffette & parmi fes papiers. Il eft mort à Paris pendant que la Dame d'Hautefort étoit éloignée de lui de plus de 70. lieues, il n'eft point mort dans fa maifon, mais dans une maifon étrangere; & il eft certain qu'il y a eu un intervalle de plufieurs heures entre fon décès arrivé dans le Marais, & dans la rue Couture Sainte Catherine, & le fcellé qui a été mis fur fes effets dans fa maifon fcize rue de Varennes Fauxbourg Saint Germain.

On efpere qu'il fera bien prouvé par les charges que le Comte d'Hautefort avoit une caffette fermante à fecret, dont le fecret n'étoit connu que de lui & d'un nommé Mandeix, le plus ancien de fes Domeftiques, dans laquelle il mettoit fon or & fes papiers les plus précieux; Que quand il quitta fa maifon pour aller dans celle où il eft mort, il recommanda très-expreffément à Mandeix de lui apporter cette caffette où étoient fes papiers, auffi tôt qu'il la lui demanderoit, & de ne la confier à perfonne. Que le Comte d'Hautefort avant fa mort a demandé cette caffette, & que Mandeix qui en étoit le dépofitaire, averti de la part de fon maître par un autre Domeftique, a eû l'infidelité de ne l'apporter que quand il vit que fon Maître étoit fans connoiffance. Que quelques heures avant la mort du Comte d'Hautefort, ce même Mandeix s'empara de toutes fes clefs, du nombre defquelles étoit la clef de la caffette, & que quand ce Domeftique fe faifit de toutes ces differentes clefs, le Marquis d'Hautefort étoit dans la falle de Martinon, chez qui le Comte d'Hautefort eft décedé; Que peu de tems après la mort du Comte d'Hautefort, le Marquis d'Hautefort fon neveu & Mandeix fortirent de chez Martinon. Qu'avant l'appofition des fcellez, Mandeix & un nommé *Gaffelin* monterent dans l'appartement du Comte d'Hautefort où ils réfterent long-tems feuls. Que quand le Commiffaire fe mit en devoir d'appofer les fcellés, un nommé Soutet, qui eft actuellement au fervice du Marquis d'Hautefort, indiqua avec certitude l'endroit où étoit le Teftament, par lequel le Marquis d'Hautefort eft inftitué Légataire univerfel, & qui fe trouva dans le tiroir d'un bureau, où l'on trouva auffi une enveloppe décachetée & déchirée, qui n'avoit aucun rapport à ce Teftament, puifque le Procès verbal d'appofition de fcellé fait foi qu'il *ne s'eft rien trouvé dans cette enveloppe* fur laquelle font écrits ces mots, *projet à ouvrir que quand je l'ordonnerai*, termes qui ne peuvent certainement point avoir de relation au Teftament, que ce même Procès verbal énonce avoir été trouvé dans le

même tiroir , écrit fur deux feuilles de grand papier de compte ; Qu'enfin la cafette que Mandeix avoit portée chez Martinon, s'eft trouvée à
l'inftant de l'appofition des fcellez dans la maifon du Comte d'Hautefort , & dans la chambre de Mandeix.

Quand on raffemblera tous ces faits , quand on les raprochera des
éclairciffemens qui naiffent des Lettres du Comte d'Hautefort, on ap-
percevra fans effort un myftere d'iniquité qu'on ne peut fe difpenfer
d'approfondir : mais voici quelque chofe de bien plus fort.

Au moment que le Marquis d'Hautefort fortoit de la falle de Martinon , on trouva dans la cheminée de cette falle un papier brulant encore , dont les fragments qui éxiftent actuellement dans le dépôt du
Greffe de la Cour , écrits de la main du Comte d'Hautefort, font connoître qu'ils font les reftes de l'enveloppe d'un pacquet qui renfermoit
les titres de la fouftraction defquels fe plaint la Dame d'Hautefort ; cette
enveloppe contient l'énumeration de tous ces differents titres, un Contrat de mariage du Comte d'Hautefort, un Teftament du 24 Septembre,
un Certificat de mariage , & ces mêmes fragments annoncent que l'objet
du Comte d'Hautefort étoit *que le tout fût envoyé bien fidellement au Château
de S. Quentin à Avranches.*

Il eft vrai qu'on ne fçait pas encore actuellement par les mains de qui
ces lambeaux précieux font parvenus jufqu'à la Juftice ; mais peut-être
qu'avant qu'il foit peu, ce myftere fera développé. Quoiqu'il en foit,
quand cette piece feroit tombée du Ciel, quand on ignoreroit avant la
décifion de la Caufe par quel canal elle a paffé dans le Greffe de la
Cour , quand on la débarafferoit de l'appareil d'une révelation impar-
faite qui l'accompagne, & dont l'auteur n'a pas encore ofé fe nommer;
de ce Procès-verbal dreffé par un Commiffaire de la Cour ; quand enfin
cette piece feroit aujourd'hui entre les mains de la Dame d'Hautefort ,
comme les Lettres & les autres pieces qu'elle reprefente, feroit-il poffible de fe refufer à l'évidence de la verité dont-elle fournit la preuve,
que le Comte d'Hautefort avoit pris toutes les mefures neceffaires pour
que , fi la mort le furprenoit avant qu'il pût rejoindre la Dame d'Hautefort, l'on rendit avec fidelité à la Dame d'Hautefort les titres conftitutifs de fon état , ce nouveau témoignage écrit de la main du Comte
d'Hautefort, rapproché de ces Lettres dont on a tant parlé, où le Comte
d'Hautefort dit fi clairement, que *les papiers qu'il croyoit avoir remis à la
Dame d'Hautefort font dans fa caffette en fureté,* ne forment-ils pas une
démonftration dont il eft impoffible de fe deffendre? & dans de pareilles circonftances, peut-on étouffer la voix d'une Veuve qui ne fe trouve
aujourd'hui dépouillée des titres qu'elle reclame, que par l'injuftice de
ceux qui , depuis la mort du Comte d'Hautefort, ont fouillé dans fes
papiers? auffi le Marquis d'Hautefort n'a-t-il pû jufqu'à prefent fonder
fur aucuns moyens l'appel qu'il a interjetté de la procédure qui a été
commencée au Châtelet.

Il prefente à la Cour un double appel, un appel comme d'abus de
l'obtention & publication du Monitoire, un appel fimple de la procedure extraordinaire.

Sur l'appel comme d'abus il a jufqu'à prefent gardé un profond filence ;
&

& en effet, que pourroit-il dire contre le Monitoire, après l'Arreſt du 23 Juin dernier, qui a expreſſément ordonné qu'il ſeroit paſſé outre à la publication de ce Monitoire?

Par rapport à l'appel ſimple de la procédure extraordinaire, de quels moyens pourroit-il le ſoutenir? Il ne pourroit les tirer que, ou de la qualité des faits déferez à la Juſtice, s'ils ne méritoient pas le cours d'une inſtruction extraordinaire, ou de l'irrégularité de la procédure.

Juſques à preſent il n'a rien été propoſé contre la régularité de la procédure, qui eſt en effet ſuperieure à toute critique.

Il n'y a pas plus d'apparence à prétendre qu'une accuſation qui défere à la Juſtice la ſuppreſſion d'un Teſtament holographe, la ſuppreſſion de la groſſe & de la minute d'un Contrat de mariage, ne meritent pas le cours d'une inſtruction extraordinaire, ſur tout après un Arreſt qui en a déja permis la continuation juſqu'au Decret excluſivement; & quand on voit que la continuation de cette procédure a adminiſtré à la Dame d'Hautefort des preuves importantes qui ne permettent pas de douter que le cours de cette même inſtruction n'en fourniſſe encore dans la ſuite de plus déciſives.

Qu'oppoſe-donc le Marquis d'Hautefort contre cette procédure? Il s'eſt contenté de relever quelques contradictions imaginaires, qu'il s'efforce de trouver dans la plainte de la Dame d'Hautefort. Voici, par exemple, un fait qu'il fait valoir avec beaucoup d'emphaſe.

Celle qui rend cette plainte, dit-il, y expoſe que ſon Contrat de mariage avec le Comte d'Hautefort a été paſſé devant *le Chainge & du Chat*, Notaires Royaux à Laval; elle y parle d'une converſation qu'elle a eue avec le Notaire qui a reçû ſon Contrat; ce Notaire doit donc lui être parfaitement connu, & cependant elle eſt obligée aujourd'huy d'avoüer qu'il n'y a jamais eu à Laval de Notaires qui ſe ſoient appellez *le Chainge & Duchat*; & ſans s'embarraſſer de ce qu'elle a expoſé dans ſa plainte, elle a dit depuis dans une Requeſte que ce Contrat avoit été reçû par un nommé Ains, Notaire à Montſur. Tombe-t'on dans ces contradictions & dans ces abſurditez, quand on ſoutient la vérité?

Mais cette objection du Marquis d'Hautefort ne roule que ſur une fauſſe ſuppoſition. La Dame d'Hautefort dans ſa plainte a deſigné par ſon veritable nom le Notaire qui a reçû ſon Contrat de mariage, elle l'a caracteriſé par ce nom *le Ainſe*; ainſi tout ce qu'on peut lui reprocher eſt de ne l'avoir pas ſçû exactement l'ortographe du nom de ce Notaire, qui s'écrit de cette manière Ains; il eſt vrai que la plainte donne à ce Notaire qui reſide à Montſur, la qualité de *Notaire Royal de Laval*, mais c'eſt auſſi ſa veritable qualité. Montſur éloigné de Laval de quelques lieues, eſt un arondiſſement de l'Election de Laval dans la Generalité de Tours & dans tous les Actes que paſſe ce Notaire établi à Montſur, il ſe qualifie *Notaire Royal de la Juſtice Royale de Laval*, ainſi dans la plainte de la Dame d'Hautefort; il n'y a point d'erreur ſur le veritable nom de ce Notaire; & ſi dans quelques procedures poſtérieures à cette plainte on a ſubſtitué le nom de *le Chainge* au nom de *le Ains*, c'eſt une faute de copiſte, qui a même été depuis rectifiée. Si après cela on s'eſt trompé ſur le nom du ſecond Notaire, c'eſt une erreur fort indifferente, & dans

N

laquelle la Dame d'Hautefort peut fort bien avoir été induite par l'artifice de quelque émissaire du Marquis d'Hautefort, dans un pays où il a tout crédit, où il est prouvé par les informations mêmes que le Marquis d'Hautefort a fait faire à Laval, qu'il y avoit un Prêtre nommé *Julien Baudoüin, Chanoine de saint Michel*, qui étoit *chargé de s'informer de tout ce que la Dame d'Hautefort faisoit à Laval*, où enfin l'on verra dans un moment que tous ceux qui ont eu part à la procedure du Marquis d'Hautefort, se sont prêtez à tout ce qu'on a voulu éxiger d'eux.

Mais si le Marquis d'Hautefort ne propose aucuns moyens qui puissent donner la moindre atteinte à la procedure que la Dame d'Hautefort a commencée devant le Lieutenant Criminel du Châtelet, toutes sortes de moyens se réunissent en faveur de la Dame d'Hautefort, pour anéantir la procedure de Laval.

L'incompetence du Juge fournit un premier moyen decisif. Les crimes que le Marquis d'Hautefort impute à la Dame d'Hautefort sont, d'avoir voulu corrompre des Notaires & des Contrôleurs pour fabriquer un faux Contrat de mariage, d'avoir voulu se rendre maîtresse des Registres publics de la Paroisse d'Argentré, & d'avoir inseré frauduleusement dans le double du Registre de la Paroisse d'Argentré, qui est en dépôt au Greffe Royal de Laval, la feuille volante où est inscrit l'Acte de celebration qu'elle represente. Enfin le Marquis d'Hautefort ne cesse d'annoncer que le principal objet de la procedure dont il demande la confirmation, est une accusation en faux principal contre l'Acte de celebration que rapporte la Dame d'Hautefort, & contre quatre autres pieces qu'elle produit.

A qui le Marquis d'Hautefort persuadera-t'il qu'un Juge de Seigneur tel que le Juge du Comté de Laval, ait pu s'arroger la connoissance de pareils délits, qui ne peuvent jamais être que de la competence d'un Juge Royal.

On a douté si les Juges des Seigneurs pouvoient connoître du faux incident à une contestation dont ils sont saisis ; mais nos meilleurs Auteurs n'ont jamais hesité à decider que le faux principal n'étoit point de leur competence ; il n'y a qu'à consulter Mᵉ René Chopin *de Domanio*, lib. 2. tit. 7. nom. 5. où il traite la question, & où il rapporte les sentimens de differens Auteurs ; & après toute cette discussion, voici comme il se détermine : *Ego dicebam cognitionem falsi incidentèr saltem dominicis competere Procerum judicibus*, TAM ETSI PRIMARIÒ EIS DENEGANDAM.

Mais quand on seroit tenté de supposer qu'il y a des cas où un Juge de Seigneur peut connoître même d'un faux principal, ce ne pourroit être au moins que quand l'accusation de faux principal ne roule que sur une piece privée. Mais quand il s'agira de la falsification d'un titre public, & principalement d'un Registre Royal dépositaire de l'état des hommes, dont la garde est confiée à des personnes publiques, indiquées par les Ordonnances de nos Rois qui ont apporté une attention singuliere à en regler la forme ; c'est le comble de l'illusion de prétendre qu'un tel délit ne soit pas un de ces cas royaux & privilegiez, dont les Ordonnances & les Reglemens attribuent la connoissance aux Juges Royaux, exclusivement aux Juges des Seigneurs.

Ce moyen tiré de l'incompetence du Juge de Laval, qui suffit seul pour anéantir toute la procedure que ce Juge a faite, se trouve fortifié par plusieurs autres : la calomnie des accusations est évidente, la conduite de la procedure est un tissu de prévarications ; enfin cette procedure porte tous les caracteres d'une procedure recriminatoire.

L'un des principaux objets de cette procedure est de constater que dans les mois de Juin, Juillet & Septembre 1727, la Dame d'Hautefort a fait de mauvaises manœuvres pour parvenir à la fabrication d'un faux Contrat de mariage avec le Comte d'Hautefort : mais une seule reflexion suffit pour démontrer toute l'absurdité de cette calomnie, & cette reflexion se tire de ces Lettres mêmes que la Dame d'Hautefort & sa mere ont écrites depuis la mort du Comte d'Hautefort, où il n'est parlé que d'un projet de mariage, & dont le Marquis d'Hautefort tire aujourd'hui ses principaux argumens.

Dans ces Lettres qui ont été écrites dans le cours des mois de Mars, d'Avril & de May 1727, dont le Marquis d'Hautefort a fait faire deux differentes éditions, il est parlé d'un Contrat de mariage comme d'un Acte qui existe, qui a été passé dans le mois de Septembre 1726, & que l'on a dû trouver parmi les papiers du Comte d'Hautefort.

Dans la Lettre du 9 Mars 1727, écrite par la Dame d'Hautefort au Marquis d'O : elle dit précisement, *il y a même un Contrat de mariage écrit.*

Dans une autre du 22 Avril 1727, que la Dame d'Hautefort a écrite au Marquis d'Hautefort personnellement, elle lui dit en propres termes: *vous devez même avoir trouvé la copie du Contrat de mariage.*

Enfin dans une autre Lettre qu'elle a encore écrite au Marquis d'Hautefort dattée du 14 May 1727, où elle lui témoigne l'indignation qu'elle a conçue de la réponse que lui avoit faite le Marquis d'Hautefort, & qu'on a ci-dessus transcrite en entier, elle dit, *notre Contrat de mariage fut fait le mois de Septembre, comme vous ne l'ignorez pas ;* & ce qui autorisoit la Dame d'Hautefort à parler au Marquis d'Hautefort si affirmativement de ce Contrat de mariage, comme d'une piece qu'il devoit connoître, & qu'il devoit avoir trouvée parmi les papiers du Comte d'Hautefort, c'étoit les Lettres du Comte d'Hautefort qu'elle avoit en sa possession, & qui expliquent si clairement *que ce Contrat de mariage étoit en sûreté dans la cassette* du Comte d'Hautefort.

Or, s'il est évident par toutes ces differentes Lettres que la Dame d'Hautefort envisageoit le Marquis d'Hautefort comme un homme qui, non seulement avoit connoissance de son Contrat de mariage, mais même qui devoit l'avoir trouvé parmi les papiers de son oncle, comment s'imaginera-t-on que dans une pareille situation, elle ait été tentée quelques mois après avoir écrit ces Lettres, de fabriquer un faux Contrat de mariage ? Quand elle auroit trouvé un faussaire disposé à se prêter à ses vûes, quel usage pouvoit-elle esperer de faire d'un faux Contrat de mariage, contre un homme qu'elle regardoit comme ayant en sa possession le veritable Contrat, & comme étant par consequent à portée de manifester tout d'un coup la fabrication du faux Contrat par la representation du veritable ? Cette reflexion qui saisit naturellement l'esprit, & qui naît de pieces sur lesquelles le Marquis d'Hautefort fonde principalement sa deffense, suffit seule pour renverser tout l'édifice de la plainte qui est la base de sa procedure, & pour mettre en évidence la calomnie de la principale accusation que l'on forme contre la Dame d'Hautefort, & qui consiste dans la supposition qu'elle a voulu corrompre des Officiers publics, pour les engager à lui fabriquer un faux Contrat de mariage.

La Dame d'Hautefort a encore l'avantage de rendre sensible la calomnie d'un autre chef d'accusation, qui roule sur la supposition que c'est la Dame d'Hautefort qui a inseré frauduleusement dans le Registre de Laval l'Acte de celebration qui s'y trouve actuellement, & dont elle s'est fait delivrer une expedition.

On a prétendu faire resulter la preuve de ce fait de la déposition de deux témoins : *Julien Letourneau & François Croissant* Greffier de la Justice Royale de Laval.

Le premier de ces deux témoins dépose que quand il a porté les Regiſtres de la Paroiſſe d'Argentré au Greffe Royal de Laval, *il n'y avoit aucune feuille volante, & que ces Regiſtres étoient dans la forme où ils doivent être ;* mais Croiſſant Greffier Royal, & en cette qualité dépositaire de ces mêmes Regiſtres, dit au contraire bien expreſſément que dès le premier moment qu'il a cherché dans ces Regiſtres en presence de la Dame d'Hautefort, *il y a trouvé deux extraits de baptême qui sont sur un quart de papier non cotté ni paraphé.* Ainsi le premier de ces deux témoins se trouve convaincu de faux témoignage par la déposition de l'autre.

Mais Croiſſant à son tour se trouve auſſi convaincu du même crime par le langage ambigu qu'il tient dans sa déposition, en disant, *il y a toute apparence que cette Dame* (en parlant de la Dame d'Hautefort) *avoit cet extrait de mariage à la main, qu'elle avoit coulé subtilement dans un des Regiſtres, le déposant ne l'ayant pas vû lorſqu'il le feuilleta.* Ces expreſſions équivoques qui ne presentent qu'un doute, & une conjecture maligne & injurieuse, ne sont qu'un langage de corruption dans la bouche d'un témoin qui, quelques mois auparavant, en qualité d'Officier public preposé par les Loix à la garde des monumens prétieux où l'on conserve les preuves de l'état des hommes, a delivré une expedition authentique de l'Acte même qu'il s'efforce de rendre suspect par sa déposition. On n'insiste pas davantage sur ce point qui a déja été suffisamment developpé.

Mais on n'est point surpris de toutes ces injustices quand on est instruit de quelle maniere on s'est conduit dans cette monstrueuse procedure.

On espere qu'il sera prouvé par les informations que la Dame d'Hautefort a fait faire à Laval, que pendant que le Juge du Comté de Laval entendoit les Témoins qui lui étoient administrez par les Agens du Marquis d'Hautefort, ces Agens étoient dans une salle à côté du lieu où ces témoins étoient entendus ; & que ce Juge s'interrompoit dans l'audition des témoins pour venir prendre des instructions de ces Agens, & retournoit ensuite vers les Témoins ; que le Substitut de M. le Procureur General au Siege Royal de Laval, qui s'est oublié dans cette affaire jusqu'au point de se charger de la procuration du Marquis d'Hautefort, pour faire

cette

cette odieuſe procedure devant le Juge Seigneurial du Comté de Laval, a fait les efforts les plus inouis pour faire déplacer l'original de l'Acte de celebration du Greffe Royal, où il eſt conſervé, & pour le faire tranſ-porter au Greffe de la Juſtice Seigneuriale du Comté de Laval; que les perſonnes les plus diſtinguées de la Ville de Laval ont témoigné publi-quement leur indignation contre cette procedure, & ſur tout contre le decret de priſe de corps, & qu'un des principaux Officiers de la Juſtice du Comté de Laval a reproché publiquement au Subſtitut de M. le Pro-cureur General *que c'étoit lui qui l'avoit demandé & voulu* (le decret de priſe de corps) *comme s'il avoit quelque part que le decret eût eſté ainſi rendu;* qu'en-fin à l'occaſion de la publication qui a eſté faite à Laval du Monitoire de la Dame d'Hautefort, il a eſté dit publiquement *qu'on apprendroit bien des choſes ſi les particuliers oſoient dépoſer; mais qu'il y avoit fort à craindre pour ceux qui dépoſeroient, & qu'il y avoit un homme qui ſe faiſoit craindre.*

Enfin cette procedure de Laval porte avec la derniere évidence tous les caracteres d'une procedure recriminatoire; pour ſe convaincre de cette verité, il n'y a qu'à comparer la plainte de la Dame d'Hautefort, & celle du Marquis d'Hautefort.

La Dame d'Hautefort dans ſa plainte, qui eſt du 14 Janvier 1728, après avoir expoſé les circonſtances qui ont precedé, accompagné & ſuivi la celebration de ſon mariage, ſe plaint de la ſuppreſſion de la groſſe de ſon Contrat de mariage, & d'un Teſtament holographe qui étoient dans la Caſſette du Comte d'Hautefort & parmi ſes papiers; elle ſe plaint en même-tems des manœuvres pratiquées pour parvenir à la ſuppreſſion des minutes & des originaux des titres juſtificatifs de ſon état.

Quel eſt le langage de la plainte du Marquis d'Hautefort, qui n'eſt que du 4 Fevrier 1728; il n'y a eû, dit-on, ni liaiſon ni engagement entre le Comte d'Hautefort & la Demoiſelle de Kerbabu, pour parvenir à un Contrat de mariage; la Demoiſelle de Kerbabu a voulu ſeduire des No-taires, des Controlleurs pour les engager à faire un faux Contrat de ma-riage, & à inſcrire après coup la mention de ce faux Contrat dans le blanc de quelqu'un des Regiſtres du Controle. Elle a ſuppoſé un Teſtament en ſa faveur, quoyqu'il n'y en ait point d'autre que celui qui a eſté fait en faveur du Marquis d'Hautefort; elle a dit qu'elle avoit été mariée le 19 Septembre 1726; l'Acte de celebration ne ſe trouve dans aucun Re-giſtre; ſi elle rapporte un Acte de celebration il eſt faux & ſuppoſé; on a appris qu'elle avoit gliſſé une feuille volante dans le Regiſtre qui eſt au Greffe de Laval. Il ne peut pas y avoir eû de mariage celebré le 19 Septembre 1726, attendu la Compagnie qui ce jour-là n'a point quitté le Comte d'Hautefort.

A la ſtructure de cette plainte on reconnoît bien aiſément que celui qui l'a dreſſée étoit bien inſtruit de ce que contenoit la plainte de la Dame d'Hautefort, & que ſon objet étoit de détruire les preuves des faits con-tenus dans la plainte de la Dame d'Hautefort, en ſe ménageant la preuve des faits contraires.

Et en effet, ſi la plainte du Marquis d'Hautefort avoit eû un objet ſerieux & legitime, auroit-il été ſi long-tems à la rendre? Tous les dé-lits que le Marquis d'Hautefort impute à la Dame d'Hautefort d'avoir

O

commis à Laval pour se fabriquer de faux titres, ont été commis pendant le cours des mois de Juin, Juillet & Septembre 1727; & quand on se rappelle quelques circonstances, on ne peut pas douter que le Marquis d'Hautefort n'ait esté dès-lors instruit de tout ce que la Dame d'Hautefort avoit fait à Laval.

Dès le 14 May 1727; la Dame d'Hautefort avoit écrit au Marquis d'Hautefort une Lettre qui annonçoit clairement au Marquis d'Hautefort les dispositions où elle étoit de l'attaquer. *Afin de vous mieux prouver, Monsieur*, dit-elle dans cette Lettre, *l'obligation que je vous ai des éclaircissemens que vous me donnez, ma mere vous envoyera ou remettra à Paris en échange les Copies de tout ce qui regarde mon Contrat de mariage & autres choses écrites de la main de M. le Comte d'Hautefort lui-même; si cela vous étoit inconnu, Monsieur votre oncle ne croyoit pas devoir vous en donner avis, mais il n'en avoit pas usé de même avec toute sa famille; je suis charmée, Monsieur, que vous me donniez une occasion aussi belle de persuader les gens dont vous surprenez les sentimens.* Croira-t-on qu'après une telle Lettre le Marquis d'Hautefort ne se soit pas rendu curieux d'observer toutes les démarches de la Dame d'Hautefort.

Aussi voit-on par l'information même de Laval qu'il y avoit un Ecclesiastique qui s'étoit chargé de s'informer de tout ce que la Dame d'Hautefort pouvoit faire à Laval, & Croissant dans sa déposition après y avoir expliqué de quelle maniere il a délivré à la Dame d'Hautefort l'expedition de son acte de celebration, dit en propres termes, *lequel extrait de mariage le déposant a aussi delivré* QUELQUE TEMS APRE'S *au Sieur Truquet faisant pour M. le Marquis d'Hautefort.*

Si par la réunion de toutes ces circonstances, il est évident que le Marquis d'Hautefort, dès le mois de Septembre 1727 au plus tard, a necessairement été instruit de tout ce que la Dame d'Hautefort avoit pu faire à Laval, pourquoi a-t-il gardé le silence, jusqu'au 4 Fevrier 1728, pourquoi a-t-il attendu si long-tems à poursuivre la vengeance de ces crimes, dont il exagere aujourd'huy l'attrocité ? Qu'il reconnoisse de bonne foi que la Dame d'Hautefort à paru innocente à ses yeux, tant qu'elle n'a point entrepris de se plaindre des injustices dont elle a été la victime, & qu'il n'a pensé à la rendre suspecte des crimes qu'il lui impute aujourd'hui, que quand il a appréhendé les suites de la procedure qu'elle avoit commencée devant le Lieutenant Criminel du Châtelet, & quand il a vû que le Monitoire qu'il lui avoit été permis d'obtenir & de faire publier dès le 23 Janvier 1728, pouvoit faciliter la découverte des misteres qu'il s'étoit efforcé de rendre impenetrables.

Ce sont sans doute ces considerations qui ont déja déterminé la Cour à rendre en faveur de la Dame d'Hautefort trois Arrests consecutifs, qui annoncent si sensiblement l'indignation que la Cour a conçue contre cette procedure de Laval.

Si en effet cette procedure avoit paru aux yeux de la Cour meriter quelque attention, auroit-elle accordé le 15 Avril 1728, un premier Arrest de défenses à une accusée, décretée de prise de corps, arrêtée, mais qui s'étoit dérobée à la Justice, & qui ne se représentoit pas pour solliciter ces défenses ? Auroit-elle le 30 du même mois d'Avril accordé à cette même accusée un second Arrest pour arrêter le cours d'une nouvelle procedure que le Marquis d'Hautefort avoit commencée sur le fondement de l'évasion de cette accusée ? Enfin, la Cour auroit-elle permis par son Arrest du 23 Juin dernier, à cette même accusée de continuer sa procedure jusqu'au decret exclusivement, & de faire passer outre à la publication de son Monitoire.

Ainsi de quelque côté qu'on envisage cette affaire, tout parle en faveur de la Dame d'Hautefort, tout s'élève contre son ennemi.

La procedure que le Marquis d'Hautefort s'efforce de soutenir n'est réellement qu'un assemblage monstrueux d'injustices & de violences, que les loix, la raison, l'humanité même condamnent également; & l'unique objet de cette procedure oblique & artificieuse a été de tenir la verité captive, d'étouffer sa voix, & de mettre une accusatrice legitime dans l'impuissance d'approfondir des crimes réels qu'elles déferoit à la Justice.

Au contraire, la procedure de la Dame d'Hautefort se soutient également, soit par la qualité de l'accusatrice, établie par une foule de titres qui se prêtent un mutuel secours, & sur la verité desquels on tente en vain de répandre des nuages, soit par le caractere des faits qui font l'objet de la procedure, & qu'il est indispensable d'approfondir, soit enfin par la force des preuves qui commencent à les manifester.

Rien ne peut donc plus suspendre la décision de cette cause. Par la multiplicité des objets interessans qu'elle présente, elle a paru fixer l'attention de toute la France, elle a même paru exciter la curiosité des Ministres des Cours étrangeres. Mais il n'y eut jamais d'affaire moins embarrassante dans le point de décision. La Cour n'a qu'à s'abandonner à ses lumieres superieures, à cet amour de la verité, & de la justice qui regne avec un empire si absolu dans le cœur de tous les Magistrats qui la composent, que rien ne peut arrêter, qui préside à tous ses jugemens, & qui régle toutes ses démarches. Elle a déja donné à la Dame d'Hautefort des marques éclatantes de cette protection qu'elle ne refuse jamais à la vertu opprimée par le poids du credit; il s'agit aujourd'hui de consommer l'ouvrage de Justice que sa Sagesse a si heureusement commencé, & cette décision attendue avec tant d'impatience de tous ceux qui s'interessent pour la verité & pour l'innocence, sera une nouvelle preuve de son attachement inviolable à la Justice, qui dans tous les tems lui a attiré à si juste titre la confiance de nos Rois, le respect des Peuples, & l'admiration des Etrangers.

Me AUBRY, Avocat.

Camus, Procureur.

De l'Imprimerie de P. A. LEMERCIER, pere, ruë S. Jacques, à S. Ambroise 1729.

Arrest

Donné en la Tournelle du Parlement de Paris
le 2. Avril 1729.

En la Cause de Dame Marie Jeanne de Bellingant de
Kerbabu, contre le Marquis d'Hautefort; sur les Con-
-clusions de M.r Gilbert de Voisins Avocat General,
plaidans Aubry pour ladite Dame de Bellingant, & Cochin
pour le Marquis d'Hautefort.

La Cour reçoit la Partie de Cochin Appellante en adherant
a ses premieres appellations.

Faisant Droit sur les appellations et Requestes respectives, sur
l'appel comme d'abus du Monitoire, dit qu'il n'y a abus. Condamne
l'Appellant (M.r d'Hautefort) en l'amande et aux depens.

Sur l'appel de la Partie d'Aubry (M.r Kerbabu) des proce-
-dures du Juge de Laval, l'appellation & ce, & en amandant Declare
toute la procedure nulle, condamne la partie de Cochin (Hautefort)
en vingt mille livres de Dommages et interests envers la partie d'Aubry
& aux depens, & en mille envers la partie de Laverdy,
(Curé de S.t Quentin) et aux depens.

Sur l'Appel de la Partie de Cochin de la procedure extraordinaire
faite au Chastelet a la Requeste de la partie d'Aubry met l'appellation
au neant, ordonne que ce dont est appellé sortira effet, et qu'il sera procedé
sera continuée jusques a Sentence Diffinitive inclusivement, Sauf l'appel;
en la Cour, et a cet effet les informations et autres pieces qui sont au
Greffe de la Cour reportées au Chastelet.

7,464

A MONSIEUR LE LIEUTENANT
Criminel.

UPPLIE HUMBLEMENT, MARIE-JEANNE DE BELLINGANT DE KERBABU, Veuve de Meſſire GILLES COMTE D'HAUTEFORT, Lieutenant-General des Armées Navales ; diſant qu'après l'Arrêt du 2 Avril 1729, le Marquis d'Hautefort n'auroit pas dû s'expoſer de nouveau à la ſéverité de la Juſtice, & à l'indignation du Public : puiſqu'il avoit déja éprouvé d'une maniere ſi ſenſible & ſi humiliante pour lui, que dans le Sanctuaire de la Juſtice le credit & la protection ne peuvent rien contre la verité & l'innocence ; ne devoit-il pas rentrer en lui-même, rendre hommage à la verité dont il avoit tenté en vain d'étouffer la voix, prévenir ſa condamnation, & ne pas mettre ſon accuſatrice dans la neceſſité de pouſſer plus loin une affaire qui ne peut que le couvrir de honte & de confuſion ? Si toutes les fois que la Suppliante a eu la liberté de ſe faire entendre, le récit de ſes malheurs & des injuſtices criantes dont elle a été juſqu'à préſent la victime, a ſoulevé contre le Marquis d'Hautefort tous ceux que le crédit n'éblouit point, & qui ne ſont ſenſibles qu'à la verité, que ne doit-elle pas eſperer préſentement qu'elle a l'avantage d'accabler ſon adverſaire par le poids des preuves que l'inſtruction lui a acquiſes, & qui manifeſtent les crimes qu'elle a déferez à la Juſtice ?

Le Comte d'Hautefort a épouſé la Suppliante le 19 Septembre 1726, le mariage a été celebré dans la Chapelle du Château d'Hauterive par le Curé d'Argentré, Paroiſſe d'Hauterive. L'original de l'Acte de celebration qui réſide dans le Greffe Royal de Laval, & dont la Suppliante joindra à la préſente Requeſte une expedition en forme que le Greffier de Laval a délivrée, eſt entierement écrit de la main de ce Curé qui eſt mort quinze jours après la celebration du mariage, & plus de quatre mois avant la mort du Comte d'Hautefort, il eſt ſigné de ce Curé, du Comte d'Hautefort, de la Suppliante, du Chevalier de Bellingant ſon frere, & de la Demoiſelle de Bellingant ſa ſœur.

Le Comte d'Hautefort avoit obtenu de la Suppliante & de ſa famille que leur mariage ſeroit tenu ſecret juſqu'au mois d'Avril ſuivant, & c'eſt ce qui a produit par l'évenement la ſource de tous les malheurs de la Suppliante.

A

fait le Preſident Bouhier

7,464

Peu de jours après la celebration de fon mariage, le Comte d'Hautefort reçut des lettres qui le rappelloient à la Cour, où l'on commençoit à jetter les yeux fur lui pour commander les vaiffeaux que le Roy faifoit armer à Breft & à Toulon, & fon mariage n'étant point déclaré, la Suppliante s'en retourna à Saint Quentin, auprès de la Dame fa mere, pour attendre le retour de fon mari qui devoit la rejoindre au mois d'Avril, & rendre alors fon mariage public.

Quand la Suppliante quitta fon mari à Hauterive, vers le milieu du mois d'Octobre 1726, il avoit eu intention de lui remettre plufieurs papiers de grande importance, & entre autres fon Contrat de mariage & un Teftament olographe qu'il avoit fait à Hauterive depuis fon mariage, par lequel il gratifioit la Suppliante de tout ce dont les Coûtumes lui permettoient de difpofer, & qu'il lui avoit montré quelques jours avant leur féparation. Et le Comte d'Hautefort étoit fi pleinement perfuadé d'avoir remis à la Suppliante tous ces titres, que dans une lettre il lui recommande de conferver foigneufement ces papiers, à la faveur defquels elle pourroit mettre à la raifon fes heritiers, en cas qu'il vînt à mourir avant que fon mariage fût déclaré, & il ne fut défabufé de cette idée que par une lettre que lui écrivit la Suppliante, qui lui donna lieu de rechercher dans une caffette qu'il portoit toûjours avec lui dans fes voyages, où il les retrouva en effet.

Ces faits font difertement prouvés par deux lettres que le Comte d'Hautefort a écrites à la Suppliante depuis fon mariage, & fur la verité defquelles il n'eft plus poffible au Marquis d'Hautefort de faire naître des doutes, puifque les cinq Experts qu'il vous a plu, Monfieur, nommer d'office, fe font réunis pour y reconnoître la main du Comte d'Hautefort.

Dans une lettre écrite de Paris le 7. 1726, (c'eft Novembre) voici comme le Comte d'Hautefort s'explique.

Je n'ai pas perdu un inftant en arrivant à Rambouillet à demander de vos nouvelles, vous ne devez point douter un moment, ma petite Reine, de ma pure & tendre amitié, & de tout mon cœur. Ma fanté ne s'eft point encore rétablie, fongez à la vôtre. NE VOUS ALLARMEZ PAS SI VISTE, JE VOUS REPETE QUE LE MOIS D'AVRIL NE ME REVERRA PAS DANS CE MAUDIT PAÏS; VOUS SAVEZ CE QUE JE VOUS AI DIT DE MON ARRANGEMENT, JE PARTIRAI POUR HAUTERIVE, PERSONNE N'AURA PLUS DE MESURES A GARDER. *Je commence à être diablement las de ce maudit métier.* MAIS GARDEZ BIEN ET AVEC SOIN LES PAPIERS QUE JE VOUS AI DONNEZ; *car fi je venois à manquer* AVANT QUE NOTRE MARIAGE FUST DECLARE, *vous mettriez par-là bien à la raifon tous les gens qui fe pourroient avec grand tort perfuader que je ne pouvois pas* PAR MON CONTRAT DE MARIAGE VOUS DONNER TOUT MON BIEN; *Les voilà bien éloignez de compte.* SI JE N'AVOIS PAS EU L'HONNEUR DE VOUS E'POUSER SOYEZ CERTAINE QUE JE PARTIROIS DEMAIN. *J'ai écrit à mon ami Saint Quentin; bon-foir portez-vous bien, je le defire de tout mon cœur, ne doutez point de mon amitié tres-pure.* d'Hautefort.

La Suppliante ayant connu par cette Lettre que fon mari croyoit lui avoir remis les pieces dont il y eft parlé, lui écrivit pour le détromper, & le Comte d'Hautefort ayant en effet retrouvé dans fa Caffette tous ces papiers, lui fit le 17 Decembre fuivant la réponfe dont voici les termes :

VOUS AVEZ RAISON, EN ARRIVANT A PARIS J'AI TROUVE' CE QUE JE CROYOIS VOUS AVOIR DONNE' A HAUTERIVE, LE TOUT EST ENSEMBLE AVEC NOTRE CONTRAT DE MARIAGE DANS MA CASSETTE AVEC SURETE' : *vous fçavez ce que je vous ai dit à Hauterive à plufieurs fois* AVANT DE VOUS AVOIR FIANCE'E, COMME J'ESPERE DES EN. FANS, *je ferai bien aife de fonger à vous, n'ayant d'autre vûë que de vous rendre heureufe, & que vous vouliez bien me fouffrir pour le peu de tems que j'ay à vivre ; voilà mes fentimens pour vous, foyez feure de mon amitié & de mon attachement à toute épreuve.* d'Hautefort.

Cette Lettre étoit accompagnée d'un Billet du Comte d'Hautefort, entierement écrit de fa main, figné & datté du 15 Decembre 1726, conçu en ces termes :

J'ai fait à Hauterive le memoire de tout ce qui y eft : J'AI DANS MA CASSETTE MON TESTAMENT FAIT A HAUTERIVE; *à Breft il y a partie de ma vaiffelle d'argent & autres chofes,* LE RESTE EST BIEN EN FORME; *il faut, s'il vous plaît, prendre confeil de Madame de S. Quentin & de nos vieux amis, fi je vous manquois.* D'Hautefort, ce 15 Decembre 1726.

Ce langage n'a rien d'obfcur, le Comte d'Hautefort fe reconnoift bien clairement engagé dans les liens d'un mariage. *Si je n'avois pas eu l'honneur de vous époufer, foyez certaine que je partirois demain,.....*

A la verité ce mariage n'étoit pas declaré, mais on voit avec quelle effufion de cœur le Comte d'Hautefort s'efforce de calmer les inquietudes de celle qu'il a époufée, en lui rappellant les arrangemens qu'il a pris pour rendre fon mariage public dans le mois d'Avril.

Mais on ne peut rien imaginer de plus fort que ce qui eft marqué par la Lettre du 17 Decembre 1726, par laquelle le Comte d'Hautefort reconnoift encore avoir retrouvé à Paris les papiers qu'il croyoit avoir donné à la Suppliante à Hauterive. *Le tout eft enfemble,* dit-il, *avec notre Contrat de mariage, &c. J'ai dans ma Caffette mon Teftament* FAIT A HAUTERIVE.... *le refte eft bien en forme.* Cette preuve du dépoft où réfide fon Teftament affure à la Suppliante un titre contre fes heritiers, & en charge fa fucceffion, ou en manifefte la fupreffion.

Ces preuves font d'un caractere fi fingulier, qu'on doit craindre de les affoiblir par des réflexions; mais le Marquis d'Hautefort qui s'eft emparé de l'univerfalité de la fucceffion du Comte d'Hautefort fon oncle, à la faveur du Teftament du premier Avril, anterieur à celui dont parle le Comte d'Hautefort fi precifément, ne doit pas fe flatter d'échaper aux argumens qui en naiffent pour le confondre.

Il n'y a perfonne qui ne foit convaincu que le Teftament réprefenté par le Marquis d'Hautefort a été fubftitué, puifqu'il ne fçauroit être le veritable titre que le Comte d'Hautefort avoit cru conferver à fa veuve contre fes heritiers en cas qu'il vînt à mourir avant que leur mariage fût declaré.

Le projet du Comte d'Hautefort nommé pour commander les Vaiffeaux armez à Breft & à Toulon, étoit avant que d'aller prendre ce Commandement, de fe rendre à Hauterive au mois d'Avril 1727, pour y déclarer fon mariage, & pour affurer l'état de la Suppliante ; mais une mort inopinée le furprit à Paris le 7 Fevrier 1727, pendant que la Suppliante étoit au Château de S. Quentin éloignée de lui de plus de 70 lieües.

La Suppliante étoit malade lorfqu'elle apprit par les nouvelles publiques la mort de fon mari, dont elle attendoit le retour avec tant d'impatience, & l'on fe perfuade fans peine qu'un évenement fi funefte dût la réduire aux derniers abois.

Les Lettres du Comte d'Hautefort que la Suppliante avoit en fa poffeffion, ne lui permettoient pas d'ignorer qu'on avoit dû trouver à Paris dans la Caffette du Comte d'Hautefort, les titres juftificatifs de fon état, & le Teftament holographe que le Comte d'Hautefort avoit fait à Hauterive en fa faveur; mais d'un côté le feul filence des heritiers de fon mari lui annonçoit les mauvaifes difpofitions où ils étoient à fon égard; & d'un autre côté, tant qu'elle n'étoit pas en état de produire un acte de celebration de fon mariage, il lui étoit bien difficile d'obliger fes ennemis à la reconnoître pour ce qu'elle étoit.

C'eft pendant que la Suppliante étoit dans cette perplexité qu'elle & fa mere, guidées par de mauvais confeils, ont écrit dans le cours des mois de Mars, d'Avril & de May 1727, ces lettres que le Marquis d'Hautefort a fi fouvent annoncée avec emphafe, comme décifives en fa faveur, où il faut convenir qu'il n'eft parlé que d'un mariage projetté & non pas d'un mariage réellement celebré entre le feu Comte d'Hautefort & la Suppliante; mais par l'évenement tout le fracas que le Marquis d'Hautefort a fait au fujet de ces Lettres, n'a abouti à rien, quelques nuages que ces Lettres fi extraordinaires & qu'on ne prétend pas juftifier, ayent fait naître dans les efprits, il a toûjours fallu en revenir à la verité; l'on a beau s'épuifer en reflexions fur fes Lettres, elles n'effaceront jamais l'acte de celebration du mariage de la Suppliante, confervé dans un dépoft public & figné d'elle & du feu Comte d'Hautefort, dont le corps eft entierement écrit de la main du Curé qui leur a adminiftré la benediction nuptiale, & qui eft mort quatre mois avant le Comte d'Hautefort; elles ne détruiront point les Lettres du Comte d'Hautefort où la verité de ce même mariage eft fi clairement developpée; enfin elles n'affoibliront jamais les preuves qui pourront fe réünir pour manifefter les crimes dont la Suppliante fe plaint.

A ces differentes Lettres que la Suppliante & fa mere écrivirent, voici la réponfe que fit le Marquis d'Hautefort.

Je ne fçais quel éclairciffement vous pouvez defirer de moi, Mademoifelle, je veux bien vous mettre l'efprit en repos fur le Teftament dont je vous envoye une Copie pardevant Notaires, fi vous y étiez nommée, j'ai trop de refpect pour la memoire de feu mon oncle, pour que vous n'en fuffiez pas informée. A l'égard du prétendu mariage, je vous confeille d'en oublier jufqu'à l'imagination, perfonne n'en fera la duppe, & M. d'Hautefort étoit trop connu & trop eftimé pour en pouvoir être foupçonné à fon âge, & tout ce que vous en pôurez dire ne fera que faire beaucoup de tort à votre réputation, vous faire des ennemis de toute fa famille, & au bout de cela, cela ne perfuadera perfonne, faites-moi la grace d'être perfuadée, Mademoifelle, que je vous donne un bon confeil. Je fuis tres-parfaitement, &c.

Quand on rapproche cette lettre du Marquis d'Hautefort des éclairciffemens que fourniffent les lettres du Comte d'Hautefort fon oncle, &

des

des autres preuves qui se sont depuis réunies en faveur de la Suppliante, le Marquis d'Hautefort doit se trouver dans un étrange embarras.

Le Comte d'Hautefort, dans des lettres qui n'ont précedé son decès que de quelque semaines, écrit à la Suppliante : *Vous aviez raison, en arrivant à Paris : j'ai trouvé ce que je croyois vous avoir donné à Hauterive ; le tout est ensemble avec notre Contrat de mariage dans ma cassette avec sûreté.* Dans un écrit particulier qui est entierement de sa main, signé de lui, & daté du 15 Decembre 1726, il dit : *J'ai dans ma cassette mon Testament fait à Hauterive, le reste est bien en forme, &c.*

Cette Lettre, ce Memoire sont autant de titres que le Comte d'Hautefort a voulu administrer à la Suppliante, pour charger sa succession envers elle de la représentation de tous les papiers qui y sont énoncez, ou pour convaincre ses heritiers de la suppression de ces mêmes papiers, si on ne les représente point. Et quand, après la mort du Comte d'Hautefort, la Suppliante s'adresse au Marquis d'Hautefort son neveu, qui s'est seul mis en possession de l'universalité de ses biens, pour lui demander raison de ce Testament fait à Hauterive, qui a dû se trouver, & s'est trouvé en effet dans la cassette du Comte d'Hautefort, le Marquis d'Hautefort lui parle d'un autre Testament antérieur fait à Paris, & croit la dépaïser en lui envoyant une expédition en forme de ce Testament fait à Paris. La Suppliante lui parle de son Contrat de mariage qui étoit dans la même cassette, & qui devoit y être joint aux autres titres relatifs au mariage ; & le Marquis d'Hautefort, après les avoir supprimez, ne croit pas pouvoir donner un meilleur conseil à la Suppliante, *que d'oublier jusqu'à l'imagination de ce mariage, parce que, dit-il, personne n'en sera duppe, le Comte d'Hautefort étoit trop connu, pour en pouvoir être soupçonné à son âge ; tout ce que vous en pourrez dire, ajoûte-t-il, ne fera que faire beaucoup de tort à votre réputation, vous faire des ennemis de toute sa famille, & au bout de cela, cela ne persuadera personne.* Est-il des expressions assez fortes pour caractériser un tel procedé ?

Quand la Suppliante eut connu clairement par cette lettre les dispositions où étoit le Marquis d'Hautefort à son égard, elle ne pût pas s'empêcher de lui en marquer son indignation par une réponse qu'elle lui fit ; mais en même-tems elle crut devoir se donner les mouvemens necessaires pour parvenir au recouvrement de ses titres.

Dans cette vûe, elle fit differens voyages à Laval ; & c'est dans l'un de ces voyages qu'elle a eu le bonheur de trouver l'Acte de celebration de son mariage, dans un Registre conservé au Greffe de la Justice Royale de Laval, & de s'en faire délivrer une expédition en bonne forme signée du Greffier. Cet Acte est trop important, pour que la Suppliante se dispense de le rapporter en entier.

Extrait des Regiſtres des Baptèmes, Mariages & Sepultures de la Paroiſſe d'Argentré au Dioceſe du Mans, dans un deſquels a été trouvée une demie feuille de papier timbré, non cottée ni paraphée, en tête de laquelle eſt inſcrit ce qui ſuit.

Ce jourd'hui 19 Septembre 1726, ont été par Nous Prieur ſouſſigné, après la publication des Bans duement faite, mariez Haut & Puiſſant Seigneur Meſſire Gille d'Hautefort, & Demoiſelle Marie-Jeanne de Bellingant, en preſence de Meſſire Jean de Bellingant frere de la conjointe, & Demoiſelle Catherine de Bel-

B

lingant sœur de la conjointe, qui ont signé avec nous l'Prieur d'Argentré. Et ont signez sur ladite demi-feuille Gille d'Hautefort, Marie-Jeanne de Bellingant, Jean de Bellingant, Catherine de Bellingant, & F. le Blanc, Prieur d'Argentré.

Delivré le present Extrait sur son original que avons remis dans le Registre de l'année derniere 1726, & attaché à la fin dudit Registre crainte qu'il ne fût perdu, l'ayant trouvé comme feuille séparée dudit Registre, & non cottée ni paraphée, mais bien en papier timbré, & signé des Parties, & du Sieur Prieur dudit Argentré, ainsi qu'il nous est apparu par nous Greffier du Siege Royal de Laval, Gardiataire & Conservateur des Registres des Baptêmes, Mariages & Sepultures des Paroisses de l'Election dudit Laval, dont dépend ladite Paroisse d'Argentré, le 7 Septembre 1727. Signé, CROISSANT.

Quand la Suppliante s'est vûe munie de ce titre constitutif de son état, elle est venue à Paris dans le dessein de poursuivre la vengeance des crique l'on avoit commis pour parvenir à la dépouiller de l'état qui lui appartient de veuve du Comte d'Hautefort.

Le 14 Janvier 1728, elle a rendu la plainte qui est la base de sa procédure extraordinaire : cette plainte se peut réduire à trois chefs principaux.

Elle se plaint de la suppression d'un Testament holographe, que le Comte d'Hautefort avoit fait à Hauterive en sa faveur, & de la grosse de son Contrat de mariage qui étoit dans la cassette du Comte d'Hautefort, lorsqu'il est mort à Paris.

Elle se plaint des manœuvres pratiquées pour supprimer les minutes & les originaux des pieces qui établissent son état & ses droits.

Enfin, elle se plaint d'une diffamation calomnieuse contre son honneur & sa réputation.

Cette plainte a été suivie d'une permission d'informer du 23 Janvier 1728, d'une Sentence du même jour, qui permet d'obtenir & faire publier un Monitoire; de la publication qui a été faite de ce Monitoire, soit à Paris, soit à Versailles; d'une information commencée le 7 Février, & d'une commission rogatoire adressée au Juge Royal de Leval, pour dresser Procès verbal de l'état des Registres de la Paroisse d'Argentré. Tel étoit l'état de la procédure de la Suppliante, quand il a plû au Marquis d'Hautefort d'en arrêter le cours par ces attentats énormes, que le Parlement a enfin reprimez définitivement, par l'Arrest celebre du 2 Avril 1729.

Le Marquis d'Hautefort qui craignoit les suites de la procédure extraordinaire que la Suppliante avoit commencée, se crut tout permis pour se garantir du péril qui le menaçoit; & peu scrupuleux sur le choix des moyens, il forma le dessein bisarre & inoüi de se rendre le maître de la personne de son accusatrice. Voici les routes qu'il prit pour consommer ce mistere d'iniquité.

Le 4 Février 1728, le Procureur du Roy au Siege Royal de Laval, comme fondé de procuration du Marquis d'Hautefort, rendit plainte contre la Suppliante au Juge du Comté de Laval.

Les crimes qu'on lui imputoit étoient, que sous des noms supposez elle avoit tenté la fidelité d'Officiers publics, de Notaires, de Contrôleurs, de Prêtres même, pour fabriquer un Contrat de mariage & un

Acte de celebration ; & par un enthoufiafme prophétique , on s'écrioit dans cette plainte que *fi elle rapportoit un Acte de celebration , il étoit faux & fuppofé.* L'on ajoûtoit qu'on avoit appris qu'elle avoit glissé une feuille volante dans le Regiftre qui eft au Greffe de Laval ; qu'elle avoit fup- pofé un Teftament en fa faveur, quoiqu'il n'y en ait point d'autre que celui qui a été fait en faveur du Marquis d'Hautefort. Enfin, cette plainte fut accompagnée du dépôt de quelques Lettres écrites par la Sup- pliante.

Sur cette plainte, permiffion d'informer, information, decret de prife de corps decerné le 11 Février qu'on envoye en pofte à Paris.

Le Dimanche 15 Février fur les cinq heures du foir, la Suppliante qui étoit en carofle avec fa mere fut arrêtée dans la rue de Vaugirard : on la mena dans une maifon particuliere, où elle fut en chartre privée pen- dant plufieurs heures, & de-là on la conduifit dans une chaife de pofte jufqu'à Neaufle, d'où elle eut le bonheur de fe fauver pendant la nuit.

La Suppliante ne fe fent pas affez de force pour vous retracer ici, Monfieur, tous les maux qu'elle a foufferts pendant plus de deux mois, depuis le moment de fa capture jufqu'aux Arrefts de défenfes que le Par- lement lui a accordez en connoiffance de caufe, quoiqu'elle ne fe repré- fentât point à la Juftice, & qui ont commencé à mettre la Suppliante à l'abri des outrages de fon ennemi. Ce détail, qui dans le cours des Plai- doiries du Parlement a fait de fi vives impreffions fur tous les efprits, & qui a excité contre le Marquis d'Hautefort l'indignation de tous ceux qui fçavent penfer, eft trop amer à la Suppliante, pour qu'elle entre- prenne de s'y livrer de nouveau.

Le Marquis d'Hautefort qui ne s'étoit rendu maître de la perfonne de la Suppliante que dans la vûe d'étouffer la voix de fon accufatrice, ayant fçû que fa proie lui étoit échappée, prit une autre route pour arrêter le cours de fa procédure.

Il s'adreffa au Parlement, & furprit le 18 Février 1728, un Arrêt fur Requête, fans Conclufions de M. le Procureur General, qui le recevoit Appellant de toute la procédure que la Suppliante avoit commencée, & Appellant comme d'abus de l'obtention & publication du Monitoire, & qui ordonnoit l'apport des charges, toutes chofes cependant demeu- rantes en état.

Depuis l'attentat du 15 Février, & l'Arrêt du 18 du même mois qui avoit arrêté le cours de la procédure de la Suppliante, deux mois fe font écoulez avant qu'elle ait pû obtenir des défenfes, & cela par les retar- demens qu'on affecta de la part du Marquis d'Hautefort, dans l'apport des procédures de Laval : mais enfin le 15 Avril 1728, le Parlement, en grande connoiffance de caufe fur le vû des charges, malgré tous les efforts du Marquis d'Hautefort, malgré une Requête donnée de fa part, accorda à la Suppliante un premier Arrêt de défenfes, que l'on pouvoit regarder comme contradictoire avec le Marquis d'Hautefort ; puifque la Requête qu'il avoit donnée pour empêcher ces défenfes, eft vifée dans l'Arrêt, & ce premier Arrêt du 15 Avril 1728, a été fuivi d'un fe- cond Arrêt du 30 du même mois, que la Suppliante a été dans la necef- fité d'obtenir, contre une nouvelle procédure que le Marquis d'Hautefort avoit faite devant le Juge du Comté de Laval, fur le fondement de l'évafion de la Suppliante.

Pendant que le Parlement étoit faifi des appellations refpectivement interjettées par le Marquis d'Hautefort de la procédure commencée au Châtelet, & par la Suppliante de la procédure faite devant le Juge du Comté de Laval, le Marquis d'Hautefort s'avifa le 30 Avril 1728, de faire affigner la Suppliante au 12 May fuivant, pour être prefente à un compulfoire, qu'il prétendoit faire chez Ains, Notaire & Contrôleur à Montfur.

Ce Notaire nommé Ains, eft celui qui a reçû le Contrat de mariage de la Suppliante du 17 Septembre 1726, & qui réuniffant les deux qualitez de Notaire & de Contrôleur à Montfur, devoit en même-tems fe trouver dépofitaire de la minute du Contrat comme Notaire, & du Contrôle de ce même Contrat comme Contrôleur.

La Suppliante fut fort fuprife d'apprendre que ce Notaire & Contrôleur de Montfur étoit l'un des principaux Temoins de l'information du Marquis d'Hautefort, & que l'on avoit fait dépofer ce Témoin, comme l'un des Officiers publics que la Suppliante avoit voulu corrompre & engager à lui fabriquer de faux Actes. Elle a vû dans la fuite que le Marquis d'Hautefort prétendoit faire un compulfoire chez ce Témoin, alors il ne lui a pas été permis de douter que l'objet de ce compulfoire ne fût de conftater qu'il n'y avoit rien chez ce Notaire qui concernât le mariage de la Suppliante, & de donner par-là plus de poids à la dépofition de ce Témoin. Delà il a été facile de conclure qu'après avoir fupprimé à Paris la groffe du Contrat de mariage de la Suppliante, qui s'étoit trouvée après la mort du Comte d'Hautefort parmi fes papiers & dans fa Caffette, on étoit parvenu à fupprimer la minute & le contrôle de ce même Contrat de mariage, qui étoient chez Ains Notaire & Contrôleur; car fi cette minute & ce contrôle euffent encore fubfifté chez cet Officier, il n'auroit eu garde de depofer en faveur du Marquis d'Hautefort, comme un homme à qui la Suppliante avoit propofé de faire de faux Actes, les Actes veritables qu'on auroit été en état d'un moment à l'autre de trouver chez lui pouvant fervir à le convaincre de faux témoignage, & le Marquis d'Hautefort de fon côté n'auroit eu garde de faire un compulfoire qui n'auroit abouti qu'à adminiftrer à la Suppliante un titre qu'on avoit voulu lui arracher.

C'eft ce qui détermina la Suppliante à faire deux demandes, l'une de former oppofition au compulfoire, & quoique fur cette oppofition les Parties euffent été renvoyées à l'Audience, le Marquis d'Hautefort ne laiffa pas de paffer outre au compulfoire.

L'autre fut de donner le 25 May 1728. une Requête par laquelle la Suppliante demanda acte de la plainte qu'elle rendoit en la Cour, en adhérant à fa première plainte de la fuppreffion de la minute & du contrôle de fon Contrat de mariage.

Par la même Requête la Suppliante demanda que la procedure du Marquis d'Hautefort faite devant le Juge du Comté de Laval fût déclarée nulle, que la procedure qu'elle avoit commencée au Châtelet fût confirmée, la fuppreffion d'une Requête injurieufe donnée de la part du
Marquis

Marquis d'Hautefort, visée dans le premier Arreſt de défenſes du 15 Avril 1728, & qui en effet contient la plus odieuſe diffamation contre la Suppliante. Qu'enfin le Marquis d'Hautefort fûſt condamné en 50000 l. de dommages & interêts.

Cette Requête de la Suppliante du 25 May 1728, qui raſſembloit ſes différentes demandes, avoit été précedée par une autre qui meritoit auſſi ſon attention.

La Suppliante prétendoit ſe ſervir contre le Marquis d'Hautefort de differentes Lettres qui lui ont été écrites par le feu Comte d'Hautefort, d'une quittance de dot entierement écrite & ſignée de la main du Comte d'Hautefort, & enfin d'un Mémoire auſſi entierement écrit & ſigné de ſa main. Mais ces Lettres, cette Quittance & ce Memoire n'étant que des écritures privées d'un homme mort, la Suppliante appréhenda que le Marquis d'Hautefort ne lui objeƈtât à l'Audience que ces écritures privées n'étant ni reconnues ni verifiées, on ne pouvoit en faire aucun uſage contre lui. Pour prevenir cette difficulté, la Suppliante préſenta au Parlement une Requête par laquelle elle demanda que le Marquis d'Hautefort fûſt tenu à la premiere ſommation de prendre communication de ces pieces pour en reconnoître ou dénier l'écriture & la ſignature, ſinon qu'il lui fûſt permis de les faire verifier. Sur cette Requête les Parties furent renvoyées à l'Audience par un Arrêt du 8 May 1728, que la Suppliante fit ſignifier au Marquis d'Hautefort, avec copie de toutes les pieces qu'elle prétendoit lui oppoſer.

Le Marquis d'Hautefort qui ſe vit preſſé d'un côté par l'Aƈte de celebration de mariage, que rapporte la Suppliante, d'un autre côté par ce grand nombre de pieces écrites de la main du Comte d'Hautefort ſon oncle, qui concouroient à établir l'état de la Suppliante & à conſtater que les titres juſtificatifs de ſon état, de la ſuppreſſion deſquels elle ſe plaint, étoient au moment de la mort du Comte d'Hautefort dans ſa caſſette & parmi ſes papiers, crut devoir jetter du ſoupçon ſur la verité de ces pieces, & dans cette vûe il donna ſucceſſivement deux differentes Requêtes.

La premiere du 18 May 1728, par laquelle en adherant à ſa plainte rendue au Juge de Laval, portant que, *ſi la Demoiſelle de Kerbabu rapporte un Aƈte de celebration, il eſt faux, il réitere en tant que de beſoin ſa plainte de faux contre l'Aƈte qui a été ſubtilement gliſſé en feuille volante dans le Regiſtre du Greffe de Laval*, & demande permiſſion d'informer de cette fauſſeté devant le Juge du Comté de Laval, & qu'à cet effet il ſoit dreſſé un procès verbal de ce prétendu Aƈte de celebration, qui ſera porté par le Greffier Royal de Laval au Greffe de la Juſtice du Comté.

Par la ſeconde Requête du 12 Juin 1728, le Marquis d'Hautefort demandoit Aƈte de ce qu'en adherant à ſes premieres plaintes & Requêtes, il rendoit plainte en crime de faux principal contre l'écriture & ſignature de la prétendue quittance de dot datée du 2 Oƈtobre 1726, contre les deux Lettres miſſives dont la Suppliante a rapporté les termes au commencement de cette Requête, & qui aſſurent la verité de la celebration du mariage, & l'exiſtence des titres qui étoient dans la Caſſette du Comte d'Hautefort au moment de ſon décès, enfin contre un prétendu

C

billet daté du 15 Decembre 1726, comme n'étant écrits ni fignez du feu Comte d'Hautefort, il demandoit par la même Requête que ces pieces fuffent dépofées au Greffe & paraphées, & que fa plainte fût renvoyée devant le Juge de Laval.

Tel étoit l'état de la conteftation lorfque le Parlement après une plaidoirie folemnelle de plufieurs Audiences, rendit le 23 Juin 1728, un premier Arrêt qui reçut M. le Procureur General oppofant à l'Arrêt fur Requête du 18 Fevrier 1728, par lequel le Marquis d'Hautefort étoit parvenu à arrêter le cours de la procedure de la Suppliante, faifant droit fur l'oppofition de M. le Procureur General, & avant faire droit fur les appellations, requêtes & demandes refpectives des Parties, ordonna que la procedure & information commencée à la requête de la Suppliante, devant vous, Monfieur, feroit continuée jufqu'au decret exclufivement, & qu'il feroit paffé outre à la publication du Monitoire, obtenu par la Suppliante, toutes chofes demeurantes en état de la part du Marquis d'Hautefort.

A la faveur de cet Arrêt la Suppliante a fait entendre des Témoins à Paris, à Breft & à Laval, mais pendant qu'elle étoit occupée à fuivre fa procedure, la Providence lui a adminiftré une preuve d'un caractere bien fingulier, & bien propre à développer le mistere d'iniquité que le Marquis d'Hautefort s'étoit flatté de rendre impenetrable.

Le Curé de Saint Jean apporta au Greffe du Parlement le 17 Janvier 1729, un paquet cacheté, dont l'ouverture a été faite par un Commiffaire du Parlement.

Dans ce paquet fe font trouvez deux fragmens de papiers fort chiffonez & tachez, & ces deux fragmens de papier qui rapprochez paroiffent faire partie l'un de l'autre, contiennent fix lignes, foit entieres, foit commencées; & voici ce qu'on lit fur ces deux fragmens de papiers qui ont été réprefentez aux accufez lorfqu'ils ont fubi interrogatoire.

De S. Quentin Avranche coi
   mon Contrat de mari
   mon Teftament du 24 Septembre, le Sertif
   de mon mariage avec elle pour le
   tout être envoyé bien fidelement au
   Château de S. Quentin à Avranche

Ces fragmens de papier ont été verifiez, & les cinq Experts que vous avez, Monfieur, nommez d'office fe font réunis pour reconnoître l'écriture du feu Comte d'Hautefort.

Rien n'eft plus fort que cette preuve, & en la rapprochant de ces Lettres que l'on a tranfcrites au commencement de cette Requête; fur la verité defquelles l'on ne peut plus faire naître de doute, puifque les Experts ont déclaré unanimement qu'elles étoient de la main du Comte d'Hautefort, il demeure pour conftant que le Comte d'Hautefort avoit fait un paquet des pieces qu'il a reconnu par fes Lettres avoir en fa poffeffion; qu'il avoit enfermé dans ce paquet fon Contrat de mariage, un Teftament du 24 Septembre, qui étoit ce Teftament qu'il avoit fait à Hauterive cinq jours après fon mariage celebré le 19 Septembre 1726, & par conféquent un Teftament different de celui que repréfente aujourd'hui le Marquis d'Hautefort, & qui a été fait à Paris le premier Avril **1726**; enfin le Certificat de son mariage avec la Suppliante; que sur l'enveloppe de ce paquet le Comte d'Hautefort avoit fait l'énumeration des pieces contenues dans le paquet, & avoit marqué l'usage qu'il vouloit que l'on fît de toutes ces pieces, qui étoit de les envoyer bien fidelement au Château de S. Quentin à Avranches.

Ces deux fragmens de papiers dont on vient de faire l'analise, & que renfermoit le paquet cacheté apporté au Greffe du Parlement par le Curé de Saint Jean, étoient accompagnez d'une révelation anonime, dont l'auteur n'a pas osé se manifester, & que vraisemblablement le Marquis d'Hautefort a sçu depuis mettre dans ses interêts.

On apprend par cette révelation anonime que le Marquis d'Hautefort a été vû dans une salle de Martinon, rangeant les papiers d'une Cassette, & en jettant quelques-uns au feu, & que les fragmens représentez à la Justice, sur lesquels effectivement on apperçoit des marques de brûlure, ont été trouvez dans un coin de la cheminée de cette salle, & que l'un de ces fragmens brûloit encore quand ils ont été ramassez dans cette cheminée.

Le Marquis d'Hautefort a beau dire que cette révelation est l'ouvrage de l'intrigue & de l'artifice de la Suppliante, & fonder sur cette supposition une déclamation injurieuse, dès que cette révelation se trouve jointe à un papier qui porte l'exterieur d'un papier brûlé, & dont ce qui reste d'écrit se trouve être l'ouvrage de la main du Comte d'Hautefort, cette circonstance bien averée par les dépositions unanimes des cinq Experts nommez d'office, bannit absolument tous les soupçons de fraude & d'artifice, que le Marquis d'Hautefort voudroit faire tomber sur la Suppliante, & si l'auteur de la révelation n'a osé se montrer à découvert, parce qu'il a craint de se compromettre avec le Marquis d'Hautefort, qui paroît en effet dans cette affaire, s'être porté aux plus étranges extrémitez pour empêcher la découverte de la verité; l'incertitude qui reste sur l'auteur de la révelation ne diminue en rien la force de la preuve qu'administrent des écrits de la main du Comte d'Hautefort, qui se sont trouvez dans le même paquet avec cette révelation anonime. On aura dans la suite occasion de développer plus particulierement cette réflexion.

L'affaire ayant été portée de nouveau à l'Audience de la Tournelle, il est intervenu le 2 Avril 1729, après une plaidoirie de 12 Audiences, un Arrêt solemnel, qui a vengé avec éclat la Suppliante des outrages qu'elle avoit essuyez de la part du Marquis d'Hautefort, & dont toutes les dispositions marquent sensiblement l'indignation que la Cour a conçue contre lui.

Cet Arrêt, sans s'arrêter aux Requêtes du Marquis d'Hautefort, déclare nulle la procedure extraordinaire faite à sa Requête en la Justice du Comté de Laval, reçoit la Suppliante opposante à la procedure que le Marquis d'Hautefort avoit faite pour parvenir au compulsoire des Registres d'Ains Contrôleur à Montsur, & faisant droit sur son opposition, déclare cette procedure & le compulsoire nuls, ordonne la suppression d'une Requête injurieuse que le Marquis d'Hautefort avoit distribuée dans le Public, & qui étoit visée dans l'Arrêt de défenses du 15 Avril 1728, condamne le Marquis d'Hautefort en 20000 livres de dommages & interêts envers la Suppliante, & en 1000 livres envers le Curé de Saint Quentin, que le Marquis d'Hautefort avoit aussi impliqué dans cette procedure ; & en tous les dépens. Le même Arrêt confirme la procedure extraordinaire faite au Châtelet à la requête de la Suppliante, ordonne que les plaintes, informations & autres procedures qu'elle a fait faire, tant au Châtelet qu'en la Cour, & les pieces y jointes seront portées au Greffe Criminel du Châtelet, pour être sur le tout statué, ainsi qu'il appartiendra, même procedé à la verification d'aucunes de ces pieces, s'il y échet, & renvoye le surplus des Requêtes de la Suppliante devant vous, Monsieur, pour y être statué, ainsi qu'il appartiendra, sauf l'appel en la Cour, dépens à cet égard réservez.

Il n'y a personne qui ne sente combien cet Arrêt est accablant pour le Marquis d'Hautefort.

En confirmant la procedure de la Suppliante, il juge disertement que cette procedure a été produite par un interêt legitime qu'a eu la Suppliante de manifester à la Justice des crimes réels, commis dans les tenebres, pour parvenir à la priver d'un état qui lui appartient.

En condamnant la procedure du Marquis d'Hautefort, non seulement la Suppliante se trouve pleinement justifiée de tous les crimes qu'on lui imputoit, & le Marquis d'Hautefort se trouve convaincu des plus odieuses calomnies, mais encore on juge que la procedure du Marquis d'Hautefort n'est qu'un ouvrage d'iniquité & de scandale, imaginé pour étouffer dans sa naissance une accusation legitime.

Enfin, les dommages & interêts ausquels le Marquis d'Hautefort a été condamné envers la Suppliante, annoncent clairement, à quiconque veut faire usage de sa raison, combien la Cour a été effraïée des attentats énormes ausquels le Marquis d'Hautefort s'est porté, pour se rendre le maître de la personne de son accusatrice, & pour la mettre dans l'impuissance de dévoiler les crimes dont il craignoit d'être convaincu.

En vertu de cet Arrêt, la procedure de la Suppliante a été portée au Greffe criminel du Châtelet.

Le 12 May 1729, la Suppliante vous a, Monsieur, presenté une Requête, pour qu'il lui fût permis de déposer au Greffe vingt pieces qui devoient servir à conviction, d'en faire dresser Procès verbal, & après ce Procès verbal dressé, de s'en faire délivrer une copie en forme par le Greffier.

Ces vingt pieces sont des Lettres missives du feu Comte d'Hautefort, au nombre de dix-huit, dont deux ont été écrites au Comte de S. Quentin, Capitaine des Vaisseaux du Roy, second mari de la mere de la Suppliante, les seize autres ont été écrites à la Suppliante avant & depuis la celebration de son mariage ; & de ces dix-huit Lettres, il n'y a que la première adressée au Comte de S. Quentin, dont le corps soit écrit d'une main étrangere, tout le contexte des dix-sept autres est entierement de la main du Comte d'Hautefort.

Les deux autres pieces jointes aux dix-huit Lettres font un Mémoire
daté

daté du 15 Decembre 1726, & une Quittance de dot datée du 2 Octobre 1726 : ces deux pieces entierement écrites de la main du Comte
d'Hautefort & fignées de lui.

Sur cette Requête vous avez, Monfieur, rendu votre Ordonnance le
18 May 1729, portant qu'il feroit par Vous dreffé Procès verbal de l'état
de ces vingt pieces, en prefence de M. le Procureur du Roy & de la
Suppliante.

Ce Procès verbal a été dreffé avec la plus grande éxactitude, & il eft
fort heureux pour la Suppliante qu'elle ait pris cette fage précaution,
puifque ce Procès verbal lui fert aujourd'hui à conftater, que quelques
altérations que les Experts ont remarquées dans leurs dépofitions, & dont
le Marquis d'Hautefort s'efforce de tirer avantage, n'éxiftoient point lors
du Procès verbal, dans lequel il n'y en eft fait aucune mention, quoique
vous ayez, Monfieur, porté l'éxactitude jufqu'au dernier fcrupule. Ce
même Procès verbal fervira encore à la Suppliante, pour convaincre le
Marquis d'Hautefort d'une calomnie odieufe & même impudente. Dans
la derniere Requête que le Marquis d'Hautefort vous a prefentée, il impute à la Suppliante d'avoir dechiré avec affectation le premier des chiffres qui compofent la date d'une des plus importantes de ces vingt pieces, pour cacher aux Experts la falfification qu'elle avoit faite auparavant à cette même date; & votre Procès verbal, Monfieur, conftate que
cette date que l'on fuppofe avoir été d'abord falfifiée par la Suppliante,
& enfuite dechirée en partie pour rendre impoffible la découverte de la
falfification, éxiftoit au moment du Procès verbal dans la plus parfaite
integrité. Ce trait fur lequel on aura dans un moment occafion d'infifter
plus particulierement, ne contribuera pas peu à démafquer le Marquis
d'Hautefort, & à fortifier l'idée que toutes les perfonnes judicieufes fe
font formée de fes procedez.

Le 3 Juin 1729, la Suppliante vous a prefenté une Requête, pour
demander la continuation de fa procédure, & le même jour elle a dépofé
à votre Greffe l'Arrêt de la Tournelle du 2 Avril précedent.

Par Sentence du 16 Juillet, vous avez, Monfieur, decreté d'ajournement perfonnel les nommez Soutet & Mandeix : Soutet eft un Agent des
affaires de la maifon d'Hautefort, c'eft la qualité qu'il fe donne dans
l'interrogatoire qu'il a fubi. Mandeix étoit le plus ancien des domeftiques du feu Comte d'Hautefort, & eft actuellement au fervice du Marquis d'Hautefort.

Par la même Sentence vous avez decreté d'affigné pour être oüi le
Marquis d'Hautefort; le nommé Gaffelin, homme d'affaires de la Marquife de Surville, mere du Marquis d'Hautefort; Martinon Chirurgien,
chez qui eft mort le feu Comte d'Hautefort; Thomas, l'un des garçons
de Martinon; & Martin Tailleur d'habits, qui étoit le Tailleur du feu
Comte d'Hautefort.

Tous ces accufez ont fubi interrogatoire, la procédure a été reglée à
l'extraordinaire, & inftruite par recollement & confrontation.

Lorfque le Marquis d'Hautefort, Mandeix, Soutet & Gaffelin ont été
interrogez, on leur a reprefenté la liaffe des vingt pieces que la Suppliante a dépofées au Greffe, & les deux fragmens de papier qui reftent

D

de l'enveloppe du paquet, dans lequel le feu Comte d'Hautefort avoit renfermé les pieces qu'il deftinoit à être envoyées à la Suppliante, & fur les fragmens de laquelle enveloppe fe trouve encore actuellement écrite de la main du Comte d'Hautefort l'énumération des pieces contenues dans le paquet, & l'indication de la deftination de ces pieces qu'on a jugé à propos de fupprimer depuis la mort du Comte d'Hautefort, aucun de ces quatre accufez aufquels ces differentes pieces ont été reprefentées, n'ayant voulu reconnoître l'écriture du feu Comte d'Hautefort, il a été indifpenfable d'en demander la verification : elle a été ordonnée par Sentence du 13 Aouft 1729, qui nomme d'office cinq Experts : Collot, Lambert, Marlier, Sauvage & Rüette.

La Suppliante a indiqué deux pieces de comparaifon qui ne devoient pas être fufpectes au Marquis d'Hautefort : l'une a été un Teftament holographe du feu Comte d'Hautefort, entierement écrit & figné de fa main, daté du premier Avril 1726, par lequel le Marquis d'Hautefort eft inftitué Légataire univerfel : l'autre a été un état des biens de la maifon d'Hautefort, fur lequel il s'eft trouvé trente-trois differentes fignatures du feu Comte d'Hautefort. S'agiffant de verifier vingt-une pieces, dont vingt étoient annoncées comme entierement écrites de la main du Comte d'Hautefort, on ne pouvoit jamais choifir de pieces de comparaifon plus décifives que celles que la Suppliante a indiquées, & plus propres à mettre les Experts en état de porter un jugement folide fur la verité ou la fauffeté des pieces qu'il falloit foumettre à leur examen.

Lorfqu'il fut queftion de convenir de ces pieces de comparaifon, le Marquis d'Hautefort fe prefenta, & infifta beaucoup à foutenir que *la verification étoit inutile, & n'avoit aucun rapport à l'accufation.* Il convint que les deux pieces propofées pour pieces de comparaifon étoient authentiques, & pouvoient fervir à la verification : enfin il exigea qu'on lui repréfentât les pieces de queftion, pour faire fur chacune d'elles les obfervations qu'il croiroit convenables pour fa défenfe & pour fa juftification.

Ce requifitoire du Marquis d'Hautefort ayant été auffi-tôt appuyé du fuffrage de M. le Procureur du Roy, les pieces de comparaifon & de queftion furent reprefentées au Marquis d'Hautefort ; il reconnut la verité des pieces de comparaifon, & fur plufieurs des pieces de queftion, il fe répandit dans de longues obfervations, telles qu'auroit pû les faire un Expert en Ecritures, qui fe feroit occupé plufieurs jours à les examiner avec une attention fcrupuleufe.

La Suppliante qui a levé ce Procès verbal, & qui y a trouvé ces obfervations curieufes, ne fçavoit par quel miracle fon ennemi étoit devenu tout d'un coup fi habile dans la connoiffance des écritures ; & cette grande habileté acquife fi fubitement la furprenoit d'autant plus, qu'elle fçavoit que le Marquis d'Hautefort, lorfqu'on lui avoit repréfenté ces mêmes pieces dans fon interrogatoire, avoit declaré dans fa réponfe à l'article 67, *qu'il n'eft point Expert, pour fçavoir d'un coup d'œil fi elles font ou ne font pas de la main du Comte d'Hautefort ;* réponfe qui pouvoit paroître un peu furprenante de la part d'un neveu jouiffant actuellement de l'univerfalité des biens du Comte d'Hautefort fon oncle, à la faveur d'un Teftament holographe, par lequel il étoit inftitué Légataire univerfel, & à qui par conféquent l'écriture du Comte d'Hautefort devoit être affez familiere.

Mais la Suppliante a découvert depuis par quels expediens le Marquis d'Hautefort étoit parvenu à acquerir de fi grandes lumieres: Un Expert Ecrivain nommé Marie, qui n'eft point du nombre des cinq que vous avez, Monfieur, nommez d'office, & que la Suppliante n'eft parvenue à faire entendre qu'en vertu d'un Arreft du Parlement qu'elle a été obligée d'obtenir à cet effet, a éclairci ce miftere. La Suppliante fe flatte qu'on apprendra par la dépofition de ce témoin que trois femaines ou environ avant que l'on eût nommé des Experts pour la verification des pieces de la Suppliante, le Marquis d'Hautefort s'eft adreffé à ce nommé Marie, & l'ayant engagé à venir avec lui dans une maifon pour voir des pieces, & pour réfoudre des difficultez qu'on lui propoferoit fur ces pieces, le mena dans fon caroffe dans une maifon à porte cochere, rue Bardubecq, dans un appartement au premier étage, où étant dans un Cabinet, il y trouva M. le Procureur du Roy, qui en prefence du Marquis d'Hautefort, lui remit quatre ou cinq pieces qu'il examina pendant une heure & demie, & fur lefquelles il dit fon fentiment.

C'eft donc chez M. le Procureur du Roy que les pieces dont la Suppliante s'étoit défaifie pour les configner dans le dépôt du Greffe, ont été livrées à la curiofité & à l'examen du Marquis d'Hautefort; c'eft là qu'il a eu la facilité de mener ceux qu'il a jugé à propos pour l'endoctriner fur les obfervations qu'il pouvoit faire fur ces pieces; car la Suppliante fçait, à n'en point douter, que les obfervations dont le Marquis d'Hautefort a fait parade dans le Procès verbal dreffé pour convenir de pieces de comparaifon, ne lui ont pas été fuggerées par Marie, qui ne s'expliqua pas fur ces pieces d'une maniere bien propre à lui gagner la bienveillance du Marquis d'Hautefort; ainfi il faut neceffairement que ce foit à la capacité de quelque autre Expert que le Marquis d'Hautefort foit redevable de ces mêmes obfervations.

Les cinq Experts nommez d'office ont procedé à la verification pendant 28 vacations; ils ont été entendus en dépofition; ils ont été recollez & confrontez aux accufez.

La Suppliante a été un peu furprife de la confiance ou plutôt de la temerité avec laquelle le Marquis d'Hautefort annonce dans la Requête qu'il vient de faire fignifier le 27 Mars dernier, *qu'il ne faut que la reconnoiffance des Experts pour couvrir éternellement d'opprobre la Suppliante, & pour détromper ceux qui ont pu concevoir des fentiméns favorables pour elle.*

A un tel difcours il n'y a perfonne qui ne fe perfuade que tous les Experts fe font réunis pour déclarer fauffes & fabriquées toutes les pieces qu'ils ont examinées; mais ce font des faillies que l'on doit pardonner à un accufé, qui s'irrite à proportion de ce qu'il fe fent preffé par la force des preuves, qui croit en impofer par une fauffe confiance, & qui voudroit bien faire retomber fur fon accufatrice le poids de l'indignation publique dont il s'eft vû jufqu'à prefent accablé. Vous allez, Monfieur, juger à qui du Marquis d'Hautefort ou de la Suppliante, le fuffrage des Experts eft favorable, & certainement les détails dans lefquels on va entrer ne feront pas fort propres à détromper ceux *qui ont conçu des sentimens favo-rables pour la Suppliante.*

Il a été question de verifier 21 pieces differentes, dont 20 ont été pre-fentées à la Justice comme entierement écrites de la main du feu Comte d'Hautefort, & une seule a été presentée comme écrite d'une main étran-gere, mais signée du Comte d'Hautefort.

Il s'en faut bien que toutes ces 21 pieces soient également importantes & décisives. Par exemple, toutes les lettres qui ont precedé la celebra-tion du mariage de la Suppliante, ne sont produites que pour prouver que ce mariage a été precedé d'une recherche fondée sur l'estime la plus pure, & l'attachement le plus sincere & le plus respectueux; il y a aussi deux lettres posterieures à la célebration du mariage qui ne sont rappor-tées que dans la vûe de prouver que le Comte d'Hautefort jusqu'aux der-niers jours de sa vie, a persevere dans les sentimens d'estime qu'il avoit conçûs pour la Suppliante; quelque interessantes que puissent être ces pie-ces pour la Suppliante, parce qu'elles procedent d'un mari dont elle ne peut assez regretter la perte, & dont la memoire lui sera toujours pre-sente; il faut pourtant convenir que par rapport à l'objet dont il s'agit, ces pieces ne lui seront pas d'un grand secours pour la conviction des crimes qu'elle a deferez à la Justice. Et de cette circonstance naît un ar-gument convainquant pour assurer de la verité des pieces que produit la Suppliante; car il ne tombera sous le sens de personne que dans la vûe de favoriser une imposture on eût pris la peine de fabriquer un si grand nombre de pieces, de la plûpart desquelles on ne seroit en état de tirer que des avantages très-legers.

Mais parmi ces 21 pieces il y en a cinq qui sont accablantes pour le Marquis d'Hautefort, deux lettres posterieures au mariage, où la verité du mariage est clairement developpée, & où il est parlé de titres justifi-catifs de ce mariage; un memoire qui assure l'éxistence d'un Testament fait à Hauterive & posterieur à celui qui institue le Marquis d'Hautefort Legataire universel; une quittance de dot de 75000 liv. qui forme en faveur de la Suppliante un titre de créance incontestable contre la suc-cession du Comte d'Hautefort; enfin les fragmens de l'enveloppe du pa-quet où le Comte d'Hautefort avoit rassemblé son Testament, son Contrat de mariage & le Certificat de la celebration de son mariage, pour être envoyez bien fidelement au Château de S. Quentin à Avranches.

Ce sont aussi ces cinq pieces qui ont dans tous les tems le plus échauffé la bile du Marquis d'Hautefort; à la confrontation il a declaré *qu'il ne les regardera jamais que comme une friponnerie;* il a ses raisons pour tenir un tel langage, parce qu'en effet si la verité de ces cinq pieces est une fois assurée, quelque sort que puisse avoir cette affaire, & quand la Sup-pliante ne parviendroit pas à obtenir contre lui toutes les condamnations qu'elle est en droit d'esperer, il faudra toujours qu'il succombe sous le poids de l'indignation publique. La splendeur de sa naissance, les biens que la fortune lui a prodiguez, son crédit dont il a si prodigieusement abusé dans cette affaire, ne le dédommageront jamais de ce qu'il perdra sans ressource dans l'esprit de tous ceux qui sçavent penser. Mais mal-heureusement pour le Marquis d'Hautefort, il ne reste aucun doute, au-

cun

cun nuage fur la verité de ces cinq pieces, c'eft ce qu'il faut développer; commençons par les plus importantes, c'eft-à-dire par la quittance de dot, les fragmens de l'enveloppe & le memoire qui affure l'exiftence du Teftament; pour en faire fentir tout le poids, il faut en rapporter exacte-ment les termes.

La quittance de dot eft conçûë ainfi:

J'ai reçû de MADAME D'HAUTEFORT *la fomme de 75000 l. portée par* NOTRE CONTRAT DE MARIAGE, *& lui donne cette prefente reconnoiffance* POUR PLUS GRANDE SÛRETÉ, *& pour lui être bonne, en foy de quoi j'ai écrit & figné,* Gilles d'Hautefort, à Hauterive ce 2 Octobre 1726.

Voici prefentement ce qu'on lit fur les fragmens de l'enveloppe tels qu'ils font rapportez dans les interrogatoires des accufez.

De S. Quentin Avranche Coi
MON CONTRAT DE MAR
MON TESTAMENT DU 24 SEPT. LE SERTIF
DE MON MARIAGE AVEC ELLE POUR LE
TOUT ESTRE ENVOYE' BIEN FIDELEMENT AU
CHATEAU DE S. QUENTIN A AVRANCHES.

Les cinq Experts fe font réünis à reconnoître la main du Comte d'Hau-tefort dans ces deux pieces, qui dans l'ordre des pieces verifiées font les 20e & 21e. ils atteftent, *qu'il ne s'y trouve aucune rature, furcharge, ni mots ajoûtez, & quoyque la derniere de ces pieces paroiffe défectueufe pour avoir fouffert le feu & la fraction qui l'a réduite en deux fragmens; elles font néanmoins le travail d'une même main & d'une feule & même perfonne qui a fait & écrit le Teftament olographe & foufcrit les 33 pieces contenant l'état des biens de la maifon d'Hau-tefort, & d'autant que c'eft le Comte d'Hautefort qui en eft l'auteur; c'eft pareil-lement le Comte d'Hautefort qui eft l'auteur de ces pieces;* & l'un des Experts en infiftant particulierement fur les fragmens de l'enveloppe, dit, *que l'écriture qui refte en exiftance eft un portrait fidele des autres pieces, qui avec celle-là n'ont pas d'autre auteur que celui qui l'eft tant du teftament olographe du pre-mier Avril 1726, que des 33 fignatures,* le Comte d'Hautefort, *qui foufcrivent les 33 actes de reconnoiffance étant en la minutte de l'état des biens de la maifon d'Hautefort.* Ces Experts ont perfeveré dans le recollement, & confrontez au Marquis d'Hautefort, ils lui ont foutenu hautement la verité de ces pieces.

La 17e des pieces verifiées eft un petit Memoire conçu en ces termes:

J'ai fait à Hauterive le memoire de tout ce qui y eft:
J'AI DANS MA CASSETTE MON TESTAMENT FAIT A HAUTERIVE;
A Breft il y a partie de ma vaiffelle d'argent & autres chofes,
LE RESTE EST BIEN EN FORME; *il faut, s'il vous plaît, prendre confeil de Ma-dame de S. Quentin & de mes vieux amis, fi je vous manquois.* Signé, D'Haute-fort, ce 15 Decembre 1726.

Il n'y a point encore d'équivoque fur la verité de cette piece, & quoi-que cette piece foit du nombre de celles qui irritent le plus le Marquis d'Hautefort; quoique, lorfqu'il a été queftion de convenir des pieces de comparaifon, il ait foutenu qu'elle étoit entierement fauffe & fuppofée, & qu'elle n'étoit ni écrite ni fignée de la main du Comte d'Hautefort; cependant dans fa Requefte du 27 Mars dernier, il garde fur cette piece un filence prudent.

Outre ces trois pieces qui fuffifent feules pour confondre le Marquis

E

d'Hautefort, il y en a deux autres qu'il ne peut pas digerer, ce font les 15ᵉ & 16ᵉ pieces verifiées ; & il faut convenir que ces deux pieces qui font deux lettres écrites & fignées de la main du Comte d'Hautefort, l'incommodent furieufement. Voici ce que porte la premiere de ces lettres :

Je n'ai pas perdu un inftant en arrivant à Rambouillet à vous demander de vos nouvelles, vous ne devez point douter un moment, ma petite Reine, de ma pure & tendre amitié, & de tout mon cœur. Ma fanté n'eft point encore rétablie, fongez à la vôtre. NE VOUS ALLARMEZ PAS SI VISTE, JE VOUS REPETE QUE LE MOIS D'AVRIL NE ME VERRA PAS DANS CE MAUDIT PAÏS ; VOUS SAVEZ CE QUE JE VOUS AI DIT DE MON ARRANGEMENT, JE PARTIRAI POUR HAUTERIVE, PERSONNE N'AURA PLUS DE MESURES A GARDER. *Je commence à être diablement las de ce maudit métier.* MAIS GARDEZ BIEN ET AVEC SOIN LES PAPIERS QUE JE VOUS AI DONNEZ ; *car fi je venois à manquer* AVANT QUE NOTRE MARIAGE FUST DECLARE', *vous mettriez par-là bien à la raifon tous les gens qui fe pourroient avec grand tort perfuader que je ne pouvois point* PAR NOTRE CONTRAT DE MARIAGE VOUS DONNER TOUT MON BIEN ; *Les voilà bien éloignez de compte.* SI JE N'AVOIS PAS EU L'HONNEUR DE VOUS EPOUSER SOYEZ CERTAINE QUE JE PARTIROIS DEMAIN. *J'ai écrit à mon ami Saint Quentin ; bon-foir portez-vous bien, je le defire de tout mon cœur, ne doutez point de mon amitié tres-pure.* Signé, d'Hautefort, à Paris ce 7. 1726.

La Suppliante qui connut par cette Lettre que le Comte d'Hautefort fon mari croyoit lui avoir remis des papiers qu'il ne lui avoit point remis en effet, lui écrivit pour le défabufer, & c'eft ce qui donna lieu à la lettre qui eft la 16ᵉ piece verifiée conçûe en ces termes :

Vous croyez bien que vos lettres me touchent tres-fort. VOUS AVIEZ RAISON, EN ARRIVANT A PARIS J'AI TROUVE' CE QUE JE CROYOIS VOUS AVOIR DONNE' A HAUTERIVE, LE TOUT EST ENSEMBLE AVEC NOTRE CONTRAT DE MARIAGE DANS MA CASSETTE AVEC SURETE' : *vous fçavez ce que je vous ai dit à Hauterive à plufieurs fois* AVANT DE VOUS AVOIR FIANCE'E, COMME J'ESPERE DES ENFANS, *je ferai bien aife de fonger à vous, n'ayant d'autre envie que de vous rendre heureufe, & que vous vouliez bien me fouffrir pour le peu de tems que j'ay à vivre ; voilà mes fentimens pour vous, & foyez feure de mon amitié & de mon attachement à toute épreuve.* Signé, d'Hautefort, à Paris ce 17 Decembre.

Ces deux lettres, dit le Marquis d'Hautefort dans fa derniere Requefte, *qu'il a toujours foutenues fauffes, & les deux feules qui parlent du mariage, portent des caractères qui ne permettent pas de les attribuer au Comte d'Hautefort.* SI LE CORPS DES LETTRES A PU PAROÎTRE ASSEZ BIEN IMITE', *la main du fauffaire n'a pas pu fe déguifer de même dans les réformes qu'il a été obligé de faire. Auffi entre les* 10 & 11ᵉ *lignes de la* 15ᵉ *lettre eft un mot dont les Experts ont declaré ne pouvoir reconnoître l'auteur. Dans la* 16ᵉ *au lieu de ces mots* (fonger à voir) *qui y étoient originairement, on y a mis* (fonger à vous) *& on a ajoûté audeffus en interligne* (N'AYANT) *laquelle fubftitution, dit Marlier dans fa dépofition, eft d'une main étrangere, & non de la plume & de l'encre de ladite Miffive, Sauvage dit de même, que cette fubftitution eft de main étrangere & d'autre plume & encre.*

Eft-il poffible de refpecter fi peu la verité ! & de la maniere que s'explique le Marquis d'Hautefort, ne femble-t'il pas que les Experts ayent hefité de déclarer vraies ces deux pieces, & qu'ils ayent même dit qu'elles étoient bien imitées, mais que cependant elles leur paroiffoient fauffes ; ils ont parlé un langage bien different.

Premierement, par rapport à la 15ᵉ piece des cinq Experts qui l'ont examinée, il y en a trois Collot, Sauvage & Ruette, qui ont declaré qu'elle étoit entierement écrite de la main du Comte d'Hautefort; ils ont perfifté au recollement, & l'ont foutenu à la confrontation.

Lambert & Marlier font parfaitement d'accord avec les trois autres fur tout le contexte & la fignature de la lettre, pour y reconnoître la main du Comte d'Hautefort, il n'y a qu'un feul mot fur lequel ils font une obfervation particuliere.

Ce mot eft le mot (*n'avois*) qui fe trouve en interligne entre la 10 & 11ᵉ ligne du vᵒ de cette lettre; & fur ce mot vous avez, Monfieur, ob-fervé dans le Procès verbal dreffé lors du dépôt de ces pieces que les lettres v, o, i, font effacées. Sur ce même mot Lambert a dit, *que la lettre* (n) *premiere de ce mot exifte en fon entier, le furplus dudit mot étant fans forme, ne fçait qui en eft l'auteur.* Marlier a dit à peu près la même chofe, *qu'en in-terligne fur le verfo de cette miffive entre les* 10 *&* 11ᵉ *ligne, il y a un mot qui par le fens du difcours femble être celui-ci* (n'avois) *duquel la lettre* (n) *premiere dudit mot exifte dans fon entier, le furplus des lettres dudit mot étant fans forme, ce qui ne peut le déterminer à juger de fon auteur.*

De bonne foi une telle obfervation meritoit-elle d'être relevée? & peut-elle jetter le moindre foupçon fur la verité de la piece en elle-même? le Marquis d'Hautefort a foutenu que *cette lettre eft entierement fauffe & con-trefaite, & n'eft point écrite du feu Comte d'Hautefort, ni fignée de lui.* Les cinq Experts qui l'ont examinée décident unanimement que tout le contexte de la lettre & la fignature font de la main du Comte d'Hautefort. Deux de ces cinq Experts déclarent qu'ils n'ont pu connoître l'auteur de quel-ques lettres qui entrent dans la compofition d'un feul mot, parce que ces lettres leur ont paru fans forme; & quand on confulte le Procès ver-bal qui en a été dreffé avant la verification, on y apprend que ces mêmes lettres étoient effacées; il faut être réduit à une étrange extremité pour relever une telle minutie!

En fecond lieu, par rapport à la 16ᵉ piece, il n'y a encore aucun doute fur les mots qui doivent le plus fcandalifer le Marquis d'Hautefort: *Vous aviez raifon en arrivant à Paris j'ai trouvé ce que je croyois vous avoir donné à Hauterive, le tout eft enfemble avec notre Contrat de mariage dans ma caffette avec fûreté; vous favez ce que je vous ai dit à Hauterive avant de vous avoir fiancée; comme j'efpere des enfans....* Jufques là nul doute, nulle incerti-tude d'aucun des cinq Experts: tous cinq y reconnoiffent l'ouvrage de la main du Comte d'Hautefort auteur des pieces de comparaifon.

A ces mots que l'on vient de rapporter, fuccedent immediatement ceux-ci. *Je ferai bien aife de fonger à vous, n'ayant d'autre envie que de vous ren-dre heureufe, & que vous vouliez bien me fouffrir pour le peu de tems que j'ai à vivre, &c.*

Sur ces mots (fonger à vous n'ayant) Lambert & Marlier ont dit, *qu'il y avoit originairement* (fonger à voir) *& que le mot* (avoir) *a été changé en ces deux mots* (à vous) *par la fubftitution d'une lettre* (s) *fur la lettre* (r) *qui ter-minoit le mot, & en ajoûtant en interligne le mot* (n'ayant) *laquelle fubftitution eft d'une main étrangere, & non de la plume & de l'encre de ladite miffive.*

Lambert & Marlier font les feuls qui faffent cette obfervation curieufe,

Collot, Sauvage & Ruette, n'ont foupçonné dans cette Lettre aucun mélange de main étrangere, & il n'y a perfonne qui ne fente que l'obfervation de Lambert & Marlier porte à faux dans toutes fes parties.

1°. Suppofé qu'il y eût originairement dans cette Lettre (fonger avoir) au lieu de (fonger à vous), il eft évident que l'auteur de la Lettre, que tous les Experts unanimement reconnoiffent être l'ouvrage de la main du Comte d'Hautefort, eft neceffairement l'auteur de ce changement, & qu'il a fait ce changement pour donner un fens à la phrafe, qui n'en auroit point, fi la phrafe étoit conçûe ainfi : (comme j'efpere des enfans, je ferois bien aife de fonger avoir d'autre envie que de vous rendre heureufe,) au lieu que le fens de la phrafe eft parfait en lifant comme il y a en effet : (comme j'efpere des enfans, je ferois bien aife de fonger à vous, n'ayant d'autre envie que de vous rendre heureufe.)

2°. Quand on fuppoferoit que ce prétendu changement du mot (avoir) en ceux-ci (à vous) & l'addition du mot (n'ayant) en interligne, doivent être attribuez à une main étrangere, quelle conféquence en pourroit-on tirer contre la Suppliante ? Si le foupçon de changement & d'altération tomboit fur quelques parties de la Lettre qui fourniffent à la Suppliante des argumens victorieux contre le Marquis d'Hautefort, on apperce-vroit alors un interêt qui auroit pû l'engager à commettre ce crime. Par exemple, fi le foupçon tomboit fur la partie de la Lettre où il eft dit : *Vous aviez raifon, en arrivant à Paris J'ai trouvé ce que je croyois vous avoir donné à Hauterive, le tout eft enfemble avec notre Contrat de mariage dans ma caffette avec fûreté ; vous fçavez ce que je vous ai dit à Hauterive avant de vous avoir fiancée, comme j'efpere des enfans* .... le foupçon alors pourroit faire quelque impreffion contre la Suppliante ; mais n'y ayant aucun doute fur la verité de cette partie de la Lettre, on ne foupçonnera jamais la Suppliante d'avoir fait ou fait faire dans cette Lettre une altération, dont elle ne devoit tirer aucun avantage ; quand il y auroit dans la Lettre (*comme j'efpere des enfans, je ferois bien aife de fonger avoir d'autre envie que de vous rendre heureufe,*) la Lettre n'en feroit pas moins décifive en faveur de la Suppliante, pourvû qu'elle fût averée être de la main du Comte d'Hautefort.

Voilà pourtant dans la plus exacte verité ce qui réfulte du travail des Experts, par rapport à ces cinq pieces décifives qui ont fixé l'attention de toute la France, qui ont fait naître contre le Marquis d'Hautefort ces impreffions finiftres qu'il ne viendra jamais à bout d'effacer, tant qu'il n'y aura point de doute fur la verité de ces cinq pieces, & que par cette raifon il a annoncées dans tous les tems comme entierement fauffes ; la Quittance de dot de 75000 livres, où le Comte d'Hautefort donne à la Suppliante la qualité de *Madame d'Hautefort* ; les deux fragmens de l'enveloppe fur laquelle eft écrite l'énumération d'un Contrat de mariage, d'un Certificat de la celebration de fon mariage avec la Suppliante, & d'un Teftament du 24 Septembre, titres que le Comte d'Hautefort à reconnu avoir en fa poffeffion, & qu'il vouloit que l'on envoyât bien fi-delement au Château de S. Quentin, où la Suppliante demeure ; le Mé-moire qui afûre que dans la caffette du Comte d'Hautefort, il y a un Teftament qu'il a fait à Hauterive, font reconnus par le fuffrage unanime

des

des cinq Experts être entierement écrits de la main du Comte d'Hautefort ; & fur ces trois pieces les Experts s'expliquent fans ambiguité, d'une
maniere qui confond le Marquis d'Hautefort : par rapport aux deux Lettres poftérieures à la celebration du mariage , qui portent au Marquis
d'Hautefort un fi rude coup ; il y en a une fur laquelle les cinq Experts fe
font encore réunis pour. y reconnoître la main du Comte d'Hautefort , il
n'y a qu'un feul mot, indifferent par lui-même , fur lequel deux Experts.
feulement ont dit qu'ils ne pouvoient pas connoître l'auteur de trois lèt-
tres (v , o , i ,) qui entrent dans ce mot, *parce que ces lettres font fans forme.*
A l'égard de l'autre , trois des cinq Experts rendent hommage à la verité
de la lettre en fon entier , & deux autres parfaitement d'accord avec
leurs Confreres fur ce qu'il peut y avoir de plus frappant & de plus-déci-
fif en faveur de la Suppliante , fe détachent feulement de leurs Confreres , pour foupçonner un changement produit par une main étrangere
dans deux mots indifferens, qui, s'ils éxiftoient actuellement dans cette
Lettre , tels que ces deux Experts fuppofent qu'ils ont été écrits originairement , n'affoibliroient en rien les argumens que la Suppliante tire de
cette Lettre. On a été obligé d'entrer dans ce détail éxact , pour détruire
ce que le Marquis d'Hautefort a dit dans fa derniere Requête contre la
Suppliante, *qu'il ne faut que la reconnoiffance des Experts , pour la couvrir éter-*
nellement d'opprobres , & pour détromper ceux qui ont pû concevoir des fentimens
favorables pour elle. Ce difcours odieux comparé aux éclaircissemens qu'adminiftrent les dépofitions des Experts, leur récollement & leur confrontation fur cinq pieces qui accablent fans reffource le Marquis d'Hautefort, ne fera pas bien propre à détromper le Public en fa faveur.

Mais voici un dernier trait d'impudence , dont il fera à jamais impoffible au Marquis d'Hautefort de fe juftifier.

Cette Lettre qui fait la feiziéme des pieces verifiées , dans laquelle le
Comte d'Hautefort reconnoît avoir en fa poffeffion les titres qu'il croyoit
avoir remis à la Suppliante, fut imprimée à Paris en 1728 , avec cette
date (27 Decembre) fans expreffion d'année. Lorfque cette Lettre fut
donnée au Public avec plufieurs autres , la Suppliante qui follicitoit des
défenfes contre la procédure de Laval, & qui avoit eu le bonheur de fe
tirer des mains des Archers qui l'avoient enlevée , étoit alors obligée de
fe cacher pour fe fouftraire à la fureur de fes ennemis. Ainfi , elle ne put
pas veiller par elle-même à cette impreffion.

A la fuite de cette Lettre imprimée avec la date de 27 Decembre à
Paris , fe trouvoit une autre Lettre du Comte d'Hautefort datée du 31
Decembre qui commençoit par ces mots , *j'arrive de Rambouillet où j'ai refté*
une quinzaine , c'eft ce qui m'a empêché de répondre à votre derniere.

De-là le Marquis d'Hautefort prétendit , lors de la plaidoirie de 1729,
tirer un argument pour prouver la fauffeté de la Lettre où le Comte
d'Hautefort parle de fon Contrat de mariage. S'il eft prouvé, difoit le
Marquis d'Hautefort , par la Lettre du 31 Decembre , que le Comte
d'Hautefort arrivoit alors de Rambouillet *où il avoit paffé une quinzaine ;* fi
ce féjour de quinzaine à Rambouillet *l'a empêché de faire réponfe* à celle à
qui il écrit ; il n'eft donc pas vrai que le Comte d'Hautefort ait écrit à
Paris le 27 Decembre la Lettre dans laquelle il eft parlé du Contrat de

F

mariage, & par conséquent cette prétendue Lettre est fausse.

Pour dissiper cette illusion la Suppliante, dès l'après-midi même du jour que ce bel argument avoit été proposé de la part du Marquis d'Hautefort représenta à plusieurs de ses Juges l'original de cette Lettre datée, non pas du 27 Décembre, mais du 17 : par cet éclaircissement la contradiction que le Marquis d'Hautefort s'efforçoit de trouver entre ces deux Lettres s'évanouissoit absolument.

On ne s'attendoit pas que le Marquis d'Hautefort revînt à la charge sur ce fait, on s'attendoit encore moins que ce fait pût fournir l'occasion de débiter contre la Suppliante une horrible calomnie qu'il lui est important de confondre; & pour qu'il ne reste aucune équivoque sur ce point, on va rapporter le passage de la Requête du Marquis d'Hautefort en entier.

Après avoir relevé dans cette Requête les observations des Experts que le Marquis d'Hautefort prétend lui être favorables. Voici éxactement ce qu'il dit.

» Il faut ajoûter à toutes ces observations, tirées des dépositions mê-
» mes des Experts, une circonstance sur laquelle ils n'ont pû porter leur
» Jugement, *mais qui est d'une conséquence extrême*, lorsque la Demoiselle de
» Kerbabu fit imprimer ces mêmes Lettres une première fois, la seiziéme
» qui est celle qui parle du prétendu Contrat de mariage, étoit datée du
» 27 Décembre, sans dire de quelle année : la même date s'est trouvée
» dans les copies signifiées de ces Lettres, & dans le Memoire imprimé
» de la Demoiselle de Kerbabu. Lors de la plaidoirie de l'année derniere,
» on fit connoître que cette date étoit manifestement fausse, & ne pou-
» voit se concilier avec la Lettre suivante datée du 31 du même mois,
» où le Comte d'Hautefort s'excuse de n'avoir point fait réponse à la De-
» moiselle de Kerbabu depuis une quinzaine. Pressée par la force de cette
» objection, la Demoiselle de Kerbabu a répandu dans la suite, que la
» veritable date de la seiziéme Lettre étoit du 17, & non pas du 27.
» *On sent qu'il faut peu de travail pour changer un chiffre*; mais comme ce chan-
» gement pouvoit frapper les Experts, & que s'ils l'eussent reconnu, *la*
» *Demoiselle de Kerbabu se trouvoit confondue dans un article decisif*; pour ne
» pas courir les risques de cette découverte, *elle a eu soin de déchirer le pre-*
» *mier chiffre de cette date, avant que de remettre ces pieces au Greffe du Châ-*
» *telet*, en sorte que l'on ne voit plus que le (sept), & qu'il n'y a plus
» auparavant en chiffre ni (dix) ni (vingt); c'étoit le vrai secret d'empê-
» cher que l'altération & la fausseté ne fussent connues : mais cette pré-
» caution même ne découvre-t'elle pas le crime ? Car enfin, présumera-
» t'on que de tant de chiffres qui sont au bas de ces lettres, *le seul dont la*
» *fausseté ait été relevée d'une maniere si propre à confondre l'imposture*, se trouve
» enlevé & déchiré par hazard ? Présumera-t'on que par un effet du même
» hazard, de deux chiffres qui composent la date d'une seule Lettre, il n'y
» en ait qu'un déchiré, parce que c'est précisément celui-là qui faisoit la
» difficulté ? *Il est impossible de ne pas reconnoître dans cet événement une main*
» *hardie qui sçait se tirer de tous les embarras, par des coups qu'aucun autre n'au-*
» *roit osé tenter.*

Il est réservé au Marquis d'Hautefort de pouvoir rassembler en si peu

de mots tant d'impoſtures ; mais pour les confondre, il ne faut que con-
ſulter le Procès verbal que vous avez dreſſé, Monſieur, en préſence de
M. le Procureur du Roy, des pieces que la Suppliante a dépoſées à votre
Greffe.

Ce Procès verbal conſtate *qu'après la ſignature* d'Hautefort, qui eſt au
pied de cette ſeiziéme Lettre, *il ſe trouve une déchirure dans le mot* (à Paris),
& au-deſſous ſont ces mots (17 Decembre) . . . . . *qu'au-deſſous de la ſignature
d'Hautefort, & à côté du chiffre* (17) *eſt une déchirure.*

Ainſi au moment que le dépôt a été fait de cette ſeiziéme lettre,
au moment qu'a été dreſſé le Procès verbal de cette piece, la date de
la lettre exiſtoit dans ſon integrité, & cette date étoit non pas du 27,
mais du 17 Decembre : donc il eſt faux que la Suppliante avant que de
remettre cette piece au Greffe, ait déchiré le premier chiffre de cette
date. La déchirure étoit alors à côté des chiffres qui formoient la date
(17) mais elle n'entamoit point ces chiffres, le chiffre (1) qui précedoit
le chiffre (7) pour faire la date (17) a paru à vos yeux, Monſieur, lors
du Procès verbal par lequel vous en avez conſtaté l'exiſtence, & ſi le
Marquis d'Hautefort peut être encore ſenſible aux remords, l'éclairciſſe-
ment qu'adminiſtre ce procès verbal, doit le couvrir de confuſion. On
peut à ce trait juger de la foi que merite tout ce que le Marquis d'Hautefort débite dans le monde. Dans le paſſage que l'on vient de rapporter,
il impute à la Suppliante deux crimes atroces, l'un d'avoir falſifié une
date, l'autre d'avoir déchiré artificieuſement un des chiffres qui compo-
ſoient cette date falſifiée, pour dérober aux Experts la connoiſſance de
cette falſification, & ce dernier crime avoit, ſelon lui, précedé le dépôt de
la Lettre, on ne ſe perſuade pas qu'un homme de la condition du Marquis d'Hautefort avance des faits de cette qualité ſans être en état de
les prouver. Cependant quand on conſulte un Procès verbal juridique de
l'état de la piece que le Marquis d'Hautefort ſuppoſe alterée, Procès
verbal dreſſé à l'inſtant même du dépôt, au lieu d'y trouver la preuve
des crimes qu'il plaît au Marquis d'Hautefort d'imputer à la Suppliante,
& qui, ſi l'on pouvoit en ſoupçonner la Suppliante, devroient la rendre
l'objet de l'execration publique, on y trouve au contraire contre le Marquis d'Hautefort la preuve litterale & complette de la plus horrible &
de la plus impudente calomnie qu'il ſoit poſſible d'imaginer.

Dès qu'il ne reſte aucun ſoupçon ſur la verité des cinq pieces déciſives qui accablent le Marquis d'Hautefort, en ce qu'elles prouvent que
le Comte d'Hautefort avoit en ſa poſſeſſion au moment de ſon décès,
les titres juſtificatifs de l'état de la Suppliante, & qu'il avoit pris des meſures pour que ces titres fuſſent envoyez fidelement au Château de Saint
Quentin, on pourroit ſe diſpenſer d'examiner les réflexions que les Experts
ont faites ſur les autres pieces moins importantes. Car la verité des cinq
pieces capitales étant pleinement aſſurée, il ne tombera ſous le ſens de
perſonne, que la Suppliante ait pu être tentée de faire ou de faire faire
des alterations ſur d'autres pieces dont elle ne peut jamais tirer que des
avantages très-legers. Cependant pour diſſiper juſqu'aux moindres nuages,
on va ſuivre le Marquis d'Hautefort dans tous ſes égaremens.

Il prétend par ſa Requête que dans la cinquiéme lettre il y avoit originairement, je ne doute pas que ma sœur & ma niece n'aillent à Saint Quentin vous y prendre, & qu'au lieu de cela on a mis *je ne doute pas que ma sœur & ma niece n'aillent à Saint Quentin nous y attendre tous*, cette alteration selon le Marquis d'Hautefort a été faite pour insinuer que l'intention du Comte d'Hautefort étoit d'aller trouver la Demoiselle de Kerbabu à Saint Quentin, contre les veritables termes de la Lettre qui présentoient un sens tout contraire, & qui annonçoient que l'on devoit amener la Demoiselle de Kerbabu à Hauterive. Les Experts décrivent la maniere dont ce changement a été fait, *des lettres gratées*, d'autres substituées à celles qui y étoient originairement le mot (*tous*) ajoûté en interligne, ces réformes le mot (*tous*) sont de main étrangere, ajoûtées après coup, d'autre plume & encre; il y a dans la septiéme Lettre un changement qui a été fait dans la même vûe de persuader que le dessein du Comte d'Hautefort étoit d'aller à Saint Quentin pour se marier. Il y avoit dans cette septiéme Lettre, en parlant de la Dame d'Epinay, sœur du Comte d'Hautefort, *elle espere arranger le tout pour vous aller prendre pour venir à Hauterive, y passer un mois, la même compagnie y sera à ce que j'espere, je compte faire route pour mon gaillardin après Pâques, les beaux jours & les chemins se trouvent en ce tems-là.* Présentement au moyen des changemens qu'y ont été faits, voici ce qu'on lit, *elle espere arranger le tout pour vous aller prendre pour venir tous à Hauterive, je passerai par chez moi, la même compagnie y sera à ce que j'espere, je compte faire route pour mon Gaillardin, après à Saint Quentin, les beaux jours & les chemins se trouvent en ce tems-là.* Et comme l'infidelité se confond souvent elle même, au moyen de ce changement il n'y a plus de sens dans le discours, au lieu qu'il étoit parfait auparavant, on dit fort bien, *je compte faire route pour mon Gaillardin après Pâques, les beaux jours & les chemins, se trouveront en ce tems-là*, mais on n'a jamais dit, *je compte faire route pour mon Gaillardin, après à Saint Quentin, les beaux jours & les chemins se trouvent en ce tems-là.* Quand on a parlé du tems de Pâques on peut dire que les beaux jours se trouvent en ce tems-là, mais on ne le peut pas dire quand on n'a parlé d'aucun tems, mais seulement du lieu de S. Quentin.

Quelques reflexions bien simples vont dissiper ces illusions.

1°. Tous les Experts ont remarqué que le Comte d'Hautefort *écrivoit avec une grande celerité & rapidité de main qui a donné occasion à plusieurs retouches & corrections de mots & lettres ajoûtées, tant dans les lignes que dans les interlignes, non-seulement dans les pieces de question, MAIS ENCORE E'S PIECES DE COMPARAISON, & d'autant QUE CE DEFAUT SE TROUVE E'GALEMENT DANS LE TESTAMENT & dans lesdites missives, il est évident que l'auteur des pieces de comparaison est le même qui a fait le corps d'écriture & signature desdites 21 pieces de question, à la réserve de toutes les remarques & observations ci-dessus.*

Il y a pourtant une circonstance qui pourroit faire quelque impression si elle n'étoit pas éclaircie. C'est ce que les Experts ont remarqué que dans quelques-unes des pieces de question, (non pas à la verité dans les cinq pieces décisives dont on a fait cy-dessus l'analyse) mais dans quelques-unes des autres qui ne sont pas à beaucoup près si importantes, *il y a des lettres gratées avec ferrement.* Voilà la seule circonstance qui pourroit faire raisonnablement soupçonner quelque alteration artificieuse dans les pieces dont il s'agit. Car on conçoit bien que le Comte d'Hautefort écrivant avec rapidité,

pidité, a pu effacer des mots, en fubftituer d'autres, en ajoûter quelques uns, hors ligne, ou en interligne, faire des retouches & des corrections, mais on ne conçoit pas qu'un homme de fon rang, qui écrit familierement à une Demoifelle qu'il aime & qu'il recherche en mariage, ait pris la peine pour changer ce qu'il avoit pu écrire de *grater des lettres avec un ferrement.*

Mais malheureufement cette circonftance de lettres gratées avec un ferrement fur laquelle feule le Marquis d'Hautefort pourroit fonder des foupçons legitimes d'alterations faites après coup & artificieufement par une main étrangere, fe trouve encore éclaircie à fon défavantage.

Quand on confulte le Procès verbal dreffé lors du dépôt des pieces de la Suppliante, il n'eft point du tout parlé de cette circonftance, par ce Procès verbal l'état des pieces eft conftaté avec l'exactitude la plus fcrupuleufe, on y remarque jufques aux moindres lettres un peu furchargées, jufqu'aux moindres déchirures, s'il y avoit paru alors des lettres gratées avec ferrement, ce qui ne peut fe faire fans alterer la fubftance du papier, on n'auroit pas oublié une circonftance fi frappante & fi finguliere.

Il faut donc conclure que le Procès verbal ne parlant point du tout de ce fait, cette alteration remarquée par les Experts n'a été faite que depuis que les pieces ne font plus en la poffeffion de la Suppliante, depuis qu'elle s'en eft défaifie pour les remettre à la Juftice, le Procès verbal qu'elle a eu la précaution de faire dreffer par vous, Monfieur, en préfence de M. le Procureur du Roy, lui garantit l'état où étoient ces pieces au moment qu'elle en a fait le dépôt. Et l'on ne peut imputer qu'aux manœuvres & aux artifices des fes ennemis, les differences qui fe trouvent entre l'état actuel de ces pieces, & l'état auquel elles étoient lors du Procès verbal & du dépôt, d'autant plus qu'en approfondiffant cette affaire on reconnoît que le Marquis d'Hautefort n'a jamais eu d'autre objet que d'imputer à la Suppliante des crimes chimeriques, pour faire perdre de vûe les crimes réels dont il eft coupable; d'autant plus enfin qu'on apprend par la dépofition de Marie Ecrivain, que le Marquis d'Hautefort a trouvé des facilitez, même dans la maifon de M. le Procureur du Roy, pour voir ces pieces, & pour les faire voir par qui il a jugé à propos.

2°. Il y a de l'illufion à prétendre qu'on ait fait les prétendues alterations relevées par le Marquis d'Hautefort dans la cinquiéme & dans la feptiéme Lettre, pour infinuer que le deffein du Comte d'Hautefort étoit d'aller à Saint Quentin, puifque ce deffein du Comte d'Hautefort fe trouve clairement expliqué dans la fixiéme lettre par un fragment fur la verité duquel il n'y a aucun nuage, & qu'aucun des Experts n'a foupçonné de changement ni d'alteration.

Dans cette fixiéme Lettre le Comte d'Hautefort après avoir dit qu'il comptoit aller voir la Suppliante dans le mois d'Avril, ajoûte, *ce qui m'embarraffe, c'eft la vifite, qu'il faudra que je rende à M. le Blanc, qui ne fera pas ma cour dans ce païs-cy.*

Toute la France fçait que feu M. le Blanc dans le tems de fa difgrace étoit à Avranches chez M. l'Evêque d'Avranches fon frere. Avranches n'eft éloignée de S. Quentin que d'une petite lieue, fi le deffein du Comte d'Hautefort n'avoit été que d'aller chez lui à Hauterive qui eft éloigné d'Avran-

G

ches de plus de vingt lieues, il n'auroit pas dit, *ce qui m'embarraſſe, c'eſt la viſite qu'il faudra que je rende à M. le Blanc, qui ne fera pas ma cour dans ce païs-cy ;* mais ayant formé le deſſein d'aller à S. Quentin, qui eſt aux portes d'Avranches, la viſite de M. le Blanc l'embarraſſoit, & il craignoit de ſe compromettre, en rendant viſite à un Miniſtre qui étoit alors diſgracié.

Il ne faut que ces réflexions pour détruire tout ce que le Marquis d'Hautefort relève dans la 5ᵉ & la 7ᵉ piece, d'autant plus que des cinq Experts, il y en a deux, Sauvage & Ruette, qui après avoir ſoupçonné dans leurs dépoſitions qu'il y avoit dans ces deux lettres quelques alterations & quelques changemens faits par une main étrangere, ont déclaré au recollement *que par une nouvelle attention qu'ils avoient faite ſur ces pieces, tous les mots qui ſe voyent écrits en interlignes dans pluſieurs d'icelles, y ont été faits par l'auteur d'icelles ; que la différence qui ſe trouve entre eux provient de deux choſes, premierement de la taille de la plume, laquelle étant plus ou moins groſſe, a produit des effets qui paroiſſent d'un genie d'écrire different, à ceux qui ne ſont pas dans l'uſage de connoître l'écriture, & qui n'en jugent que par l'apparence. Secondement, encore par la diſpoſition où s'eſt pu trouver le Comte d'Hautefort dans le moment qu'il les a faites, qui pour lors pouvoit être dans une ſituation plus ou moins libre pour écrire, ce qui apporte ſouvent quelques changemens dans l'air d'écrire, ſans rien ôter du fonds radical du caractere, ce qui en fait reconnoître la verité, comme elle ſe reconnoît auſſi par l'habitude dans laquelle étoit leur auteur de mettre non ſeulement des mots en interligne ; mais auſſi d'en rayer dans le contexte de ſes écrits, puiſque le Comte d'Hautefort l'a auſſi fait dans ſon Teſtament.*

Ces mêmes réflexions écartent ce que prétend le Marquis d'Hautefort, que dans la 6ᵉ lettre il y avoit originairement, *je compte vous aller voir dans le mois d'Avril avec votre permiſſion,* L'AYANT DU MAÎTRE ET DE LA MAÎTRESSE, & qu'on a changé ces derniers mots en ceux-ci, ETANT LE MAÎTRE ET VOUS LA MAÎTRESSE, & que tous les Experts conviennent de *cette fauſſeté inſigne, & reconnoiſſent que pour y parvenir qu'on a graté des lettres, & qu'on en a écrit d'autres d'une main étrangere.*

Mais 1°. quel intereſt auroit pu avoir la Suppliante de faire cette alteration, quels avantages acqueroit-elle ſur le Marquis d'Hautefort, en ſubſtituant ces mots, *étant le Maître & vous la Maîtreſſe,* à ceux-ci, *l'ayant du Maître & de la Maîtreſſe.*

2°. Il faut pour jamais écarter toute idée de lettres gratées avec ferrement, dès qu'on n'en trouve aucune trace dans le Procès verbal dreſſé lors du dépoſt des pieces.

3°. Il s'en faut bien que ces Experts ſoient unanimes ſur ce point. Lambert lui-même, qu'il paroît que le Marquis d'Hautefort appelle le plus ſouvent à ſon ſecours que les autres, n'oſe pas dire preciſément que ce changement ſoit l'ouvrage d'une main étrangere ; Sauvage & Ruette dans le récollement, diſent preciſément que tous les changemens ſont de la main du Comte d'Hautefort, & des cinq Experts il n'y a que Collot qui ait dit à la confrontation ce qu'il n'avoit point dit ni dans ſa dépoſition ni dans ſon recollement, que la lettre (t) qui termine le mot (l'ayant) eſt d'une main étrangere.

Il y a dans la lettre 11ᵉ une ligne entiere qui déplaît fort au Marquis d'Hautefort ; cette ligne eſt, *je veux devenir votre Maître :* voici les détails dans lesquels le Marquis d'Hautefort entre à cet égard.

» *La onziéme lettre*, dit-il, *présente encore des preuves de la temerité de la*
» *Demoiselle de Kerbabu.* Il y avoit dans cette lettre, *je voudrois bien que vous*
» *prissiez vos mesures pour venir avec ma sœur passer un mois à Hauterive.* Le
» faussaire qui a voulu donner à ces lettres un sens qui pût favoriser les
» projets de la Demoiselle de Kerbabu, a glissé une ligne entiere au mi-
» lieu de cette phrase ; parce qu'elle se trouvoit justement au bas d'une
» page , & en changeant une partie des lettres qui précedent, il a fait un
» discours tout nouveau ; *je voudrois bien que vous prissiez vos mesures pour*
» *venir avec moi, je veux devenir votre Maître. Ma sœur passera un mois à Hau-*
» *terive.* Pour cacher cette fausseté & cette alteration la Demoiselle de
» Kerbabu faisant imprimer les lettres, au lieu du mot (passer) qui est dans
» l'original , & qui ne s'accommode point avec la phrase, a fait mettre
» (passera) ; mais cette nouvelle infidelité ne sert qu'à faire connoître
» combien il faut être en garde contre tout ce qui vient de sa part. Il
» ajoûte tout de suite : les Experts en examinant cette alteration , sont
» tous convenus qu'il y avoit originairement, *je vous prie de prendre vos me-*
» *sures pour venir avec ma*, ce qui se lioit parfaitement avec ce qui suivoit
» originairement *sœur passer un mois à Hauterive*, que du mot (ma) on a fait
» (moi), on a ajoûté ensuite la ligne entiere, (*je veux devenir votre Maître*)
» & comme ces mots (*sœur passer un mois à Hauterive*) ne signifioient plus
» rien & n'avoient plus de commencement, on a mis au marge le mot
» (ma) pour faire (*ma sœur passer un mois à Hauterive*) , les Experts dou-
» tent si la ligne (*je veux devenir votre Maître*) est de la main de l'auteur de
» la missive ; ce qui les a tenus en balance est que le papier leur a paru
» spongieux, & qu'ils ont cru que la difference visible de l'écriture pou-
» voit venir de la mauvaise qualité du papier ; mais pour le mot (ma)
» qui est en marge, Lambert déclare expressément qu'il est d'une main
» étrangere.

Tout ce discours du Marquis d'Hautefort aboutit donc à persuader
que dans cette onziéme Lettre, un faussaire, pour favoriser les projets
de la Suppliante, a ajoûté cette ligne entiere , *je veux devenir votre maître.*

Mais 1°. quel interêt auroit eu la Suppliante de faire faire cette addition, qui ne pouvoit lui servir qu'à prouver un projet de mariage ? Avoit-
elle besoin de ce secours, quand elle avoit en main d'autres pieces décisives qui assuroient la verité de la celebration de son mariage , & qui
constatoient que le Comte d'Hautefort avoit en sa possession les titres
justificatifs de ce mariage , qu'il avoit renfermez dans un paquet , pour
que ce paquet fût remis fidélement à la Suppliante.

2°. Il n'y a aucun des cinq Experts qui ne reconnoisse que cette ligne
je veux devenir votre maître, est de la main du Comte d'Hautefort. Lambert lui-même , suivant lequel le mot (ma) qui suit immédiatement ces
mots, *je veux devenir votre maître* , & qui est à la tête de la premiere ligne
du second recto de cette Lettre, est d'une main étrangere, a été forcé
de reconnoître que les mots, *je veux devenir votre maître*, lui ont paru
dans le même air & genie d'écrire que les autres lignes, qu'il a déclarées être
de la main du Comte d'Hautefort.

3°. Des cinq Experts, Lambert est le seul qui répande du doute sur la
verité du mot (ma).

Les quatre autres décident nettement, que ce mot (ma) est de la main du Comte d'Hautefort.

4°. Dès qu'il est certain que la ligne *je veux devenir votre maître*, est de la main du Comte d'Hautefort, le vice qui se trouve dans la construction de la phrase est indifferent, & ne peut pas affoiblir la certitude du fait, que cette Lettre est entierement de la main du Comte d'Hautefort; & au contraire le vice de construction écarte absolument le soupçon que cette ligne *je veux devenir votre maître*, ait été ajoûtée après coup par un faussaire, qui ait eu pour objet de favoriser la Suppliante; car le faussaire qui se seroit donné la peine d'ajoûter cette ligne, n'auroit pas oublié de la faire quadrer éxactement à ce qui précede & à ce qui suit.

Voilà pourtant où se réduisent les avantages que le Marquis d'Hautefort s'efforce de tirer du travail des Experts, & qu'il a annoncez dans sa Requête, comme propres à *couvrir éternellement d'opprobres la Suppliante, & à détromper tous ceux qui pouvoient avoir conçû des sentimens favorables pour elle*. Quand on approfondit les choses tout parle en faveur de la Suppliante, & tout s'éleve contre la temerité de son ennemi.

Des vingt-une pieces qui ont été verifiées, il y en a cinq décisives en faveur de la Suppliante, & accablantes pour le Marquis d'Hautefort. Sur la verité de ces cinq pieces il ne reste pas le moindre nuage, il y en a seize autres qui, à parler sincerement, ne sont pas d'une grande consideration dans l'affaire dont il s'agit: on a essayé d'élever quelques doutes sur la sincerité de quelques parties de ces pieces; mais ce qu'il pourroit y avoir de plus frappant & de plus suspect, se trouve encore éclairci à l'avantage de la Suppliante, & à la confusion du Marquis d'Hautefort. Lambert lui-même, qui, entre les cinq Experts, paroît avoir eu le plus de propension à favoriser le Marquis d'Hautefort, n'a pû s'empêcher de déclarer, que les pieces dont il s'agit, dans le nombre de celles qu'il a reconnu être écrites & signées par un même auteur, *portent en elles un air de candeur, & qu'il n'y a point de faussaire, autant experimenté qu'il puisse être dans son pernicieux talent, qui pût ni osât entreprendre de fabriquer tant de pieces, sans se déranger de l'air, du génie d'écrire & de signer, de celui qu'il voudroit imiter*.

On s'est cru obligé d'entrer dans un détail assez éxact, pour dissiper jusqu'aux moindres nuages, parce que dans cette affaire ce sont réellement les preuves litterales qui portent les plus rudes coups au Marquis d'Hautefort, leur verité une fois bien établie, il ne lui reste point de ressource; & quand, ce qui n'arrivera point, les précautions qu'il a prises pour dérober la connoissance des crimes qu'il a commis dans les tenebres, lui assureroient une espece d'impunité dans les Tribunaux de la Justice, il est un autre Tribunal encore plus redoutable pour ceux qui ont des sentimens, où il ne parviendra jamais à se justifier; & ceux-mêmes qui paroîtront s'interesser pour lui, le condamneront dans le fonds de leur cœur: mais qu'il ne se flatte point, ces preuves rapprochées des preuves vocales que l'instruction a fournies, vont mettre dans une parfaite évidence les démarches criminelles dont il s'étoit flatté de rendre la découverte impossible.

Quels sont les crimes que la Suppliante défere à la Justice? Le Comte d'Hautefort d'Hautefort qu'elle a époufé au mois de Septembre 1726, n'a pas jugé à propos de rendre d'abord fon mariage public ; il a été furpris au mois de Fevrier 1727, par une mort inopinée, dans le tems qu'il fe difpofoit à déclarer fon mariage, & à affurer l'état de la Suppliante ; il avoit en fa poffeffion les titres juftificatifs de fon mariage ; peu de jours après la celebration de fon mariage, il avoit fait à Hauterive un Teftament olo-graphe en faveur de la Suppliante ; ce Teftament & les titres relatifs au mariage étoient au moment du décès du Comte d'Hautefort, parmi fes papiers & dans fa caffette. Après fa mort on a fouillé dans fa caffette, les titres qui y étoient ont difparu, il n'en éxifte aucune trace ni dans les Procès verbaux d'appofition & de levée de fcellé, ni dans l'Inventaire qui ont été faits après la mort du Comte d'Hautefort ; & c'eft dans la fuppreffion de ces titres qui interreffoient la Suppliante, que confifte le principal crime dont elle fe plaint.

Par quelle route peut-on parvenir à manifefter à la Juftice un crime de cette qualité ?

Il faut commencer par affurer la verité du fait qu'il y a eu un mariage celebré, & un Contrat de mariage paffé entre le Comte d'Hautefort & la Suppliante, & que le Comte d'Hautefort avoit fait à Hauterive un Teftament olographe, different de celui que reprefente aujourd'hui le Marquis d'Hautefort.

Ce premier fait éclairci, il faut conftater que le Contrat de mariage, les autres Actes juftificatifs de ce mariage, & ce Teftament fait à Haute-rive, éxiftoient au moment de la mort du Comte d'Hautefort, parmi fes papiers dans fa caffette. Que depuis la mort du Comte d'Hautefort & avant l'appofition des fcellez, on a fouillé dans la caffette où ces pa-piers étoient confervez, & que ceux qui y ont fouillé ont eu en leur poffeffion differens papiers dont ils ont difpofé, & qu'ils n'ont jamais fait paroître aux yeux des Officiers qui ont procedé à l'appofition & à la levée des fcellez, & à la confection de l'Inventaire. Si la Suppliante vient à bout de prouver tous ces faits, il ne refte aucune reffource au Marquis d'Hautefort, ni à ceux qui ont favorifé fon crime.

Qu'il y ait eu un mariage celebré, & un Contrat de mariage paffé entre le Comte d'Hautefort & la Suppliante, les preuves litterales que la Sup-pliante a détaillées ne laiffent aucun doute fur ce point.

Elle rapporte une expédition en bonne forme de l'Acte de celebration de fon mariage, qui lui a été délivrée par un Officier public fur un ori-ginal qui s'eft trouvé dans un Regiftre confervé dans le dépôt public d'un Greffe Royal. Il eft vrai que la feuille fur laquelle eft infcrit ce mariage, n'eft point une portion de ce Regiftre, c'eft une feuille détachée qui n'eft ni cottée ni paraphée : mais fi par cette raifon le monument qui affure la verité du mariage de la Suppliante, n'eft pas auffi authentique qu'on pourroit le defirer, cette circonftance ne peut jamais en rendre la verité fufpecte. L'Officier public qui en a délivré l'expédition, attefte que la feuille fur laquelle il a trouvé infcrit ce mariage *eft en papier timbré figné des Parties & du Prieur d'Argentré, ainfi qu'il nous eft apparu.* Cet Officier Gref-fier de la Juftice Royale de Laval, étoit bien à portée de connoître la fi-gnature du Comte d'Hautefort, qui poffedoit aux portes de Laval une

H

Terre où il étoit très-souvent, & où il pouvoit avoir passé une infinité d'Actes; & la signature d'un Curé, de la main de qui étoient écrits la plûpart des Actes de Baptêmes, Mariages & sépultures inserez dans les Registres dont ce Greffier Royal étoit dépositaire. Et ce Greffier qui a délivré à la Suppliante l'expédition de cet Acte de celebration, pouvoit encore aller plus loin, & attester, comme il est vrai, que le corps de cet Acte de celebration est entierement écrit de la main du Sr le Blanc, Curé d'Argentré, mort quinze jours après la celebration de ce mariage, & plus de quatre mois avant la mort du Comte d'Hautefort : ainsi l'on ne peut pas soupçonner cet Acte d'avoir été fabriqué depuis la mort du Comte d'Hautefort.

Quand la Suppliante ne rapporteroit que ce seul titre qui réside dans un dépôt public, dans un de ces Registres dépositaires de l'état des hommes, il ne seroit pas possible de révoquer en doute la verité de la celebration de son mariage avec le Comte d'Hautefort; mais ce monument public se trouve dans sa main appuyé par une foule de monumens domestiques, qui concourent à manifester la même verité.

Elle rapporte une prodigieuse quantité de Lettres du Comte d'Hautefort entierement écrites de sa main, dont les unes, antérieures à la celebration du mariage, annoncent clairement un projet de mariage, & une recherche fondée sur l'estime la plus pure; & les autres postérieures à la celebration de ce même mariage, prouvent sensiblement l'execution du projet, & la réalité de la celebration, *si je n'avois pas eu l'honneur de vous épouser, soyez certaine que je partirois demain*, & parlent disertement d'un Contrat de mariage que le Comte d'Hautefort accuse avoir en sa possession.

Elle joint à toutes ces preuves une Quittance de dot, où le Comte d'Hautefort la qualifie *Madame d'Hautefort*, & parle encore de son Contrat de mariage.

Enfin, toutes ces pieces se trouvent encore fortifiées par les fragmens de l'enveloppe du paquet, où le Comte d'Hautefort avoit rassemblé toutes les pieces qu'il vouloit que l'on envoyât à la Suppliante, & au nombre desquelles étoient *son Contrat de mariage, le Certificat de son mariage avec elle*.

La Suppliante munie de toutes ces pieces, sur la verité desquelles il ne peut plus maintenant rester de doute, croit avoir eu quelque raison de ne pas déferer au conseil que le Marquis d'Hautefort lui donnoit dans une lettre qu'il lui a écrite depuis la mort du Comte d'Hautefort son oncle, où il dit en propres termes : *à l'égard du prétendu mariage, je vous conseille d'en oublier jusqu'à l'imagination, personne n'en sera la duppe, & M. d'Hautefort étoit trop connu & trop estimé, pour en pouvoir être soupçonné à son âge; & tout ce que vous en pourrez dire ne pourra que faire beaucoup de tort à votre réputation, vous faire des ennemis de sa famille, & au bout de cela, cela ne persuadera personne; faites-moi la grace d'être persuadée, Mademoiselle, que je vous donne un bon conseil.* On peut juger à ce trait jusqu'où le Marquis d'Hautefort a poussé dans cette affaire l'injustice & l'aveuglement.

Que le Comte d'Hautefort ait fait à Hauterive un Testament olographe, different de celui par lequel le Marquis d'Hautefort est institué Legataire universel, c'est encore un fait dont le Comte d'Hautefort a pris soin d'administrer des preuves convainquantes, soit dans un Memoire daté du 15 Decembre 1726, entierement écrit de sa main & signé de lui, où il dit expressément, *j'ai dans ma Cassette mon Testament fait à Hauterive*, soit dans les fragmens de cette enveloppe aussi écrite de la main du Comte d'Hautefort, où il parle d'un Testament du 24 Septembre. Certainement ce Testament fait à Hauterive & daté du 24 Septembre, ne peut pas être confondu avec celui que represente le Marquis d'Hautefort, qui est fait à Paris, & qui est daté du premier Avril 1726.

Que les titres justificatifs du mariage de la Suppliante avec le Comte d'Hautefort, & ce Testament fait à Hauterive le 24 Septembre se soient necessairement trouvez au moment de la mort du Comte d'Hautefort parmi ses papiers & dans sa Cassette, c'est un point constaté avec la plus parfaite évidence par les preuves litterales qu'on a déja eu occasion de détailler une infinité de fois.

On voit par une premiere lettre du Comte d'Hautefort, qu'il croyoit avoir remis tous ces titres à la Suppliante, & qu'il lui recommande dans les termes les plus expressifs de les garder soigneusement. MAIS GARDEZ BIEN ET AVEC SOIN LES PAPIERS QUE JE VOUS AI DONNEZ ; *car si je venois à manquer* AVANT QUE NOTRE MARIAGE FUST DECLARE', *vous mettriez par là bien à la raison tous les gens qui se pourroient avec grand tort persuader que je ne pouvois point par notre Contrat de mariage vous donner tout mon bien.*

On voit dans une seconde lettre que le Comte d'Hautefort a été depuis desabusé de cette idée par la Suppliante, & qu'aussi-tôt il s'est mis en devoir de lui administrer une preuve litterale par laquelle elle pust constater que ces titres étoient restez en la possession du Comte d'Hautefort. *Vous aviez raison, en arrivant à Paris j'ai trouvé ce que je croyois vous avoir donné à Hauterive, le tout est ensemble avec notre Contrat de mariage dans ma Cassette avec sûreté.... J'ai dans ma Cassette mon Testament fait à Hauterive..... le reste est bien en forme.* Il est évident que le Comte d'Hautefort n'instruisoit la Suppliante du lieu où l'on devoit trouver son Testament fait à Hauterive, que parce que ce Testament contenoit des dispositions qui lui étoient avantageuses.

Non seulement le Comte d'Hautefort conservoit dans sa Cassette les titres qui pouvoient interesser la Suppliante, mais il avoit eu la précaution de les renfermer dans un paquet, & d'écrire de sa main sur l'enveloppe de ce paquet l'énumeration des pieces contenues dans le paquet, & la destination de ces mêmes pieces. C'est ce qu'on apprend par les fragmens de l'enveloppe sur laquelle toute dechirée & toute brulée qu'elle est, il reste encore des vestiges écrits de la main du Comte d'Hautefort, qui fournissent à la Suppliante une preuve sous le poids de laquelle il faudra que le Marquis d'Hautefort succombe. *Mon Contrat de mar, mon Testament du 24 Septembre, le Sertif. de mon mariage avec elle, pour le tout être envoyé bien fidelement au Château de S. Quentin à Avranches.*

Il faut joindre à toutes ces preuves le recollement de Françoise Champagne qui a été au service du Comte d'Hautefort pendant 15 ans, & qui dit dans ce recollement, ce qu'elle a toujours soutenu depuis à la confrontation, que le jour de la mort du Comte d'Hautefort, Mandex ayant ouvert en sa presence & en celle de Gasselin & de Soutet une Cassette garnie de lames d'acier appartenante au Comte d'Hautefort, *elle y vit plu-*

sieurs paquets cachetez, dont trois ou quatre de la longueur de 8 à 9 pouces sur 5 pouces ou environ de largeur.

Toutes ces differentes preuves rassemblées sous un point de vûë, constatent bien clairement l'existence des titres justificatifs du mariage de la Suppliante, & du Testament olographe fait à Hauterive le 24 Septembre 1726, parmi les papiers & dans la Cassette du Comte d'Hautefort, non seulement dans le tems qui a precedé son decès, mais même depuis sa mort.

Que sont devenus ces papiers, ces paquets cachetez qui ont été vûs dans la Cassette du Comte d'Hautefort le jour de sa mort ? il n'en existe aucune trace dans les Procès verbaux d'apposition & de levée de scellez, ni dans l'Inventaire fait après la mort du Comte d'Hautefort ; il est bien dit dans le Procès verbal d'apposition des scellez, que cette Cassette garnie de lames d'acier, & qui étoit dans la chambre de Mandex, ayant été ouverte, il s'y est trouvé de l'or & des papiers ; il est bien dit dans le Procès verbal de levée des scellez que des papiers qui étoient dans cette Cassette ont été remis avec les autres papiers ; mais on ne designe point ces papiers trouvez dans la Cassete ; & si à l'instant de l'apposition & de la levée des scellez, le Commissaire eût trouvé dans cette Cassette des Paquets cachetez, il n'auroit pas manqué d'en faire mention dans les Procès verbaux, de faire publiquement l'ouverture de ces paquets cachetez, & de faire une description exacte des papiers que les paquets auroient renfermez ; il ne faut donc que cette circonstance pour constater la suppression dont se plaint la Suppliante.

Mais où a-t'on commis le crime de la suppression de ces papiers qui étoient dans la Cassette du Comte d'Hautefort au moment de son decès?

Si l'on en croit une revelation anonime qui s'est trouvée avec les fragmens de l'enveloppe écrite de la main du Comte d'Hautefort, dans un paquet cacheté apporté au Greffe du Parlement par le Curé de S. Jean en Greve, cette suppression a été faite dans la maison de Martinon où le Comte d'Hautefort est mort le 7 Fevrier 1727, vers les neuf heures du matin. Suivant cette revelation on a vû le Marquis d'Hautefort dans une Salle de Martinon occupé à ranger des papiers d'une Cassette, on l'a vû en jetter au feu ; & c'est dans la cheminée de cette salle qu'ont été ramassez les deux fragmens qui accompagnent la révelation.

Le Marquis d'Hautefort s'est étendu dans de grands raisonnemens pour persuader que cette déclaration anonime, dont on ne connoîtra jamais l'Auteur, est l'ouvrage de la Suppliante, & qu'elle est de sa part *un nouveau crime.*

Jusqu'à présent le Marquis d'Hautefort n'a pas été heureux dans les accusations qu'il a formées contre la Suppliante, celle-ci ne fera pas plus d'impression que toutes celles où il a déja échoué.

Si cette révelation anonime s'étoit trouvée toute seule, peut-être seroit-il permis de s'abandonner à quelques soupçons. Mais le paquet qui la contenoit, contenoit en même-tems deux fragmens de papiers, qui ont été soumis à l'examen des Experts ; & que les cinq Experts nommez d'office, ont reconnu unanimement être écrits de la main du Comte d'Hautefort. Dès que cette révelation s'est trouvée accompagnée d'une piece

sur

fur la verité de laquelle on ne peut plus former de doutes, qui eſt averée
écrite de la main du Comte d'Hautefort , & que par conſequent on ne
peut pas ſoupçonner la Suppliante d'avoir fabriquée , il n'eſt pas poſſible
de la ſoupçonner d'avoir fabriqué la révelation , ſi l'auteur de la révelation a craint de ſe manifeſter, parce qu'il n'a pas voulu s'expoſer au reſſen-
timent du Marquis d'Hautefort, qui s'eſt porté dans cette affaire aux violences les plus inoüies, pour ſuffoquer la verité, le Marquis d'Hautefort ne
doit pas prendre delà occaſion d'imputer à la Suppliante un crime chi-
merique, il doit ſeulement ſe feliciter d'être parvenu à étouffer par ſon
crédit une preuve qui auroit été acquiſe à la Suppliante , ſi elle avoit eu
affaire à un ennemi moins redoutable; mais par l'évenement , quoique cette
preuve manque à la Suppliante , le Marquis d'Hautefort n'en ſera pas
moins convaincu par la force de la preuve naiſſante des deux fragmens
de l'enveloppe , & par les autres preuves qui exiſtent au Procès.

Ce qu'il y a de certain , c'eſt que le Comte d'Hautefort avant que de
quitter ſa maiſon pour ſe retirer chez Martinon, avoit très-expreſſément
recommandé à Mandex de lui apporter lui-même ſa Caſſette auſſitôt qu'il
la demanderoit, & de ne la confier à perſonne. Mandex l'a avoué à une
infinité de perſonnes qui ont rendu compte de cette circonſtance dans
leurs dépoſitions , & il en eſt encore convenu dans ſa réponſe à l'article
23. de ſon interrogatoire, à la verité il s'efforce de donner le change en
diſant que le Comte d'Hautefort lui donna cet ordre pour ſon écritoire ,
& qu'il ne fut pas queſtion de la Caſſette. Mais perſonne ne ſe laiſſera ſurprendre à cette équivoque.

Il eſt vrai que le Comte d'Hautefort outre ſa Caſſette dont il parle
dans ſes Lettres & dans le memoire du 15 Decembre 1726 , avoit encore une écritoire de maroquin , fermante à clef, mais ce n'étoit pas dans
cette écritoire que le Comte d'Hautefort ſerroit ſes papiers , c'étoit dans
ſa Caſſette de bois de noyer fermante à ſecret , garnie de lames d'acier
que lui avoit faite un nommé de Viſmes Ebeniſte , qui a été entendu, &
qui dit dans ſa dépoſition, qu'il eût beaucoup de peine à montrer le ſecret au Comte d'Hautefort, & que Mandex l'apprit avec toute ſorte de
facilité, enſorte qu'il n'y avoit que le Comte d'Hautefort & Mandex qui
ſçûſſent ouvrir cette Caſſette. Quand tous les Témoins qui rendent compte dans leurs dépoſitions de ce que Mandex leur a dit à ce ſujet, parlent de la Caſſette , & non pas de l'écritoire, il eſt évident que la réponſe de Mandex doit s'entendre de la Caſſette & non pas de l'écritoire : il
ne tombera en effet ſous le ſens de perſonne , que le Comte d'Hautefort
eût pris tant de précautions , & qu'il eût ſi expreſſément recommandé à
Mandex de lui apporter lui-même une écritoire dans laquelle il n'y avoit
rien , & dont il n'a point été queſtion lors de l'appoſition des ſcellez :
au lieu que cette précaution eſt toute naturelle à l'égard d'une Caſſette
fermante à ſecret , où le Comte d'Hautefort conſervoit ſes papiers les
plus prétieux, qu'il portoit avec lui dans tous ſes voyages , & dont Mandex étoit le ſeul de ſes Domeſtiques qui connuſt le ſecret.

Une autre circonſtance peut encore beaucoup ſervir à appuyer la révelation anonime. Jean-Baptiſte Ligé , Epicier , après avoir rendu compte
dans ſes dépoſitions de l'ordre que Mandex lui a dit avoir reçu de ſon

I

maître, au sujet de son écritoire, ajoûte que *depuis Mandex lui a dit avoir porté ou fait porter ladite écritoire au Comte d'Hautefort, sans que le Déposant sçache précisément lequel des deux Mandex a fait.* Ce temoin a été recollé, & il a perseveré au récollement, mais dépuis le Marquis d'Hautefort a trouvé le moyen de le faire dédire à la confrontation, & l'ayant fait interpeller de déclarer, *si c'étoit Mandex qui lui avoit dit avoir porté ou fait porter au Comte d'Hautefort l'é- critoire, & par qui Mandex l'auroit fait porter s'il ne l'avoit pas porté lui-même,* ce Témoin qui s'étoit expliqué si précisément dans sa déposition, qui avoit perseveré au récollement sans rien changer à sa déposition, qui à la con- frontation même, avoit dit que le contenu en ses dépositions étoit veri- table, sur l'interpellation que le Marquis d'Hautefort lui fait faire, chan- ge tout d'un coup de langage & varie sur une circonstance aussi essentielle, en disant, *qu'il ne sçait pas si l'écritoire en question a été portée ou non au Comte d'Hautefort, que le Commissaire Regnard de Lussaing lui a même dit, quand il a été entendu en déposition, que ladite écritoire n'avoit point été portée au Comte d'Hautefort, & qu'il n'a jamais voulu déposer autre chose, sinon, qu'il sçavoit de Mandex que le Comte d'Hautefort lui avoit donné ordre de porter lui-même son écritoire, sans la confier à personne, ce qui est la seule chose qu'il a sçû dudit Mandex.* Quand il a été confronté à Mandex sur ce que Mandex denia la déposition, *& dit qu'il n'avoit point dit au Témoin avoir porté ni fait porter au Comte d'Hautefort l'écritoire, laquelle n'est point sortie de la maison du Comte d'Hau- tefort pendant sa derniere maladie,* ce Temoin a dit qu'il est vrai que *l'accusé ne lui a point dit avoir porté ni fait porter au Comte d'Hautefort ladite écritoire, & qu'aparemment il n'a point fait attention à cette circonstance quand nous lui avons relenu sa déposition & qu'il a été récollé sur icelle.* On découvre aisément ce qui a pu produire une si étrange variation dans un fait essentiel, & sur le- quel le Temoin avoit déposé avec d'autant plus de certitude qu'il nous apprend lui-même dans sa confrontation au Marquis d'Hautefort, *que le Commissaire Regnard de Lussaing, lorsqu'il fut entendu en déposition, lui dit que cette écritoire n'avoit point été portée au Comte d'Hautefort.* Si malgré une dé- claration si extraordinaire de la part du Commissaire, ce Témoin a fait rédiger sa déposition telle qu'elle est, il a fallu qu'il se soit regardé com- me bien assuré du fait qu'il déposoit.

Mais quoi qu'il en soit, quand on ne devroit ajoûter aucune foi ni à la révelation anonime, ni à la déposition de Jean-Baptiste Ligé. Quand il demeureroit pour certain que la Cassette n'a point été portée chez Mar- tinon, le Marquis d'Hautefort ne pourra jamais se défendre de la preuve naissante des deux fragmens de l'enveloppe.

En vain se flatte-t'il que tant que l'on ignorera par quel canal ces frag- mens d'enveloppe ont passé dans les dépôts de la Justice, cette incerti- tude détruira la foi de la pièce déposée. Personne ne se laissera séduire par un si étrange paradoxe, dès que cette pièce est constamment écrite de la main du Comte d'Hautefort, elle est un monument victorieux qui accablera sans ressource le Marquis d'Hautefort, elle fournira contre lui l'éclaircissement d'un fait capital dont il ne se relevera jamais, que le Comte d'Hautefort, dont il a recueilli tous les biens, avoit en sa posses- sion un Contrat de mariage, un Acte de celebration de mariage, & un Testament du 24 Septembre ; que le Comte d'Hautefort dans l'apprehenfion d'être furpris de la mort , avoit eu l'attention de raffembler ces pieces dans un paquet , & de marquer fur l'envelope du paquet que la deftination de ces pieces étoit d'être envoyées bien fidelement au Châ- teau de S. Quentin à Avranches , où demeure la Suppliante , & ce fait une fois éclairci , il ne s'agit pas d'examiner dans quel lieu a pu être com- mis le crime de la fuppreffion de ces pieces , il s'agit feulement de difcuter , fi en effet cette fuppreffion a été faite depuis la mort du Comte d'Hautefort , & comment peut-on conftater cette fuppreffion ? En prou- vant que depuis la mort du Comte d'Hautefort , & avant l'appofition des fcellez , une main dévouée au Marquis d'Hautefort , a fouillé dans la Caffette où ces titres étoient confervez , & où ils exiftoient au moment de fon décès , & que celui qui a fouillé dans cette Caffette a depuis remis au Marquis d'Hautefort des papiers qui n'ont point paru aux yeux des Officiers de Juftice , que le Marquis d'Hautefort a examinez en fon par- ticulier , & dont il a lui-même reconnu avoir brûlé la plus grande partie.

Antoine Soutet , Agent des affaires de la Maifon d'Hautefort , qui eft le premier Témoin que la Suppliante ait fait entendre , nous apprend naïvement dans fa dépofition , *que le jour de l'appofition des fcellez , ce fut lui qui indiqua au Commiffaire Parent , que le Teftament du Comte d'Hautefort étoit dans un bureau , où il fut effectivement trouvé avec fon enveloppe , mais décacheté par l'un des côtez.* Et en effet , par le Procès verbal d'appofition des fcellez , on voit que ce fut à la réquifition de Soutet que le Commiffaire chercha le Teftament , & le trouva dans le premier tiroir du bureau qui avoit été indiqué par Soutet ; comment Soutet auroit il fçû fi exactement l'endroit où étoit le Teftament du Comte d'Hautefort , & auroit-il été en état de l'indiquer fi précifément au Commiffaire à l'inftant de l'appofition des fcellez , s'il n'avoit pas fouillé auparavant dans les papiers du Comte d'Hautefort , auffi c'eft fur cette dépofition de Soutet qu'il a été decreté d'ajournement perfonnel.

Quand on a interrogé fur cette circonftance les accufez , ils ont été fort embarraffez.

Gaffelin , l'un des accufez , homme d'affaires de la Marquife de Sur- ville , mere du Marquis d'Hautefort qui fe trouve convaincu par les preu- ves du Procès d'avoir été prefent lorfque Mandex & Soutet ont fouillé dans les papiers du Comte d Hautefort & d'y avoir fouillé avec eux , a répondu d'une maniere bien finguliere.

On lui demande article 19. *S'il ne fçait pas que Mandex & Soutet ont fouillé dans les papiers du Comte d'Hautefort en fon Hôtel rue de Varenne , incon- tinent après fa mort , & dans la matinée du 7 Fevrier 1727 ; fi lui répondant n'y a pas fouillé avec eux , & fi Mandex ne fit pas l'ouverture des tiroirs , des armoires & commodes du Comte d'Hautefort fon Maître , avec les clefs qu'il avoit :* il ré- pond réfolument à cette queftion *que non , & que tout cela eft faux ;* mais il fe trouve bientôt deconcerté.

On lui remontre que cela eft fi vrai , que ce fut Soutet , qui en prefence de lui ré- pondant & de Mandex , indiqua au Commiffaire Parent le tiroir où étoit un Tefta- ment du Comte d'Hautefort , ce que Soutet n'auroit pas pu faire s'il n'avoit pas au- paravant examiné les papiers qui étoient dans le tiroir. Il faut convenir que la queftion étoit un peu gênante , auffi Gaffelin s'en tira-t'il fort mal.

A dit QU'IL NE SÇAVOIT QUELLE RÉPONSE FAIRE A CELA , *& ne fe fouvient*

pas ſi ce fut Soutet ou non qui indiqua au Commiſſaire le tiroir où étoit le Teſtament du Comte d'Hautefort, & que ſi Soutet le ſçavoit, c'eſt à lui de dire comme
il l'a ſçû.

Pour Soutet qui eſt apparemment plus endurci au crime, il n'eſt pas
reſté court, mais la fable qu'il a imaginée ſur le champ ne le tirera pas
d'affaire.

On lui demande article 31, pourquoi puiſqu'il prétend n'avoir point fouillé
dans les papiers du Comte d'Hautefort, ç'a été lui répondant qui a indiqué au Commiſſaire Parent le tiroir où étoit ledit Teſtament, ainſi qu'il en eſt convenu par la
dépoſition qu'il a faite devant le Commiſſaire Renard de Luſſaing, ce qu'il n'auroit
pas pu faire s'il n'avoit pas vû precedemment ledit Teſtament dans ledit tiroir.

Il répond, qu'environ trois ſemaines ou un mois avant le decès du Comte d'Hautefort, il fit appeller lui répondant ſur les neuf heures du ſoir ; qu'il monta dans ſa
chambre & trouva M. d'Hautefort liſant auprès de ſon feu ; que M. d'Hautefort
lui dit qu'il reliſoit ſon Teſtament, & enſuite le poſa ſur une table qu'il avoit devant
lui ; qu'alors M. d'Hautefort ſe mit à cauſer avec lui juſques ſur les dix heures du
ſoir, & remarqua qu'il prit le papier, qu'il avoit dit être ſon Teſtament, & le
mit dans un tiroir de ſa commode qui étoit ouvert, & qu'il referma ; que ç'a été ſur
cette connoiſſance qu'il a indiqué au Commiſſaire Parent l'endroit en queſtion, pour
être celui où il pourroit trouver le Teſtament du défunt, mais denie de l'avoir ouvert ni de l'avoir jamais lû que depuis l'appoſition du ſcellé.

Il n'y a perſonne qui ne demêle aiſément l'artifice de cette réponſe ;
quelle apparence y a-t'il que le Comte d'Hautefort environ un mois
avant ſa mort, occupé à relire auprès de ſon feu un Teſtament olographe, ſe ſoit aviſé dans ce moment de faire appeller Soutet pour cauſer
avec lui, & lui ait dit que le papier qu'il reliſoit étoit ſon Teſtament ?
D'ailleurs pourquoi Soutet ne s'eſt-il rappellé une circonſtance ſi frappante qu'au moment de l'interrogatoire qu'il a ſubi le 21 Juillet 1729.
comment ne s'en eſt-il pas reſſouvenu dans le tems de l'appoſition des
ſcellez, le fait étoit alors recent ; comment lui eſt-elle échappée dans la
dépoſition qu'il a faite le 7 Fevrier 1728.

Quelque convainquante que ſoit cette preuve, ce n'eſt pas la ſeule qui
conſtate qu'avant l'appoſition des ſcellez les émiſſaires du Marquis d'Hautefort ont fouillé dans les papiers du Comte d'Hautefort.

Il eſt prouvé au Procès que cette Caſſette où le Comte d'Hautefort déclare par ſes Lettres & par le Memoire du 15 Decembre 1726, qu'é-
toient les actes juſtificatifs de ſon mariage, & le Teſtament olographe qu'il
avoit fait à Hauterive, étoit toujours à Paris dans la chambre de Mandex, & que le Comte d'Hautefort en portoit toujours la clef ſur lui (1) ;
que deux heures avant la mort du Comte d'Hautefort Gentil l'un des
Laquais du Comte d'Hautefort, qui étoit auprès de lui chez Martinon (2),
remit à Mandex un paquet de cinq ou ſix petites clefs, du nombre deſquelles étoit la clef de cette Caſſette, & qu'alors le Marquis d'Hautefort
étoit chez Martinon. Mandex dans ſon interrogatoire art. 42. eſt convenu
de ce fait, il prétend ſeulement dans la réponſe à l'article 43, n'avoir eu
ces clefs que quelques minutes avant la mort du Comte d'Hautefort, &
il ajoûte dans l'article 44. qu'il voulut les remettre au Marquis d'Hautefort
qui lui fit réponſe qu'elles étoient bien entre ſes mains, & qu'il n'avoit qu'à les
garder, ce qu'il fit.

(1) Inter-
rogatoire de
Mandex, art.
13. & ſuivans.
(2) Dépo-
ſition de Gen-
til.

Ainſi

Ainſi Mandex nanti de la clef de la Caſſette en queſtion, du moins quelques minutes avant la mort du Comte d'Hautefort, a été le maître de fouiller dans la Caſſette avant l'appoſition des ſcellez, puiſqu'il y a eu un intervalle de pluſieurs heures entre le decès du Comte d'Hautefort arrivé le 7 Fevrier **1727**, ſur les neuf heures du matin dans la maiſon de Mar-tinon, rue de la Culture ſainte Catherine, & le tranſport du Commiſſaire Parent dans la maiſon du Comte d'Hautefort, rue de Varenne, Faux-bourg S. Germain, qui ſuivant ſon Procès verbal n'a été requis d'appoſer les ſcellez qu'à trois heures après midi, & ne peut être entré dans la mai-ſon du Comte d'Hautefort qu'à quatre heures au plutôt.

Mais ce n'eſt pas aſſez de prouver que Mandex a été à portée de fouil-ler dans la Caſſette du Comte d'Hautefort, il faut prouver qu'il y a fouillé en effet.

Françoiſe Champagne qui a été quinze ans au ſervice du Comte d'Hau-tefort, & qui étoit dans ſa maiſon, rue de Varenne, Fauxbourg S. Ger-main le 9 Fevrier **1727**, jour de ſa mort, dépoſe que *Gaſſelin homme d'af-faires du Marquis d'Hautefort vint dans la maiſon & monta avec Mandex dans l'appartement du Comte d'Hautefort, où ils reſterent long-tems ſeuls.*

Mais dans ſon récollement elle a détaillé bien d'autres circonſtances; elle dit, *que le jour de la mort du Comte d'Hautefort après midi & dans le tems qu'on alloit appoſer le ſcellé, que Gaſſelin vint dans la maiſon, & monta avec Mandex & le nommé Soutet dans la chambre de Mandex, où ils reſterent une demi-heure, après laquelle elle monta les joindre, & reſta environ trois quarts d'heure avec eux, juſqu'à ce qu'on l'appellât pour aller & venir; que pendant le tems que Soutet & Mandex étoient enſemble,* MANDEX OUVRIT UNE CA-SETTE GARNIE DE LAMES D'ACIER DU FEU COMTE D'HAUTEFORT, DONT IL AVOIT LA CLEF, ET Y VIT PLUSIEURS PAQUETS CACHETEZ DONT TROIS OU QUATRE DE LA LONGUEUR DE 8 A 9 POUCES SUR CINQ POUCES OU ENVIRON DE LAR-GEUR; *qu'alors leſdits Gaſſelin & Soutet demanderent ce que c'étoit que ces pa-piers, à quoi Mandex répondit, que c'étoit des lettres de la Marine; mais n'a point vû qu'on ait ôté aucuns papiers de ladite Caſſette; qu'il eſt vrai* QU'ELLE A VU QUE MANDEX A TIRÉ DE LADITE CASSETTE PLUSIEURS LOUIS D'OR VIEUX; *mais ne peut dire à quelle ſomme ils montoient; ſçait auſſi que Mandex les a por-tez à la Monnoye, & a rapporté de l'argent à la place.*

On ne peut rien imaginer de plus fort que cette preuve: voilà trois hom-mes dévouez au Marquis d'Hautefort, qui, le jour de la mort du Comte d'Hautefort, ſont long-tems enſemble dans la chambre de Mandex, où étoit la Caſſette du Comte d'Hautefort, de laquelle Mandex avoit, de ſon aveu, la clef quelques minutes avant la mort du Comte d'Hautefort. Quand il y a une demi-heure que ces trois hommes ſont enſemble dans la chambre de Mandex, Françoiſe Champagne va les y trouver; Mandex en ſa preſen-ce, & en celle de Gaſſelin & de Soutet, ouvre cette Caſſette dont il avoit la clef, on voit dans la Caſſette differens paquets cachetez, on voit Mandex tirer de cette Caſſette du vieil or; après avoir vû ces opérations, Françoiſe Champagne qui a paſſé avec eux trois quarts-d'heure, les quitte parce qu'on l'appelle pour aller & venir.

Il eſt vrai qu'elle dit, qu'elle n'a point vû ôter aucuns papiers de la Caſſette: mais il ſuffit que cette Caſſette ait été ouverte en ſa preſence, & que depuis cette ouverture il ne ſe trouve aucune trace de ces paquets cachetez qu'elle a vûs dans la même Caſſette, pour conclure avec certi-tude que ces paquets cachetez ont été enlevez.

K

Ce n'eft pas feulement par le témoignage de Françoife Champagne qu'il eft prouvé, que le jour de la mort du Comte d'Hautefort, on a fouillé dans fa Caffette avant l'appofition des fcellez, & qu'on en a tiré de vieil or : le même fait eft encore attefté par Etienne Gobu, dit Bourguignon, l'un des laquais du Comte d'Hautefort, & par Robert Saguier, qui étoit fon Aide de Cuifine.

Bourguignon, dans fon récollement, dit, *qu'il a oui dire à Mandex & à Soutet, qu'ils avoient ôté de la Caffette du feu Comte d'Hautefort 60 & quelques louis d'or vieux, apprehendant que fi on les trouvoit lors des fcellez, ils ne fuffent confifquez.*

Saguier dans fon recollement dit, *que Mandex lui a dit que le jour du decès du Comte d'Hautefort, il avoit ouvert fa Caffette à fecret, pour en tirer de l'or vieux & de l'argent vieux, de peur qu'il ne fût confifqué;* & ces deux Témoins confrontez à Mandex & à Soutet y ont perfifté.

Françoife Champagne, confrontée à Mandex, a foutenu fa dépofition veritable, joint fon recollement. Mandex a denié la dépofition, & dit, *que quand on a fait l'ouverture de la Caffette, le Commiffaire Parent, & Dulion Notaire, étoient prefens,* le Témoin a dit *que le fait n'eft pas veritable :* Et en effet, il y a de l'abfurdité à fuppofer que ce foit en prefence des Officiers de Juftice, qu'on ait tiré de cette Caffette du vieil or.

Quand elle a été confrontée à Soutet, il n'a point denié la dépofition; il a feulement dit *qu'elle ne faifoit point de charge contre lui.*

Elle a été long-tems après confrontée à Gaffelin. Celui-ci a nié la dépofition & le recollement, & dit qu'il *n'eft entré dans la maifon du Comte d'Hautefort que fur les trois heures apres-midi avec Dulion Notaire, Soutet, & le Commiffaire Parent; qu'il n'a point mis les pieds dans la maifon hors la prefence des Officiers, & n'y eft point venu avant eux.*

Par le Témoin a été dit que le fait n'eft pas vrai, & que ç'a été le matin du jour de la mort que l'accufé, Mandex & Soutet ouvrirent la Caffette, & qu'on en tira de vieux louis, depeur qu'ils ne fuffent confifquez, & qu'elle n'étoit pas préfente quand on tira le foir de ladite Caffette, l'argent neceffaire pour la fubfiftance des Domeftiques, & les frais de l'Enterrement.

Ici Françoife Champagne éclaircit un fait qui lui étoit échappé dans fon récollement, elle avoit dit, *que quand on avoit fouillé en fa prefence dans la Caffette, & qu'on en avoit tiré le vieil or c'étoit l'après-midi, & dans le tems qu'on alloit appofer le fcellé;* mais dans fa confrontation à Gaffelin, elle dit expreffément que c'étoit le matin. Il n'eft pas extraordinaire que ce Témoin rendant compte d'un fait arrivé deux ans auparavant, ait confondu d'abord l'après-midi avec le matin; mais ce qu'elle dit dans la confrontation à Gaffelin, que c'étoit le matin, eft bien plus croyable : car, encore une fois, il ne peut pas y avoir de doute fur le fait, que le jour de la mort du Comte d'Hautefort il a été tiré du vieil or de fa Caffette; & l'on ne perfuadera à perfonne, que pour tirer ce vieil or, on ait attendu la préfence du Commiffaire & des Officiers de Juftice.

Et ce qui acheve de démontrer que ce n'eft pas l'après-midi du jour de la mort du Comte d'Hautefort, que Mandex a fait l'ouverture de la Caffette en prefence de Françoife Champagne, c'eft ce que dit Mandex lui-même dans fon interrogatoire art. 48. *il dit que quand il retourna chez le Comte d'Hautefort, la premiere perfonne qu'il y trouva fut la nommée Fanchon Champagne fervante, qui, autant qu'il peut fe fouvenir, lui ouvrit la porte; que dans l'inftant de la mort du Comte d'Hautefort il fut chez le Sieur Rivier, rue du gros Chenet, demander fon caroffe à emprunter pour porter le corps du défunt de chez*

Martinon rue de Varenne en son Hôtel ; que le Sieur Rivier, à qui il parla, fit venir son Cocher, & lui ordonna de faire ce que le répondant lui diroit, qu'alors il pouvoit être midi ; que de là il fut à l'Hôtel rue de Varenne, dit à Françoise Champagne de ne point sortir, & de tenir les portes fermées, & avoir soin de la maison, qu'il resortit, & fut manger un morceau au Roy de Siam chez ledit Loger, après quoi il revint chez Martinon, où il resta jusqu'à la nuit que le Cocher du Sieur Rivier, suivant l'ordre qu'il lui en avoit donné, l'y vint joindre ; que pendant qu'il étoit encore chez Martinon, Soutet vint lui demander les clefs qu'il avoit, disant que le Commissaire étoit dans la rue de Varenne qui mettoit le scellé, que lui répondant refusa les clefs audit Soutet ; mais après avoir donné ordre à Gentil & à Bourguignon qui étoient restez auprès du défunt, de remettre son corps dans le carosse du Sieur Rivier, lorsqu'il seroit arrivé, lui répondant s'en retourna avec Soutet rue de Varenne, où il trouva le scellé plus d'à moitié mis.

On apperçoit dans ce détail un artifice de l'accusé, qui affecte surtout d'écarter l'idée qu'il ait séjourné dans la maison du Comte d'Hautefort, avant l'apposition des scellez ; il voudroit persuader qu'avant cette apposition des scellez il n'a fait qu'une espece d'apparition, & qu'après avoir donné quelques ordres à Françoise Champagne qui gardoit la maison, il en est sorti aussi-tôt pour aller manger un morceau ; en cela il est convaincu de mensonge, non seulement par le témoignage de Françoise Champagne qui parle *de visu*, & dont le témoignage se rapporte à ce que Mandex lui-même a dit à deux autres Témoins, mais il se trouve encore confondu par le témoignage de celui-même chez qui il dit qu'il alla manger un morceau. Mandex dit, qu'après avoir parlé à Françoise Champagne, il alla manger un morceau chez Loger. Ce Loger est un Marchand de Vin, qui demeure rue du Bacq, au Roy de Siam ; & ce Marchand de Vin qui a déposé, dit dans sa déposition, qu'il vit revenir Mandex de chez Martinon *environ les dix heures du matin ; croit même le déposant qu'il dîna ce jour-là avec Mandex dans la maison du Comte d'Hautefort ;* & dans son recollement il dit, *qu'il ne dîna point avec Mandex dans la maison du Comte d'Hautefort, mais y bût seulement un coup, & y mangea avec lui.* Ainsi Mandex n'est point sorti de la maison du Comte d'Hautefort pour aller manger un morceau chez Loger Marchand de Vin, mais au contraire Loger vint trouver Mandex dans la maison du Comte d'Hautefort, & y mangea avec lui.

Mais malgré ce mensonge, il est du moins certain, par l'aveu de Mandex, que depuis qu'il eut mangé un morceau avec Loger, il alla chez Martinon où il resta jusqu'à la nuit ; qu'il étoit chez Martinon rue Culture Sainte Catherine, lorsqu'arriva le Commissaire Parent, pour apposer les scellez dans la maison du Comte d'Hautefort, rue de Varenne Fauxbourg S. Germain ; que Soutet alla le trouver chez Martinon, pour lui demander les clefs, dont le Commissaire avoit besoin ; que Mandex n'ayant pas voulu confier les clefs à Soutet, quitta la maison de Martinon, vint avec Soutet dans la maison du Comte d'Hautefort, apporta les clefs, & que quand il y arriva le scellé étoit plus d'à moitié mis : donc il est physiquement impossible que l'ouverture qui a été faite de la Cassette par Mandex en présence de Soutet, de Gassellin & de Françoise Champagne, ait été faite l'après-midi, & à l'instant de l'apposition des scellez, puisqu'alors Mandex n'étoit point dans la maison : donc cette ouverture de la Cassette dont parle Françoise Champagne, lors de laquelle elle a apperçû les paquets cachetez qui y étoient, a été faite le matin, & avant l'apposition des scellez.

Ce fait une fois bien averé, que depuis la mort du Comte d'Haute-fort, & avant l'apposition des scellez, on a fouillé dans la Cassette du Comte d'Hautefort, rapproché d'un autre fait, que dans les Procès ver-baux d'apposition & de levée des scellez, ni dans l'inventaire fait après la mort du Comte d'Hautefort, il n'est parlé ni des paquets cachetez que Françoise Champagne a vûs dans la Cassette du Comte d'Hautefort le matin du jour de sa mort, ni des papiers que le Comte d'Hautefort a declaré si clairement par ses Lettres & par son Memoire du 15 Decembre 1726, avoir mis dans sa Cassette, & qui se trouvent éxactement speci-fiez dans les fragmens de l'enveloppe écrits de la main du Comte d'Hau-tefort ; il resulte de la réunion de ces deux faits, la démonstration com-plette du crime que la Suppliante a deféré à la Justice.

Mais ce qui acheve cette démonstration, c'est que depuis qu'on a fouillé dans cette Cassette, celui qui y a fouillé est convaincu par son propre aveu, d'avoir remis au Marquis d'Hautefort des papiers qui n'ont jamais paru aux yeux des Officiers de Justice ; & que le Marquis d'Hautefort, peu d'accord avec Mandex sur la qualité des papiers qu'il avoüe avoir reçûs de lui, a reconnu dans son interrogatoire avoir disposé de ces pa-piers, & même en avoir brûlé la plus grande partie. Jamais le Marquis d'Hau-tefort ne se tirera de ce mauvais pas, & jamais il ne parviendra à détruire les conséquences qui résultent contre lui de l'éclaircissement de ces faits.

Il est prouvé au Procès par la déposition de Bourguignon, l'un des la-quais du Comte d'Hautefort, & qui a été auprès de lui jusqu'après sa mort, que la veille du decès du Comte d'Hautefort, on reçût par la poste trois Lettres qui lui étoient adressées, dont une étoit écrite par la Suppliante, que le Comte d'Hautefort fit mettre à part, & ordonna à Bourguignon de garder la Lettre écrite par la Suppliante, pour qu'il l'a pût lire en particulier quand il se porteroit mieux, & qu'il fit ouvrir & se fit lire les deux autres ; que le Comte d'Hautefort étant mort le len-demain, Bourguignon remit à Mandex la Lettre de la Suppliante cachetée & non ouverte.

Dans l'art. 69. de l'interrogatoire de Mandex on lui demande *ce qu'il a fait des papiers qui lui furent remis par Bourguignon, à l'instant de la mort du Comte d'Hautefort ;* il répond, *qu'il les a remis au Marquis d'Hautefort.*

Art. 70. on lui demande en quoi consistoient ces papiers, & s'il n'y avoit pas des Lettres de la Suppliante, il répond, *que ces papiers consistoient en differentes Lettres, qu'il n'en sçait pas le nombre, mais qu'il y en avoit bien 30 ou 40. & peut-être plus, sans pouvoir le dire, ne les ayant pû compter, la plûpart d'Officiers de Marine ; qu'il ne sçait-pas s'il y en avoit quelques-unes de la Demoi-selle Kerbabu, dont il ne connoît pas l'écriture, & qu'il n'a jamais sçû être femme du Comte d'Hautefort.*

Art. 71. on lui demande s'il n'y avoit pas entr'autres Lettres, une Let-tre non ouverte & cachetée, écrite par la Suppliante au Comte d'Hau-fort, qui l'avoit reçûe pendant sa maladie, & avoit sursis à la lire jusqu'à ce qu'il fût mieux : Mandex répond, *qu'il n'a point vû de Lettres après le decès du Comte d'Hautefort* QUI NE FUST DECACHETE'E, *que cependant cela peut être ; mais que comme Bourguignon les lui remit toutes en un paquet roulé qu'il n'a pas défait, il n'y fit pas d'attention, qu'il a gardé ledit paquet deux jours ou environ, & l'a remis ensuite au Marquis d'Hautefort, ainsi qu'il l'a dit.*

Art. 72. on lui demande d'office ce que le Marquis d'Hautefort a fait de ces Lettres, & s'il ne les a pas luës, *a dit qu'il n'en sçait rien.*

Art.

'Art. 86. *Enquis d'office ʃi on n'a point remis au Marquis d'Hautefort quelques papiers qui n'ayent point été inventorieʒ, interpellé de déclarer en quoi ils conʃiʃloient, & pourquoy il n'a pas fait mettre ʃous les ʃcelleʒ le rouleau de lettres trouvé chez Martinon à l'inʃtant de la mort du Comte d'Hautefort.* La réponʃe eʃt tout-à-fait ʃinguliere. *A dit qu'il ne ʃongea point à remettre leʃdites lettres au Commiʃʃaire Parent lors de l'appoʃition des ʃcelleʒ, ne ʃçachant point les affaires, & qu'il n'a point vû pendant l'inventaire qu'on ait remis aucun papier au Marquis d'Hautefort ʃans avoir été inventorié.*

De toutes ces differentes réponʃes de Mandex il réʃulte bien clairement que Mandex convaincu par les preuves du Procès d'avoir fouillé dans la Caʃʃette du Comte d'Hautefort le jour de ʃa mort avant l'appoʃition des ʃcellez, a quelques jours après la mort du Comte d'Hautefort, remis au Marquis d'Hautefort ʃon neveu un rouleau de papiers, & que Mandex *ne ʃçachant point les affaires ne ʃongea pas à remettre ces papiers au Commiʃʃaire qui appoʃoit le ʃcellé.*

A la verité Mandex prétend que ce rouleau de papiers lui avoit été remis auparavant par Bourguignon, mais c'eʃt une impoʃture démentie par la dépoʃition de Bourguignon. Voici ce que dit Bourguignon dans ʃa dépoʃition qu'il a ʃoutenue au récollement & à la confrontation ; *que la veille du decès de M. d'Hautefort il vint pour lui trois lettres, dont une étoit de Mademoiʃelle de Kerbabu ; qu'il dit au dépoʃant de garder ʃoigneuʃement celle de Mademoiʃelle de Kerbabu, & qu'il la liroit lui-même quand il ʃe porteroit mieux ; que le dépoʃant décacheta & lui lut les deux autres; qu'auʃʃi-tôt ʃon decès le dépoʃant remit entre les mains de Mandex la lettre de Mademoiʃelle de Kerbabu toute cacheté.* Ce n'eʃt donc point un rouleau de papiers que Bourguignon remit à Mandex au moment de la mort du Comte d'Hautefort ; c'eʃt une ʃeule lettre cachetée & non ouverte, écrite au Comte d'Hautefort par la Suppliante, & reçûë la veille de la mort du Comte d'Hautefort. Donc ce rouleau de papiers que Mandex reconnoît dans ʃon interrogatoire avoir remis au Marquis d'Hautefort quelques jours après la mort du Comte d'Hautefort ʃon oncle, ne procedant point de Bourguignon, comme Mandex le ʃuppoʃe, étoit neceʃʃairement compoʃé des papiers qui étoient dans la Caʃʃette du Comte d'Hautefort au jour de ʃa mort, qui étoient renfermez dans quelqu'un des paquets cachetez que Françoiʃe Champagne a vûs dans cette Caʃʃette, lorʃqu'en ʃa preʃence Mandex a ouvert cette Caʃʃette le matin du jour de la mort du Comte d'Hautefort, & qui ont entierement diʃparu depuis.

Mais l'interrogatoire du Marquis d'Hautefort va fournir de nouveaux éclairciʃʃemens.

On lui demande article 22. *ce que ʃont devenus les papiers & lettres que le Comte d'Hautefort avoit chez Martinon au moment qu'il y mourut.*

A dit qu'il n'avoit point de connoiʃʃance que feu M. le Comte d'Hautefort eût aucuns papiers chez Martinon.

Article 23 on lui demande, *ʃi Mandex n'avoit pas au moment du decès du Comte d'Hautefort pluʃieurs lettres entre les mains, & notamment une lettre non ouverte, leʃquelles lettres ledit Mandex ait remiʃes ès mains de lui répondant.*

Rien n'eʃt plus étonnant que la réponʃe du Marquis d'Hautefort, *a dit qu'il eʃt vrai que Mandex lui remit trois ou quatre jours après la mort du Comte d'Hautefort* UNE PRODIGIEUSE QUANTITÉ DE LETTRES CACHETÉES, *qu'il y en avoit de quoi remplir au moins un boiʃʃeau; que M. de Maurepas avoit prié lui répondant, de les ouvrir toutes, pour voir s'il n'y avoit rien qui pût être important au ʃervice du*

Roy à cause du Commandement des Vaisseaux dont le défunt étoit chargé ; que suivant cette priere il fit lecture de toutes les lettres qui lui parurent de quelque importance , ET JETTA AU FEU DANS SON CABINET A L'HÔTEL DE POMPADOUR TOUTES CELLES DE FEMMES OU DE GENS INDIFFERENS SANS LES LIRE, *parce que s'il s'y étoit arrêté, il en auroit eu pour huit jours de lecture.*

On peut ici reconnoître cet esprit de vertige & d'aveuglement inseparable du crime qui a presidé à toutes les démarches que le Marquis d'Hautefort a faites dans cette affaire. 1°. Il a commencé par déclarer *qu'il n'a point de connoissance que le Comte d'Hautefort eût aucuns papiers chez Martinon.* Donc il n'a point regardé les papiers qu'il tient de Mandex comme des papiers qui se fussent rassemblez pendant le séjour du Comte d'Hautefort chez Martinon ; il les a par consequent regardez comme des papiers qui avoient dû se trouver dans la maison du Comte d'Hautefort ; mais ces papiers trouvez dans la maison du Comte d'Hautefort & rassemblez hors la presence des Officiers de Justice, ne pouvoient être que des papiers soustraits frauduleusement par Mandex.

2°. Il est inconcevable que sur un fait qui s'est passé entre le Marquis d'Hautefort & Mandex son Domestique, le Maître & le Domestique ayent parlé un langage si different. Le Marquis d'Hautefort dit, *Mandex m'a remis une prodigieuse quantité de lettres cachetées, il y en avoit de quoi remplir un boisseau.* Mandex de son côté dit, *qu'il y avoit trente ou quarante lettres & peut-être plus ;* cela ne quadre pas avec *une prodigieuse quantité* de lettres *de quoi remplir un boisseau ;* mais il ajoûte, *qu'il n'a point eu de lettre après le decès du Comte d'Hautefort qui ne fût decachetée.* Comment le Marquis d'Hautefort conciliera-t'il une telle contradiction qui est la preuve la plus convainquante du mensonge & de l'embarras où se sont trouvés ces deux accusez pour dépaïser une verité qui les accabloit.

3°. On ne peut assez admirer la sagacité & la penetration du Marquis d'Hautefort ; on l'a vû autrefois & dans le cours des plaidoiries du Parlement, former par divination une accusation de faux principal contre des pieces qu'il n'avoit jamais vûës ; mais voici un nouveau prodige encore plus inconcevable ; le Marquis d'Hautefort prié par M. de Maurepas d'examiner & d'ouvrir les paquets cachetez qui étoient adressez au Comte d'Hautefort, pour voir s'il n'y avoit rien qui pût interesser le service du Roy, fait cet examen ; *il fait lecture de toutes les lettres qui lui paroissent de quelque importance, & jette au feu dans son cabinet toutes celles de femmes ou de gens indifferens sans les lire, parce que s'il s'y étoit arrêté, il en auroit eu pour huit jours.* On ne peut pas assurément pousser plus loin la prudence & la circonspection ; mais il faut avoir une prodigieuse étendue de lumieres pour juger inutiles des pieces qu'on ne prend pas la peine de lire.

4°. Cet aveu du Marquis d'Hautefort qu'il a brûlé dans son cabinet les papiers qu'il a jugez inutiles, quoiqu'il ne les ait point lûs, parce qu'il en auroit eu pour huit jours de lecture, merite une attention infinie & forme contre lui la conviction du crime qu'on lui impute, ces papiers qu'il a brûlez lui ont été remis par Mandex, d'où Mandex les tenoit-il ? Il a voulu faire croire qu'il les tenoit de Bourguignon, mais il est bien prouvé que Bourguignon ne lui a point remis un rouleau de papiers, il ne lui a remis qu'une seule Lettre cachetée écrite au Comte d'Hautefort par la Suppliante. Si Mandex ne tient point ces papiers de Bourguinon, il les tient necessairement d'ailleurs. Quel est ce Mandex, un ancien Domestique du Comte d'Hautefort, qui s'est trouvé nanti de la clef d'une Cas-

fette fermante à fecret, appartenante au Comte d'Hautefort, où il fer-
roit fes papiers les plus prétieux. Une foule de preuves écrites émanées
du Comte d'Hautefort, & fur la verité defquelles il n'eft plus poffible
d'équivoquer, conftate que dans cette Caffette étoient les Actes juftificatifs du mariage de la Suppliante avec le Comte d'Hautefort, & un
Teftament olographe que le Comte d'Hautefort avoit fait en faveur de la
Suppliante. Ces preuves font deux Lettres écrites & fignées de la main du
Comte d'Hautefort, une quittance de dot entierement écrite & fignée de
fa main, un Memoire auffi écrit & figné de fa main ; enfin des fragmens
d'une enveloppe, où l'on trouve des veftiges écrits de la main du Comte
d'Hautefort, qui annoncent d'une maniere non équivoque que les pieces
contenues dans le paquet que renfermoit cette enveloppe, étoient un
Contrat de mariage, un Certificat de mariage du Comte d'Hautefort
avec la Suppliante, un Teftament du 24 Septembre, & que la deftination de ces pieces fi importantes étoit, *d'être envoyées bien fidelement au
Château de S. Quentin à Avranches.* Quand on rapproche ces preuves lit-
teralles des preuves vocales que l'inftruction a fournies, on découvre
que depuis la mort du Comte d'Hautefort, avant l'appofition des fcellez, une main temeraire a fouillé dans la Caffette où le Comte d'Hautefort a déclaré par les preuves écrites qu'il confervoit ces titres prétieux,
qui intereffoient la Suppliante ; ce n'eft pas tout, on apprend que la main
qui a fouillé dans cette Caffette, a remis au Marquis d'Hautefort une
quantité confiderable de papiers qui n'ont jamais paru fous les yeux des
Officiers de Juftice, dans une fucceffion fur les effets de laquelle il a été
appofé un fcellé, fuivi d'un inventaire, le Marquis d'Hautefort lui-même exagere la quantité prodigieufe de ces papiers qu'il a reçus, de celui que les
preuves convainquent d'avoir fouillé dans la Caffette. Et quel ufage le
Marquis d'Hautefort a-t'il fait de ces papiers ? il avoüe ingenûment qu'il
en a brûlé la plus grande partie : il n'y a perfonne qui puiffe fe refufer à une
lumiere qui frappe fi vivement de toutes parts, & la Suppliante doit regarder comme un bienfait fingulier de la Providence, que dans une affaire fi épineufe, tant de preuves fe foient réunies en fa faveur, pour
manifefter aux yeux de la Juftice & à la face de l'Univers, des crimes
commis dans les tenebres par un homme puiffant & accredité, qui a mis
tout en ufage pour étouffer la voix de la verité.

Ce Considere', MONSIEUR, Il vous plaife donner Acte à la
Suppliante, de ce qu'elle employe la préfente Requête pour conclufions
civiles, attendu les faits expliquez par icelle, & en conféquence des
preuves réfultantes du Procès extraordinaire inftruit pardevant vous, contre
le Marquis d'Hautefort, Mandex, Soutet & Gaffelin, fans s'arrêter à leurs
Requêtes dont ils feront déboutez, les déclarer dûement, atteints & con-
vaincus, d'avoir fupprimé le jour de la mort du Comte d'Hautefort, arrivée à Paris le 7 Fevrier 1727, avant l'appofition des fcellez faite en
fon Hôtel, plufieurs paquets de papiers cachetez, qui exiftoient dans fa
Caffette à fecret ledit jour, parmi lefquels paquets, comme il réfulte des
Lettres & pieces de conviction verifiées & jointes au Procès, étoient
le Teftament olographe du Comte d'Hautefort, fait à Hauterive depuis fon mariage celebré le 19 Septembre 1726, fon Contrat de mariage paffé avec la Suppliante, & autres pieces : Pour réparation de quoi,
fçavoir pour la fuppreffion du Teftament olographe, fait à Hauterive,
les condamner folidairement en cent cinquante mille livres de réparations

civiles ; pour la fupreſſion du Contrat de mariage, condamner perſonnellement le Marquis d'Hautefort à lui payer ſix mille livres de douaire par
chacun an , à commencer du jour de la mort du Comte d'Hautefort ;
ordonner que tous les écrits faits au nom de tous les accuſez, où la Suppliante eſt qualifiée autrement que de Veuve du Comte d'Hautefort,
feront fupprimez ; condamner le Marquis d'Hautefort pour les injures répandues dans ſes Requêtes & Memoires donnez au Public, à lui en faire
réparation en préſence de telles perſonnes qu'elle voudra choifir; condamner le Marquis d'Hautefort perſonnellement, à lui payer foixante &
quinze mille livres portées en ſa quittance de dot du 2 Octobre, qui eſt ve-
fiée & jointe au Procès extraordinaire , avec les interêts à compter du 7
Fevrier 1727, jour du décès du Comte d'Hautefort, juſqu'à l'actuel paye-
ment, fuivant l'Ordonnance ; ordonner que la Sentence qui interviendra
fera lûe, publiée & affichée par tout où befoin fera , aux frais defdits
accufez, & les condamner folidairement en tous les dépens, même en
ceux réfervez par l'Arrêt du 2 Avril 1729 ; débouter Martinon, Thomas ſon Garçon, & Martin Tailleur, de leur Requête avec dépens, fauf
fur le tout à M. le Procureur du Roy , à prendre telles concluſions qu'il.
aviſera pour la vindicte publique. A ces fins & pour juſtifier des faits expliquez par la préſente Requête, permettre à la Suppliante de produire &
employer à icelle & aux inductions y portées, les pieces qui ſuivent, fous
les réferves des droits de la Suppliante.

Premierement, l'expedition de l'Acte de celebration de ſon mariage
avec le feu Comte d'Hautefort, à elle délivrée par Croiſſant, Greffier de
la Juſtice Royale de Laval, qui en a la minute, le 6 Septembre 1726,
dûment légaliſée.

Secondement, le Procès verbal par Vous dreſſé, Monſieur, en préſence
de M. le Procureur du Roy, des pieces que la Suppliante a dépoſées à
votre Greffe, & qui fervent de pieces de conviction, daté au commencement du 24 May 1729, les ſept interrogatoires fubis pardevant Vous,
Monſieur, par le Marquis d'Hautefort, Mandex, Soutet, Gaſſelin, Martinon, Thomas & Martin, les 18, 18, 21, 23, 27, & 30 Juillet 1729.

Troiſiémement, le Procès verbal dreſſé par le Juge Royal de Laval,
de l'état des Regiſtres des Baptêmes, Mariages & Sepultures de la Paroiſſe d'Argentré, & du double qui eſt au Greffe Royal de Laval, en
vertu de votre Commiſſion rogatoire du 16 Fevrier 1727, ledit Procès
verbal du 10 May 1729.

Quatriémement. deux Procès verbaux de compulſoire faits par Me-
chin, Huiſſier aux Eaux & Forêts, en vertu des Lettres de compulſoire
délivrées en Chancellerie, ſçavoir un fait chez le Commiſſaire Parent de ſon
Procès verbal d'oppoſition & levée des fcellez chez le feu Comte d'Hautefort, du 23 Decembre 1728, & l'autre fait chez Me Dulion, Notaire,
de l'inventaire fait après le décès du Comte d'Hautefort le 4 Mars 1727.

Plus, employe les Plaintes, Informations, Recollements & Confron-
tations de la procedure extraordinaire, de l'Arrêt Confirmatif d'icelle,
du 2 Avril 1729, jointes au Procès, & Vous ferez bien. Signé, BELLINGANT
D'HAUTEFORT, CHEVANCE. Et plus bas eſt écrit, Acte de l'Emploi permis
de produire les piéces énoncées & ſoit fignifiée. Fait ce huit May 1730.
Signé, LE COMTE.

Me A U B R Y, Avocat.

De l'Imprimerie de P. A. LE MERCIER pere, 1730.

www.ingramcontent.com/pod-product-compliance
Lightning Source LLC
Chambersburg PA
CBHW062012200326
41519CB00017B/4771